上海市研究生教育创新计划学位点引导布局与建设培育项目
国家社会科学基金（11BJY062）
联合资助

液态生物质燃料的
社会成本收益研究

◎ 吴方卫　孔燕杰　著

上海财经大学出版社

图书在版编目(CIP)数据

液态生物质燃料的社会成本收益研究/吴方卫,孔燕杰著.—上海:上海财经大学出版社,2014.7
ISBN 978-7-5642-1913-0/F·1913

Ⅰ.①液…　Ⅱ.①吴…②孔…　Ⅲ.①液体燃料-生物燃料-社会成本-收益-研究-中国　Ⅳ.①TQ517.4②TK6

中国版本图书馆 CIP 数据核字(2014)第 103758 号

责任编辑　黄　荟
书籍设计　钱宇辰
责任校对　王从远

YETAI SHENGWUZHI RANLIAO DE SHEHUI CHENGBEN SHOUYI YANJIU

液 态 生 物 质 燃 料 的 社 会 成 本 收 益 研 究

吴方卫　孔燕杰　著

上海财经大学出版社出版发行
(上海市武东路 321 号乙　邮编 200434)
网　　址:http://www.sufep.com
电子邮箱:webmaster @ sufep.com
全国新华书店经销
同济大学印刷厂印刷
上海远大印务发展有限公司装订
2014 年 7 月第 1 版　2014 年 7 月第 1 次印刷

710mm×1 000mm　1/16　13 印张　233 千字
定价:38.00 元

序　言

作为世界上人口最多的发展中国家,中国的能源消费量在 2010 年已跃居世界第一位,经济的持续发展将继续使我国对能源的需求量刚性增长。但是,我国的能源禀赋较为薄弱,能源生产与消费的矛盾突出,其中,石油供求矛盾是能源矛盾的核心。以石油为重点的能源供求矛盾属于世界性问题,全球很多国家为了保障能源安全,采取了以能源替代为主的多种应对策略,其中以液态生物质燃料为代表的可再生能源开发利用是能源替代战略的重要选项。对我国来说,交通运输业的快速发展引起了对原油和成品油需求量的急剧增加,而液态生物质燃料可直接用于替代成品油,因此,开发利用液态生物质燃料以补充石油消费的不足对保障能源安全更有必要性和紧迫性。

发展液态生物质燃料产业对我国社会经济发展在缓解能源供求矛盾、着力解决“三农”问题、保护和改善环境与生态、促进新兴产业和新经济增长点形成等方面能起到重要作用。近年来我国液态生物质燃料产业发展较快,液态生物质燃料的生产量和消费量已跃居世界第三位,我国政府也制定了液态生物质燃料产业发展的规划目标。但目前液态生物质燃料产业发展中还存在不少问题,主要包括发展目标不够明确、扶持政策不尽合理、技术不够成熟、产业不完善等方面。无论是与发达国家生物质燃料产业的发展相比,还是与保障能源安全的要求相比,生物质燃料产业都必须进行合理调控才能走上持续、健康发展的轨道。

我国在抗战时期曾出现过从国内外都难以获取车用燃油的“油荒”困境,当时进行过开发包括生物质燃料在内的多种能源用于替代汽油消费(主要是汽车消耗),以解决“油荒”问题对经济正常运行和军事斗争的制约。未来要保持我国经济持续平稳发展,也必须防范燃油供求缺口的出现,这就使得发展液态生物质燃料产业显得比较重要。

根据当前我国汽车和交通运输业的发展状况,今后原油和成品油的需求量将快速增加。到 2020 年,交通运输业对成品油的消费量估计将达到 4.43 亿吨,国民经济对原油的需求量将达到7.96亿吨,但是届时我国的原油产量预计只有2.4亿吨左右,为防止过度依赖原油进口,需要设定原油对外依存度上限。根据我国目前的实际情况,今后为保持风险相对较低的能源供求形势,需要把原油对外依存度控制在60%～65%之间,但这样会产生明显的原油供求缺口,需要开发液态生物质燃料加以补充。

由于目前我国液态生物质燃料的产量水平偏低,对补充石油供求缺口所起的作用较为有限,迫切需要提高产量水平,这就需要有充足的生物质原料资源作支撑。由于我国存在粮食安全的限制条件,发展液态生物质燃料必须以非粮能源作物、农林废弃物和餐饮废油作为主要原料。种植能源作物需要开发大量宜能边际土地,我国边际土地资源较丰富,但目前的开发数量较少,今后应做好对边际土地数量、用途、开发成本等技术参数的评估工作。就开发非粮能源作物生产而言,今后需要大力发展木薯、甘薯和甜高粱等能源作物作为生产燃料乙醇的原料,种植麻疯树、黄连木、油桐、文冠果、乌桕树等木本油料能源作物来生产生物柴油。开发利用农林废弃物生产纤维素乙醇,利用餐饮废油生产生物柴油,同时在有可能的情况下还可以将部分糖料作物和食用粮油作物作为液态生物质燃料的辅助原料。

如果从现在开始对各种生物质原料资源进行开发,自2015年开始可以带来较大规模的燃料乙醇和生物柴油产量。2015～2030年,各种生物质原料资源具备的液态生物质燃料总体生产潜力将从7 668.4万吨增加到1.546亿吨,其中,燃料乙醇的产量潜力从6 364.4万吨增加到1.178亿吨,生物柴油的产量潜力从1 304万吨增加到3 679万吨。

我国具备的燃料乙醇和生物柴油产量潜力对能源供求缺口的补充能力存在一定的差别,但都能消除因保持安全的原油对外依存度而产生的石油供求缺口。2020年,燃料乙醇的生产潜力总量为8 880.5万吨,其中源自能源作物的产量为1 405.3万吨,来自农林废弃物的产量为7 290.4万吨。如果用燃料乙醇弥补2020年为保持60%原油对外依存度产生的汽油供求缺口,只需要届时把燃料乙醇生产潜力的25%转变为现实产量。2020年,生物柴油的生产潜力总量可达到2 270万吨,其中,油料能源作物具备1 460.4万吨的生产潜力,餐饮废油具有604.6万吨的生产潜力。如果把这种生产潜力完全转变为现实的产量并用于弥补石油供求缺口,可把原油对外依存度控制在62.5%左右;如果上述生产潜力实现80%,可把原油对外依存度控制在65%。

开发各种生物质原料资源用于能源转化都有一定的经济性生产边界,在目前的技术经济条件和原油价格水平下,大多数原料资源用于生物质燃料生产都会出现亏损。原油价格不低于113.19美元/桶时,利用大多数淀粉类、糖类能源作物和油料能源作物及餐饮废油生产生物质燃料具备经济性;原油价格超过127.6美元/桶时,纤维素燃料乙醇的生产出现经济性边界;原油价格高于139.5美元/桶时,利用光皮树生产生物柴油才具备经济性。

充分挖掘各种生物质原料的能源转化潜力会产生多种社会收益和社会成本,不同的液态生物质燃料产量水平会产生不同的社会收益和社会成本。根据我们的研究,两种液态生物质燃料的总产量超过2 112万吨时才能产生正的净社会收益,但液态生物质燃料的产量水平并非越高越好。随着液态生物质燃料产量的逐渐提高,产生的净社会收益将呈现先增加后减少的趋势。通过不同情景的对比,液态生物质燃料产量达到足够消除石油供求缺口的水平时才会产生最大的净社会收益,对我国社会经济的发展最为有利,这种情况下,2020～2030年间发展液态生物质燃料产业的净社会收益可从2 344亿元上升到3 799.5亿元(2010年价格水平)。

本书根据我们承担的国家社会科学基金项目"我国发展液态生物质燃料的社会成本收益分析研究——基于原料资源开发利用潜力的视角"的相关研究成果撰写而成,基于自身学识以及资料和数据等因素,研究肯定存在不少缺陷和不当之处,恳请各位读者不吝赐教,批评指正。

该书的撰写得到了国家社会科学基金和上海市研究生教育创新计划的支持,特此表示感谢。感谢我们的助手付畅博士,研究过程中他付出了艰苦的劳动和辛勤的汗水,兢兢业业、勤勤恳恳地从事相对繁重和枯燥的研究工作。特别应该感谢本书的责任编辑黄荟女士,她非常细致地阅读了原稿,指出和纠正了书中不少疏漏和错误,正是她卓有成效的工作,才使得本书顺利付梓。

作　者

2014年7月于上海财经大学

目　录

第 1 章 导 论

1.1 液态生物质燃料的发展简史

乙醇与乙醇汽油作为汽车燃料有很长的历史,在 19 世纪末,亨利·福特、尼古拉斯·奥托以及其他制造者制造的发动机和汽车就可以用乙醇作为燃料。福特在 1908 年生产的著名的 T 型轿车就是一辆可以"灵活使用燃料"的汽车,其汽化器经过调节就可以使用乙醇、汽油或乙醇汽油。第二次世界大战期间,由于战争对于燃料的需要增加了对乙醇的需求,例如美国当时乙醇年消耗量就达到了 5.5 亿加仑。尽管战后由于汽油成为汽车的主要燃料使得乙醇的需求下降,但人们并没有对乙醇可以作为抗爆剂和汽油替代物失去兴趣。在 20 世纪 30 年代中期,由于粮食价格的下降,促使乙醇汽油出现了短暂的繁荣,30 年代后期各种乙醇汽油(E5~E17.5)在全美销售,而后由于石油价格的下降,乙醇汽油也就日见式微了。

燃料乙醇市场在 20 世纪 70 年代后开始复苏,有人在美国再次提出了使用生物燃料的想法。1970 年,美国国家环保局(EPA)通过了《清洁空气法》,具体地提出了控制污染物(如二氧化硫、一氧化碳、臭氧以及氮氧化物)排放标准,这为开发和使用包括燃料乙醇在内的可再生清洁燃料创造了前提条件。20 世纪 70 年代至 80 年代初全球爆发了石油危机,国际原油价格从 1979 年最初的每桶约 14 美元上涨到 1981 年 1 月的每桶 35 美元以上,直到 1983 年才稳定在每桶 28~29 美元之间。石油价格的上涨,使人们开始重新考虑使用液态生物质燃料替代石油的可能,巴西自 1975 年开始实施采用甘蔗生产酒精的"Proalcool"计划,目的是为了应对 1973 年石油危机。在 20 世纪 80 年代末,一半以上的巴西汽车使用 95% 的无水乙醇(E95),虽然 80 年代以后糖的短缺和价格上升减少了这一数值,但巴西仍保有 20% 的双燃料汽车,而且现在巴西销售的汽油至少要加入 25％的无水酒精(E25)，乙醇占到了巴西汽车燃油消费的 40％。

我国使用燃料乙醇也有比较长的历史，在抗日战争时期，太平洋战争爆发后，滇缅公路被切断，承担中国燃油(汽油、柴油、煤油等)运输的国际交通线被迫陆续中断。日渐严重的油荒使国统区的燃料供应陷入了山穷水尽的地步，极其不利于全国对日作战，在这种情况下，国民政府于 1938 年设立了液体燃料管理委员会，要求科研单位研究和开发酒精、桐油等植物炼油技术以代替汽油、柴油等，以利运输之畅通和军民工业之发展。1938 年 5 月 22 日，国民政府颁布了《液体燃料管理规则》，液体燃料管理委员会布令各省市管理机关，"实行国产酒精及植物油掺和代用办法"，要求将 20％～30％的酒精掺于汽油中，供汽车使用。后因汽油来源愈加困难，到 1941 年即要求行驶汽车尽量利用酒精、煤炭、木炭及其他国产替代燃料，一般车辆直接采用酒精为燃料[①]。由于燃料的短缺和抗战的需要，大后方乙醇产量逐年提高，1938 年为 30.4 万加仑，1939 年为 81.2 万加仑，1940 年为 385.9 万加仑，1941 年为 615.7 万加仑，1942 年为 935.2 万加仑，1944 年时达到最高峰 1 073.1 万加仑，是 1938 年产量的 35 倍多，乙醇在抗战时的军需与民用中替代汽油起着举足轻重的作用[②]。

20 世纪 60 年代，我国由于备战和石油短缺，曾在部分地区用乙醇作为汽油的替代品使用[③]。在 2000 年以前，国内开展乙醇燃料研究及应用工作并不多，"八五"期间，在交通部能源管理办公室的主持下，交通部所属有关科研机构对乙醇作为车用燃料进行了一系列的研究。1985 年，云南省科委和云南省交通科学研究所进行了 60％乙醇汽油的发动机台架及行车试验；1986～1990 年，福建省交通科学技术研究所开展了 E20(含 20％工业乙醇的混合汽油)的应用研究；交通部公路科学研究所先后进行了 E20、E40、E60 及 100％乙醇汽油应用研究等。1987 年，中国石化销售公司下属的中南石油公司、湖北省石油公司、广西壮族自治区石油总公司等单位也立项对 18％～22％乙醇汽油、5％乙醇柴油等进行营运应用试验，试验结果通过了中国石化销售公司的技术鉴定[④]。燃料乙醇重新获得重视和关注是在 20 世纪中后期。20 世纪 90 年代中期，随着国民经济的高速发展，我国能源需求量大增，特别是石油供需矛盾突出，由石油净出口国变为净进口国，进口量高速增长，石油资源匮乏和能源安全问题引起社会各界的高度

①　刘春.试论抗战时期四川糖料酒精工业的兴衰[J].四川师范大学学报(社会科学版),2004,31(4).
②　刘素芬.中国近代石油工业发展之研究[D].台湾"国立中央大学"历史研究所硕士论文,2001.
③　杜风光,冯文生.燃料乙醇发展现状和前景展望[J].现代化工,2006,26(1).
④　国内乙醇燃料汽车的研发和推广应用概况,中国生物能源网,http://www.bioenergy.cn/web/application/200711/application_20071102010125_60793.shtml.

重视。因此,国家在 20 世纪 90 年代末开始有计划地进行燃料乙醇和车用乙醇汽油的研究和应用。由原国家计委牵头负责燃料乙醇和车用乙醇汽油的推广规划及项目建设,原国家经贸委负责车用乙醇汽油的试点及推广应用。2001 年,国家发改委确定的"十五"期间启动河南天冠燃料乙醇、吉林燃料乙醇、黑龙江华润酒精、安徽丰原生化 4 个燃料乙醇定点生产企业,形成了 102 万吨/年的生产能力。我国目前已是全球第三大燃料乙醇生产国,产能仅次于巴西和美国。

生物柴油的历史则可以追溯到 19 世纪柴油机发明的年代,鲁道夫·狄赛尔(Rudolf Diesel)(柴油就是以此人名字命名的)最先设想将植物油作为发动机的燃料源,他早期的工作就与使用生物燃料有关。例如,1900 年巴黎世界博览会上,法国奥托公司展出的小型柴油机就是使用花生油作为燃料,而且运转得与使用石化柴油的机器一样正常。使用植物油的柴油机的研制据说是应当时法国政府的要求,因为法国的非洲殖民地大量种植花生,这样殖民地就可以用自己的资源生产能源,而不需要进口煤或石油。当时的实验表明,240 克花生油可以产生 0.733 5 千瓦·时(1 马力·时)的动力,花生油的热值为 8 600 千卡/千克,与焦油完全相等,含氢为 11.8%,几乎可以像矿物燃油一样使用。在圣彼得堡,用蓖麻子油和鲸油作为柴油机燃料的实验也取得了成功。1938 年夏天,布鲁塞尔至鲁汶的商业化长途客运线就出现了使用棕榈油乙基酯作为燃油的客车,客车运行良好。

到了 20 世纪 40 年代,棕榈油通常被认为是可以作为柴油使用的好来源,虽然大多数动植物脂肪都可以作为类似于柴油的燃料使用,但当时的历史条件下,人们的认识与现在是有差别的,因为当时大部分欧洲主要国家都有非洲殖民地。

第二次世界大战时期,在紧急状态下植物油也被用来作为燃油使用,当时巴西就禁止出口棉籽油,因为它可以替代进口柴油。中国则使用桐油和其他植物油通过裂解生产汽油和煤油,印度的研究者选出了 10 种植物油作为当地燃油使用,日本在第二次世界大战期间最大的战列舰"大和号"据称使用的是精炼的豆油作为燃料。美国开展了一个"双重燃油"项目,俄亥俄大学研究把棉籽油和玉米油混合到常规的柴油中使用,佐治亚理工学院则研究将纯植物油作为柴油使用。当然这时把植物油作为柴油使用的推动力主要来自战争时期的能源安全,而不是基于环境的考虑[1]。

如今生物柴油的来源就多样化了,包括植物油、动物脂肪、餐饮废油甚至油脚等。采用什么原料生产生物柴油通常由地域、气候、经济性等因素决定。因

---

① Knothe,G.,etc.*The Biodiesel Handbook*[M].AOCS Press,Champaign,Illinois,2004.

此,在美国首选的是豆油,在欧洲首选的是菜油,在热带地区则是棕榈油。不同的原料都有其发现的"时代"性,这些包括棕榈油、豆油、棉籽油、蓖麻油,以及一些不太常见的油品如巴巴苏油(一种巴西棕榈)、生葡萄籽油等,动物油包括牛油、鱼油等。

与燃料乙醇相似,我国生物柴油的开发和使用也要追溯到抗日战争时期。1938 年 7 月,当时国民政府经济部就召集人员研究以桐油代替柴油行车的问题,通过裂解桐油生产汽油和柴油。1940 年,中国汽车制造公司试制出"五五式"桐油汽车[①]。大后方生物柴油的生产数量也比较可观,例如,1942 年 5 月的一个月内,重庆各炼油厂将桐油提炼加工成汽油 18 350 加仑、灯油 13 450 加仑、柴油 80 800 加仑[②],为抗战做出了贡献。解放以后,生物柴油的研究和应用一度沉寂,到 20 世纪 80 年代初,部分院校与研究单位开始进行一些植物油生产生物柴油的试验研究。原机械工业部和原中国石化总公司在 20 世纪 80 年代就拨出专款立项,由上海内燃机研究所和农业部贵州省山地农机所承担课题,联合研究长达 10 年之久,中国农业工程研究设计院于 1985 年进行了生物柴油的试验工作[③]。从"八五"开始,生物柴油的研究工作逐步系统化,中国科学院设立了重点科研项目——"燃料油植物的研究与应用技术",完成了金沙江流域燃料油植物资源的调查及栽培技术研究,建立了 30 公顷的小桐子栽培示范片。进入 21 世纪以后,由于石油的短缺和全球环境的变化,生物柴油重新获得关注。2004 年,科技部启动了"十五"国家科技攻关计划项目——"生物燃料油技术开发"、"863 计划",支持以生物酶为基础的生物柴油合成新技术,同时支持以隔油池垃圾(泔水油)生产生物柴油。国家发改委在 2004 年发布的《关于组织实施"节能和新能源关键技术"国家重大产业技术开发专项的通知》,对将工业规模生物柴油的生产及过程控制关键技术、利用油脂类废料和野生植物生产生物柴油关键技术作为节约和替代石油关键技术予以支持。从 2001 年起开始,我国出现了生产生物柴油的企业,而后发展较为迅速,到 2006 年底,全国实际生产能力近 25 万吨。近年来,我国相继建成了众多规模不等的生物柴油厂,年生物柴油总产量在 20 万～30 万吨之间。

---

① 王立显.四川公路交通史[M].四川人民出版社,1986.
② 谭熙鸿.十年来之中国经济[M].(台北地区)文海出版社,1974.
③ 方芳,等.生物柴油的研究与应用[J].交通环保,2004,25(5).

1.2 问题的提出

能源是一个国家经济增长和社会发展的重要物质基础,社会经济与能源消费之间往往呈明显的正相关关系,要实现国民经济持续发展和社会全面进步必须有充足稳定的能源安全保障。当前支撑世界各国经济发展的能源主要有煤、石油和天然气等,其中石油在经济发展中的作用最为突出。这些能源都是不可再生的化石能源,在地球上的储量有限,最终会被全部消耗掉。由于能源的储量会逐渐减小、开采难度会越来越大,而经济社会对能源的需求会逐步提高,供求矛盾加剧、技术难度增大等因素会使能源价格持续攀升。因此,当前世界各国的经济发展不仅会面临能源供给量的限制,也会受到能源价格不断提高的影响。

从全球范围的能源需求来看,随着世界各国经济不断发展,全球能源需求还会继续保持较快增长,但全球能源特别是石油的蕴藏量和生产格局又非常不均衡,供求矛盾比较突出。从世界能源价格形势看,随着各国经济对原油的依赖不断增强,原油开采量持续扩大而储量则逐渐减少,在未来较长时期内,原油价格不断上升的趋势将会继续保持。世界各国为了保障本国的能源安全、促进经济持续发展,纷纷采取各种有效措施缓解石油供求矛盾、平抑油价波动。

与世界上大多数国家相比,我国面临的能源形势更加严峻。我国的能源资源总量虽然较多,但由于人口众多导致人均能源占有量很低,使得我国的能源供求总体状况一直比较紧张。此外,我国能源结构一直是"富煤、贫油、少气"的格局,决定了我国经济发展主要是以煤作支撑,这与世界上大多数国家的发展主要依靠石油和天然气大相径庭。但随着我国经济的进一步发展,人们的生活水平继续提高后,今后对石油和天然气的依赖程度将会大大提高,能源供求矛盾会更加凸显,这对保障我国的能源安全无疑是一个很大的挑战。如果不能持续获得足够数量以石油为主的能源,经济发展、社会进步和人民生活水平的提高都将是无源之水、无本之木。

新中国成立初期,由于石油探明储量和国内产量都很低,石油需要大量进口。后来陆续发现了一些大型油气田,由于当时国内的石油消费量还比较少,石油产量除了供应国内能源消费以外,还一度用于出口换汇。改革开放以来,我国经济的快速发展产生了对能源的刚性需求,能源需求增长迅速。其中对石油的需求量越来越大,而国内原油产能的增长却很有限,石油供求矛盾日益突出,石油对外依存度不断提高。自1993年我国重新成为石油进口国以来,石油进口量和石油对外依存度连年攀升。国际能源署(IEA,2011)发布的《2011年世界能源展望》认为,自 2010 年起,中国的能源消费量已经超过美国,跃居世界第一。2011 年,我国石油表观消费量为 4.7 亿吨,石油净进口量为 2.66 亿吨,原油和石油对外依存度分别达到 55.2% 和 56.5%,这几项指标都创了历史新高。我国经济的较快发展和居民收入水平的稳步提高,带来了汽车产业的快速发展和汽车需求量的较快增长,这使得成品油的需求量大幅提高,从而引致石油需求显著增加。而国内石油产量的刚性约束必然使石油进口量和对外依存度继续提高,这将加剧我国的能源供求结构性矛盾,弱化能源自给的安全性,对保障我国的能源安全非常不利。不改变石油短缺的局面就不可能破解能源"瓶颈"约束,也就难以保持经济的快速持续发展。

现阶段,我国需要保持经济较快增长才能逐步提高居民的生活水平,这必然会导致石油进口需求量快速增加,在一定程度上推动石油价格的上升,而国际油价不断提高的趋势将会对很多相关产业的发展造成冲击,提高国民经济的运行成本,成为输入型通货膨胀的诱因,进而影响到我国经济社会的可持续发展。由此可见,今后我国对石油的需求将面临更严重的数量和价格双重约束,必须采取各种行之有效的举措缓解能源供求压力,保障能源安全。

世界各国保障自身能源安全的主要途径是实行能源多元化战略,由于我国的能源禀赋水平较低,采取这一策略就显得更加重要。能源多元化包括两个方面的内容:一是开展能源外交,与其他能源出口国进行能源合作来弥补国内能源的不足;二是开发利用多种新能源和可再生能源对传统化石能源进行替代和补充。近年来,我国虽然也积极开展能源国际合作,但所获得的能源数量一直比美国等发达国家少很多,究其原因主要有两个:一是发达国家控制了主要的能源输出地区;二是主要能源输出国的能源产量用于自身消费的比重也逐步上升。因此,缓解我国能源供求压力更关键的举措,是开发各种替代性能源对以石油为主的化石能源进行替代。

当前,开发利用的替代性能源主要有核能、太阳能、生物质能、风能和地热能等,但用同样不可再生的核能进行能源替代也不完全是可持续的,因此,发展更有前途的可再生能源受到包括我国在内的世界多数国家的普遍重视,开发利用可再生能源已成为世界各国保障能源安全、加强环境保护、应对气候变化的重要措施。在我国,社会经济快速发展导致能源需求持续增长,同时能源消费带来的环境问题也将日益凸显,所以,加快开发利用可再生能源已成为我国应对日益严峻的能源环境问题的必由之路。《国民经济和社会发展"十二五"规划纲要》已确定了 2015 年和 2020 年非化石能源占一次能源消费比重分别达到 11.4% 和 15% 的目标,而包括太阳能、生物质能和风能等可再生能源的消费量在非化石能源中所占的比重也将明显提高。

生物质能源的原料来源广泛,能源作物、农作物秸秆、林木废弃物、动植物油脂等都可以作为生物质能源的原料。生物质能源的利用形式多种多样,其中液态生物质燃料可直接替代车用燃油的使用,对石油的补充和替代作用较为直接,在生物质能源开发和能源替代中将起到重要作用。

以粮食、油料为原料生产液态生物质燃料是当前世界各国的主流方式,而以非粮原料(包括纤维素)生产液态生物质燃料仍然处于试点或技术研发阶段。美国、巴西和欧盟都已不同程度地通过发展液态生物质燃料替代原油。我国于21世纪初开始试点燃料乙醇项目,并已经取得了初步成效。尽管目前我国的液态生物质燃料产业仍处于起步阶段,但不断增加的能源需求为液态生物质燃料产业发展开辟了广阔空间。

然而,发展液态生物质燃料产业与资源禀赋密切相关,需要结合具体的国情制定合理的发展策略路径。我国燃料乙醇产业已经初具规模,2000~2004年是用玉米等陈化储备粮生产生物燃料乙醇,陈化粮被全部消耗后使用了部分玉米和小麦作为燃料乙醇的原料。鉴于我国粮食供求长期处在紧平衡状态,保障粮食安全供给始终是我国经济发展中的战略任务,这决定了我国发展液态生物质燃料不能像美国和巴西那样以大宗粮食类农产品作原料,必须寻求其他原料生产液态生物质燃料。2006年粮价上涨后,我国政府也制定了液态生物质燃料"非粮化"发展战略,即以非粮生物质资源为原料生产液态生物质燃料,现阶段的规划已确定重点开发木薯、甜高粱和纤维素等原料。目前我国生物柴油产业发展规模还很小,主要应开发非食用油料作物作为生产原料,此外还应将餐饮废油脂资源充分利用。

由于我国是世界上非粮生物质资源最丰富的国家之一,具备大量发展液态生物质燃料的基础条件。但是,当前我国液态生物质燃料的总体发展规模还比较小,对补充石油消费的作用有限,而扩大液态生物质燃料的产能水平又受到各种经济条件与技术因素的限制。在我国面临的能源供求矛盾日益加剧的大背景下,为了提升液态生物质燃料的产能水平、适度提高我国的能源安全程度,迫切需要对生产液态生物质燃料的非粮原料资源潜力进行分析和评估,包括理论资源潜力、技术可行潜力及经济性供给潜力三个方面,据此分析挖掘液态生物质燃料生产潜力而造成的社会经济影响及今后的优化策略。

在全球性的石油供求矛盾不断加剧和由此导致的石油价格不断走高的总体趋势下,开发利用液态生物质燃料等替代性能源势在必行。再加上为了应对全球气候变化、削减碳排放强度和降低环境污染程度,这一切使得当前液态生物质燃料产业的发展方兴未艾。美国和巴西是当前液态生物质燃料发展规模居世界前两位的国家。欧盟作为一个整体,其液态生物质燃料产业的发展速度很快,规模也越来越大。当前,我国液态生物质燃料的发展规模虽然居世界第三位,但与美国和巴西相比则要小得多,与我国面临的巨大能源供求压力相比还有较大差距,与我国丰富的宜能非粮生物质原料资源相比也有很大反差。同时液态生物质燃料产业尚未真正走上良性发展的轨道,相关的发展政策和规划也不完备,要通过液态生物质燃料的开发利用来缓解我国的能源压力,还有很长的路要走。

由于开发利用液态生物质燃料的益处较多,与世界其他国家相比,我国更需要发展液态生物质燃料来支撑经济的持续发展。这不仅因为它可以弥补我国石油的不足、缓解能源供求矛盾,另一个重要原因是可以减少温室气体排放、抑制环境污染与破坏。为了应对全球气候变化,世界上多数国家都做出了碳减排的具体承诺,我国在哥本哈根会议上也向国际社会承诺实现2020年碳排放强度比2005年降低40%～45%的目标。液态生物质燃料的开发利用不会增加碳排放,有利于这一目标的实现。使用化石能源排放出的废气中含有大量硫氧化物、氮氧化物等污染物,而液态生物质燃料本身是由生物质资源生产得到的,使用中排放的污染物将大大减少,因此液态生物质燃料的开发利用可以降低我国的环境污染程度,具有良好的环境效益。

此外,液态生物质燃料的开发利用在一定程度上还有助于解决"三农"问题。我国每年有大量生物质原料资源被烧掉或浪费掉,主要原因是传统薪柴继续用于农村生活能源、农作物秸秆的随意焚烧和废弃等,这既造成环境污染,又会导致资源浪费。而如果能把这些生物质原料资源用于生产液态生物质燃料,不仅能显著缓解我国的能源供求压力,还能逐步改善农村生态环境。当前我国农村还有大量剩余劳动力,城镇经济的发展难以全部吸纳,如果把一部分农村剩余劳动力吸收到液态生物质燃料产业中,不仅能够实现转移就业、提高农民收入,还能产生能源农业等新的经济增长点,可为农村经济的发展和繁荣做出新的贡献。

要扩大液态生物质燃料产业的发展规模、促进其健康发展,持续稳定的原料供给是重要的前提条件。虽然我国可用于生产液态生物质燃料的生物质原料资源相当丰富,但生物质原料资源的产生却有季节性、时间性的限制。同时,我国地域辽阔,不同地区间自然条件差异较大,用于生产液态生物质燃料的能源作物等生物质原料资源也具有明显的区域适应性和空间限制。此外,生产液态生物质燃料的原料资源在开发利用中还有技术可行性与经济可行性的限制,液态生物质燃料的生产必须在经济上合算才有意义。如何因时、因地制宜地选择适合我国不同地区具体情况的宜能生物质原料,合理扩大液态生物质燃料的发展规模并优化其区域分布,对我国液态生物质燃料产业的发展至关重要。

　　分析研究我国农林废弃物资源数量、宜能边际土地的面积、主要能源作物的单产水平、适宜种植区域和可播种面积、生物质原料资源转化为液态生物质燃料的比率,以及废弃动植物油脂资源量和转化率等技术经济参数,以测算我国液态生物质燃料(包括燃料乙醇和生物柴油)实际可能的供给数量,可以对在今后液态生物质燃料的开发中如何挖掘原料资源的经济性可供给潜力、如何优化生物质原料的区域布局有清楚的认识,对政府相关部门制定液态生物质燃料发展的具体规划和扶持政策会有较重要的参考作用。

　　由于当前我国关于液态生物质燃料开发的政策措施并不完备,液态生物质燃料产业的发展路径尚未完全明确。从液态生物质燃料的有关研究来看,关于该产业发展的研究往往局限于解决我国能源安全问题的作用和意义,而对液态生物质燃料原料资源潜力的研究关注不够。本研究希望把保障国家能源安全与提升液态生物质燃料的原料资源供给潜力两个方面结合起来,通过量化分析我国面临的能源安全形势和可能产生的能源缺口,以测算补充能源缺口所需要的液态生物质燃料数量。对液态生物质燃料的需求量和经济可行的供给基础进行科学分析,据此利用经济学中的成本收益分析、外部性等有关理论进一步分析能源缺口的产生对我国经济发展的影响,以及用液态生物质燃料进行能源替代所带来的社会收益和社会成本,对发展液态生物质燃料的原料资源潜力挖掘与优化能起到一定的理论指引作用。

1.3　相关研究动态

1.3.1　国外液态生物质燃料的发展

　　Paulo(2011)分析了巴西甘蔗产业的发展前景,甘蔗产量中很大部分用于液态生物质燃料的生产,当前燃料乙醇的产量已替代巴西 30% 的汽油需求。由于已经取得了技术突破,下一个十年中巴西的燃料乙醇生产量将比现在翻一番。Somma、Lobkowicz 和 Deason(2010)分析了美国玉米燃料乙醇和纤维素乙醇开发的可行性,认为美国 2005 年的能源政策法案对液态生物质燃料发展有很大的促进作用,可再生燃料的产量由 2002 年的 20 亿加仑提高到 2006 年的 54 亿加仑。2006 年,美国国内玉米产量的 17% 用于生产燃料乙醇,需要的玉米播种量为 7 100 万英亩。美国用燃料乙醇替代其国内 20% 的石油进口量,需要种植 1.37 亿英亩的玉米作为原料。当前第二代纤维素乙醇还面临很大的技术障碍,要提高燃料乙醇的生产能力必须在技术上取得突破,并消除燃料乙醇的商业流通障碍。

Cockerill 和 Martin(2008)对欧盟发展液态生物质燃料的可持续性进行分析,认为液态生物质燃料的发展在全球势在必行,对欧盟来说也是好机会,但面临产业、政策和技术方面的挑战逐渐增加,需要更加有效的措施促进液态生物质燃料的可持续发展。

Deepak(2006)对印度当前的液态生物质燃料开发策略进行分析,认为印度当前主要种植麻疯树发展液态生物质燃料,但利用边际荒地种植麻疯树的经验不足,政府提供的补贴都被土地所有者获得,缺少液态生物质燃料的最低限价等,应该种植生长周期短、不影响粮食作物播种的能源作物来解决当前的问题。Johnston 和 Holloway(2007)对全球不同国家生物柴油的生产潜力和价格进行了测算和比较,结果表明,全球生物柴油生产潜力居前五位的国家依次是马来西亚、印度尼西亚、阿根廷、美国和巴西,生物柴油的生产价格都不超过 0.7 美元/升。同时他们认为,生物柴油大规模开发还有明显障碍,应该以可持续的方式开发生物柴油,包括采用先进技术、能源作物优化等,还要防止生物柴油的发展影响粮食安全。

Delphine、Wallace 和 Florence(2010)对法国农林废弃物和能源作物可提供的纤维素生物质资源潜力进行了分析,认为 2015 年利用法国的谷物和玉米秸秆至少可以提供 2 亿升液态生物质燃料,利用纤维素生产液态生物质燃料的成本主要来自生产转化环节,能源价格和政策将会对第二代液态生物质燃料的影响很大。

Brechbill 和 Wallace 等(2011)对美国印第安纳州的生物质资源收集和运输的经济性进行分析,认为生物质能源的原料成本主要包括种子、肥料、加工、仓储和运输等,计算得到每公吨玉米秸秆和柳枝稷原料 60 公里的运输成本分别为 63~75 美元和 80~96 美元,这样的成本可以使液态生物质燃料开发具有经济性。

国际能源署(IEA,2010、2011)预测了全球液态生物质燃料的发展趋势,认为到 2035 年液态生物质燃料的日消费量将由 2009 年的 110 万桶提高到 440 万桶,在交通运输燃油消费量中所占的比重提高到 8%。美国 2035 年液态生物质燃料占全球的比重由当前的 45%下降到 38%,中国的份额则会由 2009 年的 6%提高到 19%。2020 年液态生物质燃料的纤维素原料生产技术将实现市场化,液态生物质燃料的发展需要提高政府扶持力度。上述研究表明,世界各国发展液态生物质燃料产业都以本国的资源禀赋优势为基础,选择技术经济性最合适的生物质资源作为生产原料,这对我国选取优势生物质资源发展液态生物质燃料产业有较好的借鉴作用。

1.3.2　液态生物质燃料发展的社会经济影响

发展液态生物质燃料的社会经济影响主要包括对能源安全的作用、对粮食安全的影响和对相关产业的影响三个方面。当前的研究一致认为,发展液态生物质燃料对缓解我国能源安全的作用较为突出,但对发展液态生物质燃料与粮食安全的关系还存在较大争议。多数研究认为,液态生物质燃料产业的发展会对部分产业有利,而对另外一些产业造成负面影响。

李俊峰和马天瑞(2007)认为,中国有一半的石油依赖进口,能源约束加大了寻求替代技术和替代能源的紧迫性和压力。中国在可再生能源应用方面处在全球领先地位,液态生物质燃料的发展已经得到广泛的关注。政府正在计划扩大以木薯、甘薯、甜高粱和油料作物为原料的液态生物质燃料的生产规模,其中发展前景最好的是纤维素制乙醇。

刘飞翔和刘伟平(2009)对我国能源安全与效率问题做了实证分析,认为生物质能源产业的发展是能源开发利用的必然趋势,我国政府应在能源发展战略中明确生物质能源产业发展的战略定位,建立相应的法律法规,完善政策扶持体系,加大对科技研发的投入。纪占武和郑文范(2009)认为,在全球能源危机不断加剧的情况下,生物能源越来越受到世界各国的重视。发展生物能源化解能源危机的对策主要有以下方面:制定生物能源技术开发目标;推动生物能源技术进步;制定发展生物能源产业的财政税收政策;建立科学的生物能源开发模式;生物能源开发中防止与粮争地;等等。

赵勇强(2008)分析了国际上液态生物质燃料的发展现状和趋势,重点评估液态生物质燃料产业的发展方向和潜力,分析其与粮食安全和农业发展的关系以及我国液态生物质燃料产业发展的机遇与挑战。液态生物质燃料具有规模化用于交通能源的潜力,要加快液态生物质燃料产业的升级转型。马志强、谢磊等(2009)对我国生物质能开发利用的主要技术进行分析,认为生物质能开发利用中存在对资源状况了解不全面、自主研发能力弱和扶持政策不完善等主要问题;解决的思路有科学制定规划、加强研发投入、推动技术进步、降低成本和完善政策扶持体系等。

孙智谋、周旭等(2009)认为,发展以粮食为原料的第一代液态生物质能源会影响粮食安全,必须开发第二代纤维素液态生物质能源才能降低对粮食安全的冲击;要充分利用可再生资源以减轻对石油的依赖、缓解资源环境压力。

兰肇华(2009)对不同国家的生物燃料发展目标和发展政策进行比较,测算了欧盟、美国和中国的生物燃料发展潜力,评估了液态生物质燃料的发展对我国相关产业的影响。利用情景模拟分析液态生物质燃料发展对我国粮食安全的影响,认为若没有政府干预,液态生物质燃料的发展将会严重威胁我国的粮食安全和居民经济福利。因此我国要扩大液态生物质燃料的生产规模,必须走以非粮原料为主的发展路径。

宁泽逵和王征兵(2010)对中国液态生物质能源发展与粮食安全问题的现状进行了分析,得出的结论是液态生物质能源的发展会与粮食生产争夺农业资源,因此要通过技术创新和制度创新协调好能源安全和粮食安全之间的关系。除了发展液态生物质燃料会威胁粮食安全的观点之外,还有很多研究得出了相反的结论,可以消除发展液态生物质燃料对粮食安全的影响。

王士海、李先德和马晓春(2008)分析了液态生物质燃料的发展动因、国外液态生物质燃料的发展目标和发展现状,考察了液态生物质燃料主要生产国的粮食安全状况、我国液态生物质燃料产业的发展现状与问题,构建模型着重分析了我国液态生物质燃料发展的"争粮"和"争地"问题。得到如下主要结论:中国具备发展液态生物质燃料的条件,当前液态生物质燃料的发展没有出现"与粮争地"的问题,发展液态生物质燃料还有抑制石油价格提高的作用。张锦华和吴方卫(2007)通过研究得出了类似的结论,但考虑其他方面因素也认为液态生物质燃料的发展不能大规模消耗粮食。通过比较世界典型国家生产燃料乙醇的原料资源禀赋状况,发现我国以玉米为原料生产燃料乙醇并不具备优势;预测了我国未来玉米乙醇的增长潜力,认为当前液态生物质燃料的发展并未影响粮食安全,今后如果调控得当也不会影响我国粮食安全;今后要在保证粮食安全的前提下扩大燃料乙醇的生产规模,除了挖掘内部潜力消除粮食安全约束以外,更重要的策略是发挥我国的生物质资源禀赋优势,开发新的非粮原料来源。

吴方卫、张锦华等(2008,2009)通过建立短期和长期动态模型分析液态生物质燃料的发展对中国粮食安全的影响,主要得出两个研究结论:一是燃料乙醇的发展并没有给粮食安全带来实质性的影响,但长期来看存在影响粮食安全的风险;二是可以通过对补贴政策、替代政策、贸易政策以及技术政策等方面的调整来消除液态生物质燃料的发展对粮食安全造成的影响。这与上述液态生物质能源发展会影响粮食安全的观点相反,说明关于液态生物质燃料发展是否会影响到粮食安全还存在争议,有待进一步研究。

曹历娟(2009)利用全球贸易分析模型(GTAP)模拟分析了生物燃料乙醇的发展对我国粮食安全和能源安全的影响,得出三个主要结论:一是我国具备发展燃料乙醇的可行性,当前燃料乙醇的发展规模对粮食安全影响甚微;二是燃料乙醇的发展规模达到政府规划目标后对石油的价格、生产与消费有明显影响,可缓解我国面临的能源压力;三是解决我国能源安全问题不能单纯寄希望于以粮食为原料的燃料乙醇,而需要开发非粮农产品原料等其他途径。

吴伟光、仇焕广和黄季焜(2009)分析了全球主要国家的生物燃料乙醇发展现状、目标与激励政策,以及生物燃料乙醇生产的主要原料与技术现状,重点探讨了生物燃料乙醇发展对农产品价格和环境两方面的可能影响。结论是,今后发达国家扩大燃料乙醇发展规模会引起农产品价格上涨的压力,我国应充分利用丰富的边际土地资源发展非粮燃料乙醇,弱化对农业生产的不利影响,要加强非粮能源作物品种选育和关键技术开发。黄季焜、仇焕广等(2010)利用全球贸易与能源分析模型(GTAP-E)分析了生物燃料乙醇的发展给全球和我国农产品市场带来的影响、对我国不同区域农业发展造成的经济影响,并对不同原料生产生物燃料乙醇的成本及收益等方面进行了技术经济测算与评价。

吴方卫和章辉(2009)分析了我国汽车产业的发展对汽油需求量的变化,计算出我国在保持60%石油对外依存度的条件下出现的石油供求缺口,并模拟分析了不同的液态生物质燃料产量水平对我国汽车产业和国民经济的影响。研究结论是,液态生物质能源的产量必须扩大到足够的规模,才能维持汽车产业快速增长,并保障国民经济的持续发展。

1.3.3　液态生物质燃料发展政策

曹俐和吴方卫(2010,2011)对美国、中国和欧盟生物燃料乙醇补贴政策的演进历程进行分析,从产业供应链的角度对比了中美生物燃料乙醇的补贴措施,并分析了欧盟燃料乙醇补贴政策对我国的启示。结果发现,我国对生物燃料乙醇发展的补贴政策在各个方面都不够完善,目标也很不明确;认为我国应明确生物燃料乙醇的发展目标,多措并举不断完善对燃料乙醇补贴的措施。周永红、孔令喜等(2011)分析了近年来美国和中国对生物质能源发展的扶持政策,认为两国都颁布了一系列法律法规促进生物质能源的发展。但不同的是,美国对各种生物质能源的发展都有具体的政策扶持,而中国只对有限的几种生物质能源有扶持政策。因此,中国今后必须从多个方面完善对生物质能源发展的扶持政策。吴方卫(2010)对我国液态生物质燃料发展的政策进行了梳理,认为当前主要是通过制定规划和扶持政策推动液态生物质燃料的发展,但这些政策仍不够具体。另外,对液态生物质燃料的原料开发还缺乏有效的政策,今后应制定并不断完善对能源作物和边际土地开发的扶持政策,以增强液态生物质燃料开发的经济与社会效益。

王仲颖、赵勇强等(2010)评价了我国液态生物质燃料发展的现行政策,认为当前的政策主要存在体系不完整、经济扶持力度不够、市场环境不完善等问题。

必须不断完善液态生物质燃料发展的政策体系,其中最重要的是建立非粮原料保障监管、政府指导价统一收购、相关经济激励与奖惩等制度。黄季焜和仇焕广(2010)认为,我国应积极应对液态生物质燃料发展产生的各种影响,确定液态生物质燃料发展的规模应综合考虑粮食安全、农民收入的提高、消费者利益等方面的因素,能源作物的选择应遵循多样化原则并以非粮作物为主,要通过技术研发、财政补贴等政策的调整促进液态生物质燃料产业的发展。由于我国对液态生物质燃料发展的扶持政策不够健全,对液态生物质燃料发展政策的研究需要加强。

1.3.4　我国液态生物质燃料的原料资源潜力评估

费世民、张旭东等(2005)考察了国内外能源植物资源的开发利用现状,认为我国能源植物开发利用中主要存在能源植物资源不清楚、优良品种缺乏、发展规模小等问题。要加强生物燃料油技术的研究与开发,有目的、有选择地引进优良的能源植物资源和先进技术工艺。田宜水和赵立欣(2007)对我国燃料乙醇的原料资源进行了初步分析,估算了木薯、甘薯、甜高粱和甘蔗四种原料作物的产量以及用这几种作物生产1吨燃料乙醇各自需要的原料数量,将原料作物与后备耕地结合起来估算了燃料乙醇的生产潜力。计算表明,2010年和2020年我国的非粮燃料乙醇可供应量分别约为352万吨和1 688万吨,并认为将来以纤维素为原料的燃料乙醇更有发展潜力。

庄幸、姜克隽(2007)对液态生物质燃料发展的技术经济特点和原料资源保障进行了分析,认为液态生物质燃料的生产成本会随技术进步而不断下降,我国未来以燃料乙醇为主的液态生物质燃料发展规模可达到5 000万~8 000万吨。此外,还分析了我国2010~2030年液态生物质燃料的发展前景,通过燃料乙醇和生物柴油分别与成品油混配所替代的燃油消费量可由700万吨提高到4 000万吨,占油品消费总量的份额由7%上升到17%。

丁一(2007)分析了液态生物质燃料对我国石油供给安全的作用和贡献,认为我国发展液态生物质燃料必须选择非粮能源作物作为生产原料,并尽可能地利用非耕地进行生产,通过计算认为液态生物质燃料不能完全解决我国能源安全问题。从能源替代效果的角度看,我国应重点发展生物柴油,以便在替代石油消费中取得更好的效果。颜良正、张琳等(2008)根据我国后备土地资源的潜力分析了利用宜能边际土地发展液态生物质燃料的潜力和区域分布,认为主要应种植木薯、甘薯和甜高粱生产燃料乙醇,利用集中连片的边际土地可获得的燃料乙醇为2 170万吨,燃料乙醇发展潜力最大的地区主要有新疆、甘肃、山东和江西等。

左玉辉、张涨等(2008)对我国发展生物柴油所需要的主要原料资源和用于能源植物开发的土地资源进行了分析,认为我国应重点发展黄连木、麻疯树、光皮树、文冠果等分布地域广泛的油料能源作物以提高生物柴油的产量,主要应开发林地和牧草地作为种植能源作物的土地资源。

王亚静、毕于运等(2009)考察了我国液态生物质燃料的发展历程,分析了主要能源作物生产燃料乙醇和生物柴油的水平和成本,认为液态生物质燃料产业的发展趋势是利用边际土地种植能源作物、设法降低生产成本和开发纤维素燃料乙醇技术等。吴方卫和汤新云(2010)对适宜发展液态生物质燃料的农林原料资源进行了分析,并估算了液态生物质燃料的农林资源潜力,认为我国的生物质资源和劳动力都很丰富,液态生物质燃料开发会带来良好的经济效益、社会效益和生态效益。

寇建平、毕于运等(2008)对当前我国不同级别的宜能荒地数量及区域分布、宜能荒地的重点开发区进行了分析,测算了宜能荒地可提供的液态生物质燃料产量。把宜能荒地分为对农业利用无限制、有一定限制和有较大限制3个等级,3类宜能荒地可提供的液态生物质燃料年产量依次为 910 万吨、1 572 万吨和2 060万吨,应重点开发武陵山区、秦巴山区等8个地区的宜能荒地。徐增让、成升魁等(2010)利用中国资源环境数据库中的相关数据,运用 GIS 空间分析计算了适宜种植甜高粱的边际土地资源的分布、类型及面积,得出我国适宜甜高粱种植的边际土地资源有 440.7 万公顷,按现在甜高粱乙醇的单位产量水平,利用这些边际土地种植甜高粱可生产 1 718.7 万吨燃料乙醇。

张希良、郭庆方等(2009)分析了我国液态生物质燃料的原料资源潜力,认为我国可用于能源化开发的生物质资源的规模很大,但在现有技术条件下实际可利用的潜力较小,大部分原料由于缺乏技术与经济上的可行性而难以开发。发展液态生物质燃料应当分阶段进行,近期和中期应以非粮淀粉和糖类能源作物为原料,远期要以纤维素为主要原料扩大发展规模。以上研究对液态生物质燃料的可行原料资源及其理论潜力作出了分析,但是未涉及宜能生物质原料资源的开发策略。

1.3.5 能源作物利用与宜能边际土地开发

张迪、张凤荣(2002,2004)分析了当前我国耕地后备资源的经济供给能力,认为后备耕地的开发不仅取决于其自然适宜性,还受其开发经营效益的制约,通过计算得到当前我国自然适宜的后备耕地数量中只有约 1/3 具备经济开发价值。

谢光辉、郭兴强等(2007)分析了适合我国液态生物质燃料发展的淀粉与糖料作物、油脂作物和木质纤维素三类原料植物的研究与应用现状,重点分析了甜高粱、木薯、柳枝稷、芒属植物和柳属植物等能源作物的技术经济特性与发展前景,认为我国必须合理利用边际土地,将培育能源作物与生态恢复相结合来发展液态生物质燃料。

赵宗保等(2005)认为我国生产生物柴油的油脂原料短缺,对如何增加我国生物柴油的原料潜力进行了分析,主要考察了我国麻疯树、黄连木、光皮树和油茶等油料能源作物的技术经济特性。应通过发展油料作物、微生物油脂技术及合理利用废弃油脂等途径扩大生物柴油的产能水平。危文亮、金梦阳(2008)分析了我国油脂植物资源分布特点,重点考察了麻疯树、文冠果、黄连木、油莎豆等油料作物的单产水平和区域分布,认为用能源油料作物发展生物柴油应当加大对边际土地、油料作物资源的调查力度,加强产学研相结合,制定优惠政策。

杨士琦、王道龙等(2009)分析了世界主要国家和地区能源作物的发展过程与现状,认为开发利用能源作物应该考虑能源作物主体、能源作物产业化、环境保护和粮食安全四个方面的问题。张亚平、孙克勤等(2009)认为,发展能源农业可以延伸农业产业链、增加农民的就业和收入,经济效益较好。其中,大量种植非粮能源作物来发展液态生物质燃料等生物能源,是能源农业的重点发展方向之一。

张彩霞、谢高地等(2010)对甜高粱在我国的空间适宜分布进行了分析,最适宜甜高粱种植的未利用土地面积为286.7万公顷,可提供的燃料乙醇产量在573.4万~2 637.8万吨之间,用适宜性较差的未利用土地种植甜高粱要充分考虑开发成本和能源投入等问题。杨士琦、杨正礼等(2009)对我国的木薯、甜高粱、甘薯、甘蔗这四种能源作物生产燃料乙醇的技术经济特点进行了分析,认为这四种能源作物用于液态生物质燃料生产具有较大潜力,但如果考虑社会和经济效益则会出现一些不同的情况,此外能源作物的开发利用还应考虑其环境影响与社会影响。这些研究把宜能生物质原料资源选取与开发的技术经济可行性考虑在内,对研究宜能生物质原料开发的经济性边界有很好的借鉴。

1.3.6 简要的评述

上述学者和相关机构关于液态生物质燃料的发展态势、带来的社会经济影响及其发展潜力与前景等方面所做的研究,对进一步促进液态生物质燃料产业更好、更快地发展有较好的参考价值,为进行本项研究也提供了一定的借鉴作用。但是,通过分析发现,上述研究还存在以下几个主要方面的不足之处:

(1)关于消除能源约束对我国经济发展产生负面影响的可行路径有较多的研究,但对能源缺口如何影响我国的宏观经济发展及影响程度有多大的研究缺失,而这样的研究对如何防止我国的经济发展出现因能源"瓶颈"而陷入停滞乃至倒退的局面却有重要作用。

(2)量化液态生物质燃料的原料资源潜力的研究主要是估算液态生物质燃料开发的理论资源总量和产能,具体分析如何拓展原料资源潜力和扩大液态生物质燃料产能水平的研究较少,而这对在液态生物质燃料的发展中加强原料资源的区域优化布局有很大益处。

(3)对促进液态生物质燃料发展的政策性思路研究较多,但对液态生物质燃料发展现行政策的效果进行分析和评估的研究缺乏,而这方面的研究对政府有关部门科学修订液态生物质燃料发展的政策和规划目标有较大的参考价值。此外还缺乏关于液态生物质燃料原料资源开发扶持政策的研究,而这方面的研究对今后扩大液态生物质燃料的产能潜力有很好的参考作用。

(4)对提高液态生物质燃料产能水平的作用和意义研究较多,但具体测度我国液态生物质燃料发展潜力挖掘带来的社会经济影响的研究则基本没有,而这方面的研究对通过挖掘液态生物质燃料的产能潜力带动国民经济相关产业发展的指导作用又很显著。

根据以上分析,今后关于提升液态生物质燃料的发展潜力与优化策略可进行的研究主要有以下几个方面:

(1)由于液态生物质燃料的发展潜力与技术成熟程度和经济可行性密切相关,需要测度液态生物质燃料的原料资源在今后不同阶段的经济性可开发潜力,并分析对宜能生物质原料资源进行潜力挖掘的阶段性策略。

(2)由于液态生物质燃料的发展对相关产业和国民经济会有一定影响,需要分析液态生物质燃料原料资源潜力挖掘带来的各种正面和负面的社会经济影响,为科学制定液态生物质燃料的发展优化路径提供依据。

(3)由于当前液态生物质燃料的实际产量、发展规划目标产量与可能的液态生物质燃料生产潜力还有一些差距,需要研究在技术经济条件可行、社会可承受的限度下应如何对提高液态生物质燃料的产能水平进行政策优化与路径调整。

第 2 章　我国液态生物质燃料产业的发展现状与趋势

2.1　我国液态生物质燃料发展的历史

2.1.1　抗战时期我国液态生物质燃料产业的兴衰

抗战时期是我国历史上液态生物质燃料产业发展的一个黄金时期,取得过较为成功的效果。新中国成立前,我国基本没有自己的石油工业,经济发展所需要的汽油主要是从外国进口,其中汽油消费量的 75% 是用于汽车运输。抗战初期,由于沿海地区较快沦陷和日军的封锁,我国的国际交通线相继中断,太平洋战争爆发后,滇缅公路作为仅有的国际交通运输线也被日军切断。当时国民政府的物资进口因此发生急剧萎缩,其中汽油进口量大量减少,但由于抗战又使汽油的使用量大增,军事用油和公路运输用油的增长都很快。油荒问题如果不能得到很好的解决,不仅影响运输和生产活动,更重要的是会严重制约军事斗争。汽油进口严重短缺和国内石油开采的严重不足,造成国民政府在军需和交通运输上出现了很大困难,迫使其在国内寻求汽油替代品。当时的汽油替代品主要有用植物油提炼的汽油、用马铃薯和糖浆等原料生产的酒精和从煤炭中蒸馏提取出的替代油等,其中酒精的燃烧值接近汽油且成本适中,供给量也最多,成为解决战时交通运输燃料问题的首选。除了用燃料酒精代替汽油以外,当时国民政府经济部以桐油生产柴油作为交通运输燃料的试验也取得了成功,但桐油在当时是很重要的出口物资,不能大量用作汽车的燃料。因此,国民政府主要以燃料酒精产业作为发展的重点来替代交通运输对汽油的需求。

1938 年,国民政府液体燃料管理委员会颁布的《液体燃料管理规则》中要求将 20%～30% 的酒精混合于汽油中供汽车使用,后来,由于汽油来源进一步减少,到 1941 年要求行驶汽车尽量利用酒精和木炭等国产替代燃料,一般车辆直接采用酒精为燃料。与此同时,国民政府采取多种措施鼓励燃料酒精的生产。1939 年 2 月颁布《修正经济部工业贷款暂行办法》,规定将有限的财政资金只对酒精和糖料生产给予贷款扶持,在一定程度上缓解了酒精生产厂家资金缺乏的压力。国民政府对酒精原料甘蔗的种植也给予特别鼓励,1940 年 3 月公布了《奖励甘蔗种植实施办法》,通过补贴和优惠贷款促进了甘蔗的增产。为保证原料供应,国民政府还加强了对酒精原料的管理,1940 年成立了酒精原料统购处对制造酒精燃料的原料进行统筹收购和分配,以最大限度地获取燃料酒精工业生产所需的原料。

在国民政府的扶持下,当时的燃料酒精产业得到了较快的发展,液体燃料管理委员会 1940 年统筹配给的燃料酒精数量为 101.8 万加仑,占全部液态燃料的比重达到 36.75%;1942 年该产业的发展达到了顶峰,据国民政府经济部的统计,1940～1942 年燃料酒精的产量依次达到 455.3 万加仑、540.1 万加仑和784.3 万加仑。燃料酒精工业成为战时后方工业的重要部门之一,在战时的军需与民用中起着举足轻重的作用,较大程度上解决了国统区对液态燃料的需求,对保持当时交通运输的正常运转和抗战的顺利进行做出了不可忽视的贡献。

然而,随着燃料酒精产业的蓬勃发展,很多问题和困难后来也相继出现,从1943 年起该行业出现了急剧衰退。一方面是原料来源出现问题,1941 年粮食价格上升使种粮收益高于甘蔗,农民改种粮食使糖产量明显下降,原料短缺导致燃料酒精生产成本急剧上升,同时酒精企业建立数量过多也是原料来源不足导致出现产能闲置的重要原因;另一方面,由于税负过高使燃料酒精企业资金匮乏、利润空间狭小,更重要的是,当时国民政府对燃料酒精统一收购的价格低于含税的酒精生产成本,大量企业因出现亏损而停产,结果使燃料酒精的产量萎缩较为严重。抗战结束后国际交通线重新开通,我国的汽油进口量大大增加,而此时燃料酒精的价格几乎达到汽油价格的两倍,替代汽油消费已经不具备成本优势,作为战时产物的燃料酒精产业因此退出了历史舞台。

2.1.2　抗战时期液态生物质燃料发展对当今的借鉴意义

抗战初期,由于国际运输线被日军切断使我国产生了燃油荒,当时国民政府的各种应对举措基本上是成功的,其中燃料酒精替代汽油用于交通运输的成功经验值得后人学习。当前我国面临的石油供求矛盾日益尖锐,2012 年的石油对外依存度已达到 57%。我国石油进口运输量的 80% 以上都要经过马六甲海峡和东海、南海海域系列岛屿所形成的第一岛链①,我国与周边一些邻国在这些海域又存在领海主权争议,这种态势对我国石油进口始终是潜在的威胁。如果国际局势出现明显恶化或我国周边形势紧张程度加剧,石油进口的可获得性将受到严重影响,能源缺口出现的时间会提前,规模也会明显扩大,经济发展就会陷入困境。如果出现上述局面使石油的获得量难以满足我国的能源需求,就会发生与抗战爆发后国际运输线被日军切断很类似的情况。但是当时国民政府燃料酒精的最高产量仅有 2.4 万吨(784 万加仑),相当于替代了 2 万吨汽油使用量,替代汽油消费的各种车用燃料总数量尚未超过 10 万吨汽油当量的水平。而当前我国经济的正常运行对汽油和柴油的需求总量已超过 2 亿吨,一旦出现原油进口难以输送至国内的情况,产生石油供求缺口的规模将达到上亿吨,造成的后果要比抗战时期严重得多。因此我国必须未雨绸缪,提前预防这种潜在的被动局面,这就需要设置必要的原油对外依存度上限来控制石油进口规模,由此产生的石油供求缺口应当通过开发各种替代性能源加以弥补,这样就使发展液态生物质燃料产业显得更加重要。今后提高液态生物质燃料的产量水平既能缓和我国的石油供求矛盾,又能弱化石油进口过多对经济的冲击作用,有助于经济的稳定发展。

我国在抗战期间液态生物质燃料产业逐步由盛到衰过程中的原因和教训也值得思考和总结,其中最重要的是缺乏原料来源和发展政策不够合理两个方面。由于原料资源不足和燃料酒精企业数量增加过快,产生了燃料酒精产量下降和企业产能闲置,这在一定程度上反映了当时对液态生物质燃料发展前景的预见不够准确。抗战后期燃料酒精产业的衰退主要是由不合理的政策导致的,税收负担过重和燃料酒精统一收购价偏低等原因使企业出现亏损而难以为继,这表明合理的政策对促进液态生物质燃料产业发展的作用至关重要。现阶段我国为了防止发展液态生物质燃料影响到粮食安全,已制定了液态生物质燃料产业非粮化发展战略,在今后的发展中就要避免出现类似抗战时期国民政府在开发利用燃料酒精的过程中暴露出的各种问题。目前我国对非粮生物质原料资源的选择、培育和开发尚处在起步阶段,必须对宜能生物质原料资源掌握较为清楚后才能制定较为科学的液态生物质燃料发展路径。我国政府出台了一些促进液态生物质燃料发展的政策,但目前不够完善的方面还比较多,今后要制定并不断完善液态生物质燃料的扶持政策。同时,应在综合分析液态生物质燃料产业的发展

---

　　① 第一岛链是指北起日本群岛、琉球群岛,中接中国台湾岛,南至菲律宾群岛、大巽他群岛的链形岛屿带。

现状与前景、原料资源潜力、政策效果等一系列因素的基础上,制定和合理调整该产业的发展目标。

2.2　液态生物质燃料产业的发展现状与存在的问题

2.2.1　我国液态生物质燃料的发展现状

1. 燃料乙醇产业

我国液态生物质燃料的发展开始于 20 世纪 90 年代中期,最初是生产燃料乙醇。当时国家储备粮的定期更新产生了较多的陈化粮,特别是 1998 年的粮食产量达到 5.1 亿吨,创了当时的历史新高。由于陈化粮的处理是以生产饲料为主,途径较为单一,为了消化过多的陈化粮,我国建立了用玉米等陈化粮生产燃料乙醇的试点。从 2000 年开始我国燃料乙醇的发展进入了规模化生产阶段,2002～2006 年我国燃料乙醇产量快速增长,成为世界第三大燃料乙醇生产国,2007 年我国燃料乙醇的产量达到了 150 万吨。

然而,随着燃料乙醇的生产规模扩大,加上其他粮食深加工的迅速发展,陈化粮已经逐步消耗殆尽,对新产粮食的需求日益增加,同时我国的粮食供应已改变了过去较为宽松的局面,粮食供给开始趋于紧张。为防止发展以玉米为原料的燃料乙醇对国家粮食安全造成威胁,2006 年 12 月,国家发改委就加强玉米等粮食加工燃料乙醇项目建设管理发出紧急通知,鼓励发展以非粮食作物为原料开发燃料乙醇。2007 年 6 月国务院召开可再生能源会议,正式停止用玉米等粮食原料生产燃料乙醇的项目,今后只能在不得占用耕地、不得消耗粮食、不得破坏生态环境的原则下发展非粮燃料乙醇,从这时起我国开始了探索和发展非粮燃料乙醇的过程。为防止以粮食为原料的燃料乙醇盲目发展,自 2007 年起国家发改委也不再公布燃料乙醇产量的详细数据。由于发展政策发生了变化,在生产中政府的补贴力度也有所降低,必然使得我国燃料乙醇的发展速度放缓。将《可再生能源中长期发展规划》中制定的 2010 年液态生物质燃料发展目标和当前燃料乙醇定点生产企业的产能相比较,当前我国燃料乙醇的产量水平尚未达到该规划中 2010 年达到 200 万吨的发展目标,2010 年我国燃料乙醇的生产和利用量为 180 万吨(见图 2－1)。

我国的燃料乙醇主要由国家发改委授权的五家国有企业进行经营,分别是黑龙江华润酒精、吉林燃料乙醇、河南天冠燃料乙醇、安徽丰原生化和广西中粮生物质能源有限公司,其中广西中粮生物质能源有限公司在国内首次试投产非粮燃料乙醇项目。在这几家企业中,产能最大的是吉林燃料乙醇有限公司,年生

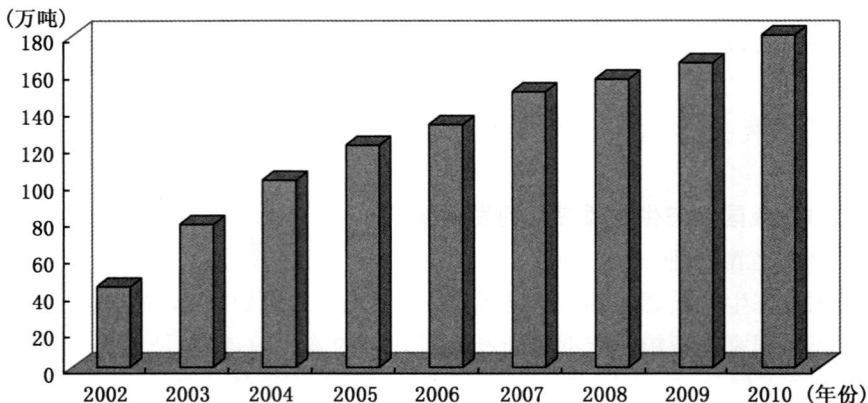

资料来源：根据国家发改委公布的燃料乙醇产量数据、中国能源发展报告等资料整理。

图 2—1　2002～2010 年燃料乙醇的产量变化

产能力 60 万吨，但由于各种原因，燃料乙醇生产企业的实际产量都小于其各自的生产能力。目前一些以甜高粱、薯类和纤维素为原料的燃料乙醇项目也已开始建设，大部分还没有形成产能，因此很难做出精确的统计。此外，还有一些并未得到国家发改委授权的民营企业也在从事燃料乙醇生产活动。

由于我国燃料乙醇产业发展初期是以玉米为主要原料，而国内玉米价格一直高于国际市场价格，这导致我国燃料乙醇的生产成本普遍偏高。同时，我国燃料乙醇的定价是以国内 90 号汽油的生产价格乘以 0.911，这样使得玉米燃料乙醇的生产经济性较差，必须依靠政府提供的补贴才能够保本或略有盈利。当前非粮燃料乙醇的生产刚刚开始，但是，经济性普遍好于玉米燃料乙醇。据相关的数据显示，2007 年以木薯和甜高粱为原料的燃料乙醇生产成本分别为 4 000～4 500 元/吨和 4 000 元/吨，均低于玉米燃料乙醇 5 000 元/吨的生产成本。以木薯燃料乙醇为例，如果生产成本按 4 500 元/吨来计算，在生产中还会产生一些利用价值较好的副产品，在没有补贴的情况下每吨燃料乙醇大约可盈利 1 000元。当前纤维素燃料乙醇的生产技术处在不断完善中，尚未实现大规模商业化生产，但只要取得技术突破，其生产的经济性也可以得到解决。在我国保障粮食安全的目标考虑下，今后大力发展非粮燃料乙醇将是大势所趋。

2. 生物柴油产业

我国生物柴油的发展开始于本世纪初，"十五"计划将发展生物液态燃料确定为国家产业发展方向，生物柴油产业的发展得到国家相关部门的支持并列入有关计划。2004 年启动"生物燃料油技术开发"项目，其中就包含开发生物柴油的内容。2005 年国家发改委明确指出,要支持以棉籽、油菜籽、废弃油及其他木本植物原料生产生物柴油产业化。2006 年 1 月《可再生能源法》生效,为生物柴油等替代燃油进入市场提供了保障。2006 年 11 月国务院明确提出,要积极发展燃料乙醇和生物柴油。2006 年底,国家发改委编制了《可再生能源中长期发展规划》,提出以发展车用替代燃料为重点,且到 2020 年生物柴油替代量达到500 万吨的目标。2006 年,我国还发布了《关于发展生物能源和生物化工财税扶持政策的实施意见》,其中一个重要目的是为了促进生物柴油更好地发展。

我国对生物柴油的技术研发起步较晚,但发展速度很快,一部分技术成果已达到国际先进水平,这些将有助于我国生物柴油产业的发展。当前,我国生物柴油产业化在民营企业率先实现,如四川古杉油脂化工、海南正和生物能源、福建卓越等企业都建成了 1 万～2 万吨/年的生产装置,主要采用餐饮废油脂和酸化油为原料,但原料获取难度较大使生物柴油的产量较小,生产能力的闲置问题比较严重。目前这些企业生产出的生物柴油一般只能用于农业或发电机械,与车用生物柴油的产品标准还有一定差距。

但是,还需要注意,当前我国生物柴油产业的发展与该产业较发达的国家相比还有不小的差距,生物柴油的发展仍处于初级阶段,发展规模小、技术设备落后、市场不规范至今仍是这一产业最突出的问题。此外,我国尚未有促进生物柴油生产、销售、使用等系统的相关政策,没有正规的生物柴油销售渠道,对原料的收集和处理也缺乏完整的政策体系。

当前和今后一段时期内,我国生产生物柴油的原料主要应考虑植物油脂,要选用产量高、生产周期短的油料作物,而且要以非食用油料作物为主要原料。我国的木本油料植物资源较丰富,包括麻疯树、黄连木、油桐、文冠果、光皮树、绿玉树等,这些作物中需要培育出优良品种作为生产生物柴油的原料资源。当前我国生物柴油的生产成本高于石化柴油,主要是由于原料成本较高,今后开发油料能源作物应在提高产量和降低成本两方面下功夫。

2.2.2　我国液态生物质燃料产业发展存在的主要问题

1. 产能规模小,技术研发滞后

由于液态生物质燃料的原料种植、收集与供给是一项庞大的系统工程,这一领域的发展刚刚起步,投资风险较大,很大程度上影响了企业进入的积极性,制约了这一产业的正常发展。当前我国生物质能源的发展需要政府的资金和政策扶持,但是,中央及地方政府的财政投入不足,而生物质能源企业的投融资渠道也比较单一,制约了液态生物质能源的技术创新和规模化发展。此外,我国生物质利用效率低也导致了生物质能源发展规模小,技术水平不高。当前我国每年

有 2 亿吨秸秆被白白烧掉,2 亿多吨林地废弃物被浪费掉,1 亿多公顷边际土地抛荒。而提高生物质的利用效率就相当于增加了资源量,因而能够提高液态生物质燃料的产量,同时还能减少对环境的污染和破坏。

与发达国家相比,我国液态生物质燃料开发利用起步较晚,技术水平偏低。目前我国已实现以粮食为原料的燃料乙醇的产业化生产,技术相对比较成熟,但我国液态生物质燃料的大规模发展不能以牺牲粮食安全为代价。而以非粮能源作物为原料生产液态生物质燃料的技术大多还处在试验阶段,要实现大规模生产还需要在生产工艺和产业组织等方面做大量工作。如以木质纤维素为主要原料的"第二代"燃料乙醇生产技术的进展比较缓慢,与国外的先进技术水平差距较大,成本也较高。生物柴油的生产也有同样的问题,技术不够成熟,生产规模小、成本高。同时我国生物质能源的生产设备国产化程度不高,进口依赖性较强。而设备部分占能源投资的比重一般较大,导致产品成本高,市场竞争能力弱。

2. 市场不完善,产品缺乏价格竞争力

液态生物质燃料从开发到最终消费需要经过许多环节,需要一系列相关产业的配套。如燃料乙醇的开发利用需要考虑上游原材料的生产、储运,下游相应设备的生产、改造,营销渠道的开拓和销售网点的布局,以及技术研发、信息发布等相关的服务,任何一个环节的缺失或不完善,都会使其开发利用受到制约。目前我国生物质能源开发利用的产业链还不完整,一些关键环节还未健全。这不仅影响了液态生物质燃料的正常开发利用,而且限制了液态生物质燃料企业通过专业化、规模化经营来提高效益和市场竞争力。

当前,制约液态生物质燃料发展的根本问题是成本过高,经济效益较低。由于目前生物燃料乙醇的生产成本过高,几乎所有的生物燃料乙醇企业都处于亏损状态,国家定点生产的几家企业能维持生产的原因是国家出台的补贴扶持政策。按目前的生产加工成本和燃料乙醇的价格水平来计算,生产 1 吨生物燃料乙醇会产生 1 000 多元的亏损,成本过高使得企业无利可图,生产液态生物质燃料的积极性不高;同时,高成本也必然造成产品价格高,又使液态生物质燃料的消费需求受到抑制。为促进该产业的发展,政府每年需要拿出 20 多亿元来补贴这几家生物燃料乙醇生产企业。由于燃料乙醇生产经济性有所好转,近几年国家给予的财政补贴额度由 2 200 元/吨逐渐下降到 1 375 元/吨左右。但即便如此,目前液态生物质燃料仍然缺乏与传统化石能源竞争的优势,需要进一步通过技术创新和规模扩大来降低生产成本,提高市场竞争力和经济效益。

3. 对粮食安全和生态环境有一定的负面影响

发展液态生物质燃料对粮食安全的不利影响主要体现在"与人争粮"、"与农争地"上。我国最初发展液态生物质能源的一个重要原因是为了解决"陈化粮"积压问题,把以玉米为主的粮食储备库陈化粮用于生产燃料乙醇转化掉。近年来随着燃料乙醇在我国的推广,燃料乙醇对我国粮食安全的影响也逐渐显现。由于液态生物质能源产量的上升,对玉米等粮食原料的需求也不断增加,导致玉米等作物播种面积增加,这使得稻谷、小麦等其他粮食作物的播种面积和产量会相应下降,有可能使这些粮食的价格上涨。为了避免粮食安全受到威胁,我国自2007年起已经停止发展以粮食为原料的液态生物质燃料生产项目,转而鼓励非粮液态生物质燃料的发展。此外,液态生物质燃料产业发展也有可能会对生态环境造成一定的污染和破坏。因此,今后我国液态生物质燃料的发展要贯彻"不与人争粮,不与农争地"的方针,并且在该产业的发展中注重环境和生态保护。

4. 技术人才缺乏,激励机制不完善

发展液态生物质燃料离不开人才和技术支持,液态生物质燃料技术不够成熟、商业化应用缓慢等问题与这一领域人才缺乏有很大关系。当前我国缺乏从事液态生物质燃料研发、营销等业务的专业技术人才和专门管理人才,再加上发展起点低,导致液态生物质燃料开发技术与管理创新能力不足,技术研发滞后,技术装备和管理水平落后于发达国家。要促进液态生物质燃料产业健康发展,必须壮大这一领域的人才队伍。要加强液态生物质燃料的技术研发,还需要政府部门提供资金扶持。

除了政府的资金扶持外,液态生物质燃料产业的发展中还需要政府建立良好的政策环境促进其发展。当前液态生物质燃料的发展在财政、金融、市场开放等方面缺乏合理有效的激励政策。液态生物质燃料进入市场流通和获得政府扶持面临的障碍仍然较多,液态生物质燃料定价机制还没有把环境效益的因素考虑在内。相关政策之间也存在协调性差、难以落实等问题,还没有形成支撑液态生物质燃料产业持续发展的长效机制。

2.2.3　当前液态生物质燃料发展政策及其存在的问题

出于能源安全、环境保护和经济持续发展的角度考虑,我国政府自2000年开始就在积极推动液态生物质燃料产业的发展,先后制定了《可再生能源法》(2005年)、《可再生能源发展专项资金管理暂行办法》(2006年)、《柴油机燃料调合用生物柴油标准》(GB/T20828－2007)、《生物柴油调合燃料(B5)》(GB/T25199－2010,于2011年2月正式施行)等法规、标准和管理办法来规范行业的发展。根据2006年公布的《生物燃料乙醇及车用乙醇汽油"十一五"发展专项规划》,最初的发展目标是到2010年生产600万吨液态生物质燃料,其中燃料乙醇500万吨,生物柴油100万吨;到2020年生产2 000万吨液态生物质燃料,其中燃料乙醇1 500万吨,生物柴油500万吨。国家发改委还专门制定了《车用乙醇汽油扩大试点工作实施细则》(2006年),以规范生物乙醇产业原料采购、生产、渠道、销售的行为。

由于随后出现了粮价上涨的新情况,从保障粮食安全的角度出发,2007年政府对液态生物质燃料产业的发展政策进行了调整,停止了基于粮食原料的液态生物质燃料生产项目,鼓励发展非粮液态生物质燃料。液态生物质燃料产业的发展规模相应地受到一定抑制,该产业的规划发展目标也被调低,2007年制定的《可再生能源中长期发展规划》中将液态生物质燃料的发展目标调整至2010年燃料乙醇和生物柴油利用量分别为200万吨和20万吨,2020年两种液态生物质燃料的利用量分别达到1 000万吨和200万吨。随着近几年液态生物质燃料产业发展情况的变化,2012年制定的《可再生能源发展"十二五"规划》延续了上述中长期规划中的发展目标,制定了到2015年燃料乙醇和生物柴油产量分别达到400万吨和100万吨的目标,对非粮原料的液态生物质燃料产业给予扶持。同时指出,要合理开发盐碱地、荒草地等边际土地,建设非粮生物质资源供应基地,稳步发展液态生物质燃料;支持建设具备条件的木薯乙醇、甜高粱茎秆乙醇和纤维素乙醇等项目;继续推进以小桐子为代表的油料作物生物柴油产业化示范,科学引导和规范以餐饮废油脂为原料的生物柴油产业发展。2012年10月24日发布的《中国的能源政策(2012)》白皮书中进一步明确了液态生物质燃料非粮化发展的重点目标,要开展纤维素乙醇产业示范,发展生物柴油。2012年11月国税总局也出台政策,拟从2013年起对石油液体产品征收消费税,此举会提高成品油的生产成本,但对液态生物质燃料产业的发展能起到一定的促进作用。

在我国液态生物质燃料产业发展的初期,由于对其造成社会经济影响的预见不全面,政府制定的政策和目标缺乏连续性,而且变化太快,对该产业的正常发展有一定的不利影响。尽管如此,相关的扶持政策和规划仍然在很大程度上促进了该产业的发展,液态生物质燃料的产量自2002年起快速提高,2010年我国燃料乙醇和生物柴油的产量分别达到了180万吨和50万吨的历史新高。由于相关发展政策存在的不足之处较多,产生的政策效果不尽如人意,2010年的燃料乙醇产量与预定目标存在一定的差距就可见一斑,而生物柴油产量超过预期目标同样反映了政策目标没有与真实的发展态势相协调,而且上述产量规模与交通运输所需要的成品油数量相比小很多。目前我国液态生物质燃料发展政策存在的问题主要有以下几个方面:

1. 原料资源选择方向不够清晰

在液态生物质燃料产业发展初期是以玉米等粮食作物为原料,停用粮食原料后要求定点企业生产非粮液态生物质燃料并提供补贴,但并未明确非粮生物质原料所涵盖的范围,也没有具体确定哪些非粮原料;而目前虽然已选定了木薯、甜高粱、麻疯树等一些非粮原料资源,但对生物质原料资源的利用潜力、边际土地开发潜力等方面缺乏全面的评估,因此仍然缺乏开发这些原料的步骤、具体的发展目标以及有针对性的发展规划。

2. 发展扶持政策不够到位

当前对液态生物质燃料的生产主体提供财政补贴或税收减免,但补贴额度不够合理,近年来存在一些波动,补贴所起的激励作用比较有限。如我国对液态生物质燃料原料基地提供的补贴额度为农业原料基地 180 元/亩、林业原料基地 200 元/亩,这与原料基地建设的实际成本相比明显偏低,与建设期长的林业原料基地运行成本差距更大。而补贴对象也局限于液态生物质燃料的生产企业或原料基地,对开发边际土地或提供生物质原料的农户则不提供补贴,这样并不能调动所有经济主体的积极性,难以使液态生物质燃料产业得到充分发展。

3. 市场准入和产品流通体系不畅

我国目前燃料乙醇产业的发展采取的是定点生产、定向流通的封闭管理体系,由 4 家定点企业生产燃料乙醇,中石油、中石化两家大企业调配 E10 乙醇汽油,非定点企业生产和销售燃料乙醇不能获得财政补贴。生物柴油尚未建立正常的车用调合燃料销售渠道,B5 生物调合柴油产品标准也是刚刚制定,阻碍了生物柴油产业的正常发展。由于燃料乙醇的定点生产企业数量较少,生物柴油不能正常进入市场,因此相当一部分燃料乙醇和生物柴油企业生产出的产品无法进入车用成品油销售体系和终端消费市场,使这些企业进一步加强技术研发、扩大生产规模的积极性受到抑制。

可喜的是,当前液态生物质燃料产业的发展政策已经逐步走上稳定的轨道,对缓解我国能源供求紧张的局面起到了一定的积极作用。因此随着液态生物质燃料产业的进一步发展,今后需要及时掌握该产业的实际情况并判明发展趋势,才能制定更加科学合理的发展目标和策略路径。

2.3　液态生物质燃料开发对国民经济的主要作用

2.3.1　它是缓解能源供求压力的有效补充

能源问题直接关系到我国经济的快速增长以及社会的可持续发展与稳定,

能源安全已经成为国家安全的重要组成部分,而我国能源安全的关键环节是石油安全。据国内有关机构和专家的测算,2020年中国石油进口依存度会达到60%,国际能源署(IEA)预测的数值甚至超过了70%。而国际上通常认为一国的石油对外依存度不高于30%才是安全的,这说明仅仅依靠以石油为主的化石能源不可能解决我国的能源安全问题。由于能源安全是全球性的问题,世界各国纷纷寻求新能源和可再生能源替代传统能源,包括核能、风能、太阳能、生物质能源等。在这些能源中,生物质能源在安全性、经济性方面比其他能源都要可靠。核能开发的投资巨大、技术难度高,对很多国家来说还有政治外交风险。太阳能和风能的开发要求规模足够大,因而需要大量资金投入,而且当前的利用效率还很低。目前发达国家都在致力于开发高效、无污染的生物质能利用技术,以保护本国的矿物能源资源,为实现国家经济的可持续发展提供保障。美国能源信息署(EIA)要求到2010年混合性E10生物柴油(即常规柴油中混配10%体积比的生物柴油)的产能提高到1 200万吨,欧盟委员会提出到2020年交通运输燃料中的20%用液态生物质燃料替代。

我国在生物质能源发展方面也作出了积极部署,2007年制定的《可再生能源中长期发展规划》对液态生物质燃料的发展提出了明确的目标和任务,到2020年燃料乙醇和生物柴油产量分别达到1 000万吨和200万吨,总计替代1 000万吨成品油。2012年发布的《可再生能源发展"十二五"规划》中制定了2015年液态生物质燃料的具体发展目标,进一步细化了液态生物质燃料的发展目标,届时燃料乙醇的利用量达到400万吨/年,生物柴油(包括航空生物燃油)的利用量达到100万吨/年,液态生物质燃料的年利用量相当于替代石油消费约600万吨。据测算,若能有效利用我国现有生物质资源的一半,以生物质为原料生产燃料乙醇、生物柴油、生物塑料各达到年产1 200万吨产能计算,每年至少可替代3 000万吨原油,相当于建设一个大庆油田,能减少1.6亿吨二氧化碳净排放量,从而大大减轻我国面临的能源供求压力,降低石油采购资金支出、石油运输成本与风险以及能源外交的代价。因此,发展液态生物质燃料无疑是保障国家能源安全、经济安全和国防安全的重要举措。

2.3.2　它为解决"三农"问题提供一条可选途径

我国作为世界第一人口大国并刚成为世界第一能源消费国,要实现均衡发展、和谐发展和可持续发展的关键是解决好两大问题:一是人口增长、资源消耗与环境保护相互协调的问题,这是世界各国面临的共同挑战;二是因农村发展缓慢、农民增收难和农业生产挑战较多而形成的"三农"问题,这是我国经济发展中独特的困难。其中"三农"问题是我国经济发展的根本问题,"三农"问题能否得到较好的解决将直接影响中国经济社会发展的全局。建立以液态生物质燃料为代表的"石油替代"能源体系,不仅为我国农业产业化、农村地区城市化提供良好的机遇,是我国相当长时间发展的重要驱动力,也是解决这些突出问题的最佳切合点。

利用我国丰富的生物质资源和宜能边际土地为原料和载体,并建立企业和投资进行加工转化,可以生产出市场前景广阔、环境友好、高附加值的生物质能源和生物基化工产品,既能解决中国部分农村剩余劳动力的就业问题,又能延长农业的产业链条、提高农业生产集约化水平,还能实现农民增收、农业增效和农村产业结构优化,是解决"三农"问题的有效途径之一。据测算,若实现《可再生能源中长期发展规划》中提出的 2020 年用液态生物质燃料替代 1 000 万吨成品油的目标,将需要开发 6 000 万亩宜能边际土地种植能源作物,按照每亩的种植、养护和采集等人工费用 300 元计算,每年可使农民增加收入 180 亿元。而今后如果把我国种植能源作物的低产边际土地利用率进一步提高到 50%,可以形成年产值约 1 万亿元的生物质产业,促进建立生物质能源企业 1 000 家左右,可使农村剩余劳动力转移就业 5 000 万人,让 500 万户农民共计增加收入 400 亿元。可见发展液态生物质燃料产业不仅能增加农民收入、转移农村剩余劳动力,还能形成新的经济增长点、拉动内需,通过农村经济发展的拉动作用促进整个国民经济实现又好又快地发展。

2.3.3 它是保护和改善环境的可行手段

随着经济社会的飞速发展,化石能源的消耗速度越来越快,导致了对它们的过度开采;同时高强度的利用打破了自然界的能量和碳平衡,造成臭氧层破坏、全球气候变暖、酸雨等灾难性后果,致使自然环境受到严重污染和破坏。改革开放以来,我国经济发展迅速,虽然经济发展方式正在由粗放型向集约型过渡,但对化石能源的需求仍与日俱增,能源的大量消耗使中国面临的环境压力也在不断加大。环境友好型经济已被纳入国家的发展战略,生态型、循环型能源的开发利用也已被提上重要的议事日程。发展生物质能源产业能有效降低秸秆露天燃烧、石油基地膜、畜禽粪便等对环境的污染,减少温室气体的排放。为了应对气候变化,世界各国都做出了碳减排的具体承诺,我国制定了到 2020 年碳排放强度在 2005 年的基础上降低 40%~45% 的目标,液态生物质燃料的开发利用不会增加碳排放,正有利于这一目标的实现。如将燃料乙醇用于汽车燃料,碳排放量可比普通车用汽油减少 48%;普通柴油添加 20% 的生物柴油,使用中二氧化硫排放可减少 70%。化石能源使用中排放出的废气中含有大量硫氧化物、氮氧化物等污染物,而液态生物质燃料本身来自生物质资源,使用中排放的污染物将大大降低,因此液态生物质燃料的开发利用可以降低环境污染,具有良好的环境效益。同时液态生物质燃料以农作物秸秆、农林废弃物、废弃动植物油脂等为原料,既能合理利用资源,又可减少污染。因此,发展液态生物质燃料能够有效保护环境、改善环境质量,是解决我国环境问题的重要举措。

2.3.4 它可以促进战略性新兴产业的发展

当前世界各国之间的竞争主要是综合国力的竞争,其中最核心的是科技和人才的竞争,科技竞争又以生物、新材料和新能源等技术和产业为代表。液态生物质燃料产业与生物、新能源和新材料等技术相互交叉、密切联系,需要生物、装备制造等现代产业技术作支撑。液态生物质燃料产业的发展为解决能源、环境保护等重大问题提供了有力手段,又为传统产业向以高新技术为基础的新兴产业转型升级开辟了新的路径。我国当前正处在工业化加速发展过程中,不仅面临能源供求约束和环境保护的压力,也面临转变经济发展方式的压力。而要转变经济发展方式,必须提高现代技术的核心竞争力,促进传统产业升级。因此,加快发展液态生物质燃料产业对缓解我国化石能源供求约束、加强环境保护有重要作用,同时又能促进我国的生物、新能源等战略性新兴产业的发展,这对提高我国立足于国际社会的综合竞争力也将起到重大的推动作用。

2.4　未来液态生物质燃料产业的发展趋势

2.4.1 液态生物质燃料产业的国际发展趋势

液态生物质燃料的开发利用开始于 19 世纪末,20 世纪 70 年代两次石油危机推动了液态生物质燃料的发展热潮和规模化利用,农业发展和环境保护在 90 年代成为液态生物质燃料产业发展的新动力。进入本世纪后,液态生物质燃料产业更是得到了国际社会的广泛关注,许多国家都制定了开发生物质能源、促进生物质产业发展的研究计划和相关政策,如美国的《生物质技术路线图》、《生物质计划》,欧盟委员会提出到 2020 年将运输燃料的 20% 用生物柴油和燃料乙醇替代的计划,巴西实施乙醇能源发展计划等。

目前以糖和淀粉类作物为原料的燃料乙醇和以植物油脂为原料的生物柴油已实现商业化生产应用,这些传统的液态生物质燃料在世界范围内的生产和使用规模迅速扩大。据测算,2010 年全球燃料乙醇和生物柴油的产量分别达到 7 000 万吨和 1 500 万吨,大多集中在美国、欧盟和巴西等国家和地区。许多国家也纷纷制订液态生物质燃料的生产或增产计划,设定较为积极的发展目标。

美国是全球燃料乙醇的主要生产国,进入本世纪后对液态生物质燃料产业的发展更加重视。2005 年美国通过《能源政策法案》(2005),建立了可再生燃料份额制度,要求逐年提高液态生物质燃料利用量,到 2012 年提高到 75 亿加仑(约 2 320 万吨)。2007 年美国通过《能源独立和安全法案》(2007),继续调高可再生燃料的使用量,要求 2022 年液态生物质燃料产量达到 360 亿加仑(约 1.1 亿吨),届时将占美国车用燃料消耗量的 22%。

本世纪欧盟从保障能源安全和温室气体减排的角度出发,日益重视液态生物质燃料的开发利用,许多欧盟成员国液态生物质燃料的开发利用形式主要是生物柴油。2006 年欧盟发布《生物液体燃料战略》,提出一系列生产并使用生物液体燃料的战略与政策,主要包括目标引导、土地供应、市场拉动、财政扶持等方面。

巴西是国际主要的液态生物质燃料生产使用国,主要以甘蔗生产燃料乙醇。截至 2007 年,巴西利用 340 万公顷甘蔗生产燃料乙醇约 1 500 万吨,替代了其国内 48% 的汽油消费。目前巴西计划在强化国内能源替代供给的同时扩大出口,制定了 2015 年生产 3 000 万吨燃料乙醇的发展目标。

随着传统液态生物质燃料在资源潜力、经济效益、粮食安全等方面的制约因素逐步受到严重关切,国际社会也日益重视发展多样化的非粮液态生物质燃料,主要包括以农林有机废弃物和专用非粮能源植物为原料的燃料乙醇、生物柴油、合成柴油燃料、新型醇类燃料等。

2.4.2　我国液态生物质燃料产业的发展趋势

我国也已经开始推行液态生物质燃料的开发利用,近年来燃料乙醇产业的发展速度较快,生物柴油的发展也开始起步。从 2005 年开始已在河南等 9 个省的车用燃料中推广使用乙醇汽油,2007 年全国燃料乙醇生产能力达到 150 万吨。由于受粮食产量和生产成本的制约,从 2007 年起我国已经暂停了以粮食为原料的燃料乙醇生产,当年通过的《可再生能源中长期发展规划》已经开始鼓励发展非粮燃料乙醇生产技术和产业。而《可再生能源发展“十二五”规划》中则进一步提出合理开发盐碱地、荒草地、山坡地等边际性土地,建设非粮生物质资源供应基地,稳步发展生物液体燃料。支持具备条件的木薯乙醇、甜高粱茎秆乙醇、纤维素乙醇等项目的建设,继续推进以小桐子(麻疯树)为代表的木本油料植物果实生物柴油产业化示范。这表明我国政府对发展非粮液态生物质燃料产业的重视程度已经稳步加强。目前木薯、甘薯和甜高粱是替代粮食生产燃料乙醇最现实可行的原料,麻疯树、黄连木、油桐等非粮油料作物是生产生物柴油的优良资源。如果《可再生能源中长期发展规划》中制定的液态生物质燃料 2020 年发展目标能够实现,届时我国燃料乙醇和生物柴油的产量将分别达到 1 000 万吨和 200 万吨,可替代成品油 1 000 万吨左右,对补充石油消费、缓解我国的能源供求矛盾将起到更加明显的作用。

从长远来看,液态生物质燃料是我国补充交通运输燃油消费的主要发展方向之一。一方面能够适度降低石油消耗,降低石油的对外依存度,缓解我国的能源压力;另一方面能够转移农村剩余劳动力,提高农民收入,改善农村的生态环境。我国具备发展液态生物质燃料的良好条件,原料资源来源丰富。为了保障我国的粮食安全,粮食和食用油料作物不能用于能源转化,但农作物种植产生的秸秆、林业中产生的林木废弃物、各种能源作物和日常餐饮产生的废弃动植物油脂等都可以成为液态生物质燃料的原料资源。我国是农业大国,各种农作物秸秆、林木废弃物、能源作物等原料资源较为丰富,此外还有较多的荒山、荒地、滩涂等宜能边际土地,可以用来种植能源作物作为液态生物质燃料的原料。根据国家中长期发展规划中的生物质资源培育计划,如果在 2020 年以后能逐步将折合 15 亿吨标准煤的生物质资源量中的 50% 用于生产多种生物质能源,其中的液态生物质燃料生产转化数量具备替代 2 亿吨石油消费量的能力,液态生物质燃料在我国的发展潜力由此可见一斑。但如果要把液态生物质燃料的发展潜力转变成现实的生产能力,必须多措并举解决我国液态生物质燃料产业发展中面临的各种难题。

2.4.3 我国液态生物质燃料的理论生产潜力

由于今后我国发展液态生物质燃料必须坚持"非粮化"的原则,因此评估液态生物质燃料理论生产潜力也要以非粮生物质资源为基础。根据以上分析,我国的非粮宜能生物质原料主要包括各种糖料、淀粉与油料能源作物,以及农林废弃物和餐饮废油等。

近年来全国农作物秸秆年均产生量在 6 亿~7 亿吨,除部分作为造纸原料和畜牧饲料外,大约 3 亿吨可作为燃料使用,可折合 1.5 亿吨标准煤。林木枝丫和林业加工废弃物每年的资源量为 9 亿吨左右,大约 3 亿吨可作为能源利用,相当于 2 亿吨标准煤。如果将上述农林废弃物资源中的 30%~50% 用于生产液态生物质燃料,转化数量可达到 4 000 万~6 000 万吨。目前我国的生物质资源可转化为能源的潜力大约为 5 亿吨标准煤,今后随着造林面积的扩大、生物质原料能源转化的技术进步和经济社会的发展,生物质资源的能源转化潜力可达 10 亿吨标准煤。根据有关学者和机构的分析,如果能将现有农作物秸秆资源量的一半用于发展液态生物质燃料产业,就可创造出规模达到万亿元的产值,为经济发展带来一定的贡献。

除了大量的农作物秸秆、林木废弃物可直接作为原料生产液态生物质燃料之外,各种能源作物也可以作为原料投入生产。我国有不适宜耕作的各种荒地、盐碱地、滩涂等边际土地约 2 亿公顷,由于各种能源作物的适应性都很强,这些土地中的大部分经过适当改造都可以用于种植能源作物,因此液态生物质燃料非粮化发展不存在与农争地的问题。考虑到现阶段我国液态生物质燃料的技术条件,农林废弃物近期还不能大规模作为能源化的原料,因此开发边际土地以提高能源作物生产液态生物质燃料的潜力就显得更加重要。适宜生产燃料乙醇的能源作物主要有木薯、甘薯和甜高粱,适宜生产生物柴油的能源作物主要包括麻疯树、黄连木和油桐等。据测算,当前木薯、甘薯、甜高粱、麻疯树、黄连木、油桐等能源作物的可种植面积为 2 000 多万公顷,具有转化 5 000 万吨液态生物质燃料的理论潜力。可见在技术创新和有效的政策支持下,液态生物质能源发展前景十分广阔。但是我国大部分边际土地分布分散、开发难度高,因此现阶段较为可行的策略是开发集中连片的边际土地。

　　然而,应当看到,上述液态生物质燃料的发展潜力只是理论上最大数量的粗略估算,与实际可达到的产量可能有较大的误差。要科学制定液态生物质燃料的开发目标、策略和路径,必须准确测算我国各种宜能生物质原料资源转化为液态生物质燃料的理论潜力和实际可行潜力,并将其与保持合理的原油对外依存度所需要的液态生物质燃料数量相比较。

第3章 液态生物质燃料的理化性质、国家标准及其原料来源

3.1 液态生物质燃料的理化性质与国家标准

3.1.1 燃料乙醇

1. 燃料乙醇的理化性质

乙醇,化学结构式为 CH_3CH_2OH,在常温、常压下是一种易燃、易挥发的、具有刺激性气味的无色液体。乙醇能与水以任意比互溶,是一种重要的溶剂。纯度为 99.8% 的乙醇称为无水乙醇,无水乙醇极易吸水,一与空气接触便会吸收空气中的水分而稀释。乙醇的相对密度、热值、沸点等都随其纯度而变化。无水乙醇(99.8%)的分子量:46.07;相对密度:0.806 2(0℃),0.794(15℃),0.789(20℃);沸点:78.3℃;凝固点:-133℃;热值:7 140 千卡/千克;熔点:-114℃;饱和蒸气压(kPa):5.33(19℃);闪点:12℃。

乙醇工业生产方法分为发酵法和合成法两大类。发酵法是采用各种含糖、淀粉或纤维素的农产品、林产品、工业副产品、农业副产品及野生植物为原料,通过酵母发酵生产乙醇。合成法则是以乙烯为原料生产乙醇,将乙烯在浸渍有磷酸的固体催化剂上进行水合反应,得到乙醇。

燃料乙醇是指纯度在 99.2% 以上的无水乙醇,为了区别于食用乙醇,燃料乙醇一般都掺兑 5% 左右体积含量的变性剂,称为变性燃料乙醇,变性剂一般为无铅汽油或无铅的烃类。将燃料乙醇和普通汽油按一定比例混配就变为乙醇汽油,按乙醇加入汽油中的体积占汽油体积的百分比,称为 E5、E10、E25 等,我国国家标准规定的乙醇汽油是用 90% 的普通汽油与 10% 的燃料乙醇调合而成,即 E10。

2. 我国燃料乙醇与乙醇汽油的国家标准

　　我国国家质量技术监督局于 2001 年 4 月 2 日同时批准《变性燃料乙醇》国家标准(GB18350－2001)和《车用乙醇汽油》国家标准(GB18351－2001),并于 2001 年 4 月 15 日实施。2004 年 4 月 30 日国家质量技术监督局发布了新的《车用乙醇汽油》国家标准(GB18351－2004),并在即日起实施。

表 3－1　　　　　　　　　　《变性燃料乙醇》国家标准(GB18350－2001)

项　　目		指　标
外观	≥	清澈透明,无肉眼可见悬浮物和沉淀物
乙醇,%(V/V)	≤	92.1
甲醇,%(V/V)	≤	0.5
实际胶质,mg/L	≤	5.0
水分,%(V/V)	≤	0.8
无机氯(以 CL^- 计),mg/L	≤	32
酸度(以乙酸计),mg/L	≤	56
铜,mg/L	≤	0.08
pHe 值		0.5～9.0

1)2002 年 4 月 1 日前 pHe 值暂按 5.7～9.0 执行。

燃料乙醇于 20℃时密度应在 0.789 3g/cm^3～0.791 8g/cm^3;加入燃料乙醇的变性剂,应符合《车用无铅汽油》(GB17930－1999)的要求,但不得加入含氧化合物;燃料乙醇与变性剂的体积混合比例应为 100∶2～100∶5,即变性剂在变性燃料乙醇中的体积百分含量为 1.96%(V/V)～4.76%(V/V)。注:应加入有效的金属腐蚀抑制剂,以满足车用乙醇汽油铜片腐蚀的要求。

表 3－2　　　　　　　　　　《车用乙醇汽油》国家标准(GB18351－2004)

项　　目		质量指标			试验方法
		90 号	93 号	97 号	
抗爆性:					
研究法辛烷值(RON)	不小于	90	93	97	GB/T5487
抗爆指数(RON+MON)/2	不小于	85	88	报告	GB/T503
铅含量a	不大于	0.005			GB/T8020
馏程:					GB/T6536
10%蒸发温度/℃	不高于	70			
50%蒸发温度/℃	不高于	120			
90%蒸发温度/℃	不高于	190			

续表

项　目		质量指标			试验方法
		90 号	93 号	97 号	
终馏点	不高于	205			
残留量(体积分数)	不大于	2			
蒸气压/kPa：					GB/T8017
从 11 月 1 日至 4 月 30 日	不大于	88			
从 5 月 1 日至 10 月 31 日	不大于	74			
实际胶质	不大于	5			GB/T8019
诱导期[b]/min	不小于	480			GB/T8018
硫含量(质量分数)[c]/%	不大于	0.05			GB/T380
					GB/T11140
					GB/T17040
					SH/T0253
					SH/T0689
					SH/T0742
硫醇(满足下列要求之一)：					
博士试验		通过			SH/T0174
硫醇硫含量(质量分数)/%	不大于	0.001			GB/T1792
铜片腐蚀(50℃,3h)/级	不大于	1			GB/T5096
水溶性酸或碱		无			GB/T259
机械杂质		无			目测[d]
水分(质量分数)/%	不大于	0.20			SH/T0246
乙醇含量(体积分数)/%		10.0±2.0			SH/T0663
其他含氧化合物(质量分数)/%	不大于	0.5[e]			SH/T0663
苯含量(体积分数)[f]/%	不大于	2.5			SH/T0693
					SH/T0713
芳烃含量(体积分数)[g]/%	不大于	40			GB/T11132
					SH/T0741
烯烃含量(体积分数)[g]/%	不大于	35			GB/T11132
					SH/T0741
锰含量[h]/(g/L)	不大于	0.018			SH/T0711
铁含量[i]/(g/L)	不大于	0.010			SH/T0712

　　a　本标准规定了铅含量的最大限值,但不允许故意加铅。
　　b　诱导期允许使用 GB/T256 方法测定,仲裁试验以 GB/T8018 方法测定结果为准。
　　c　硫含量允许使用 GB/T11140、GB/T17040、SH/T0253、SH/T0689、SH/T0742 方法测

定,仲裁试验以 GB/T380 方法测定结果为准。

d 将试样注入 100ml 玻璃量筒中观察,应当透明,没有悬浮和沉降的机械杂质及分层,在有异议时,以 GB/T511 方法测定结果为准。

e 不得人为加入。

f 苯含量允许使用 SH/T0713 方法测定,仲裁试验以 SH/T0693 方法测定结果为准。

g 芳烃含量和烯烃含量允许使用 SH/T0741 方法测定,仲裁试验以 GB/T11132 方法测定结果为准。对于 97 号车用乙醇汽油,在烯烃、芳烃总含量控制不变的前提下,允许芳烃含量的最大值为 42%(体积分数)。

h 锰含量是指车用乙醇汽油中以甲基环戊二烯三羟基锰形式存在的总锰含量,不得加入其他类型的含锰添加剂。含锰车用乙醇汽油在储存、运输和取样时应避光。

i 不得人为加入铁。

3.1.2 生物柴油

1. 生物柴油的理化性质

生物柴油是由植物油或动物脂肪衍生而来、由长链脂肪酸单烷基酯组成的燃料,又称脂肪酸甲酯,是指以油料作物、野生油料植物和工程微藻等水生植物油脂以及动物油脂、餐饮废油等为原料油,利用甲醇或乙醇等醇类物质为催化剂,在高温(230℃～250℃)下与脂肪中的主要成分甘油三酯发生酯交换反应,使甲氧基取代长链脂肪酸上的甘油基,将甘油三酯断裂为脂肪酸甲酯,从而减短碳链长度,降低油料的黏度,改善油料的流动性和汽化性能,达到作为代替石化柴油使用的要求,其物理和化学性质与柴油非常相近甚至更好。

作为多种脂肪酸酯的混合物,生物柴油的理化性质主要取决于脂肪酸酯组分的分布。不同脂肪酸组成的原料所生产的生物柴油,其脂肪酸酯组分的分布和理化性质也存在一定差异。生物柴油中脂肪酸甲酯的分布与生物柴油密度、黏度、十六烷值、闪点及低温性能(冷滤点、浊点、倾点)等理化性质密切相关,随着生物柴油的规模化生产,投入使用的原料种类也越来越复杂,因此生物柴油的标准化就显得相当重要[①]。

生物柴油使用简便、可降解、无毒,基本没有硫和芳烃。将其添加入石化柴油中之后,可以减少柴油车辆的可吸入微粒、一氧化碳、碳氢化合物、有害气体的排放水平,因而废气对人体损害低于石化柴油。检测表明,与普通柴油相比,使用生物柴油可降低 90% 的空气毒性,降低 94% 的患癌率;由于生物柴油含氧量高,燃烧时排烟少,一氧化碳的排放与燃烧石化柴油时相比减少约 10%(有催化剂时为 95%);混合生物柴油可将排放含硫物浓度从 500PPM 降低到 5PPM;生物柴油的生物降解性高,降解速度比传统柴油燃料快 4 倍。但同时,柴油机使用

① 罗文,等.生物柴油理化性质与组分关系的研究[J].太阳能学报,2008,29(7).

生物柴油时的氮氧化物的排放要高于石化柴油。

2. 我国生物柴油标准

2007 年 3 月 26 日中国国家质量监督检验检疫总局和中国国家标准化管理委员会发布了《柴油机燃料调合用生物柴油标准》(GB/T20828—2007),并于2007 年 5 月 1 日实施(见表 3—3);2010 年发布了《生物柴油调合燃料(B5)》(GB/T25199—2010),于 2011 年 2 月正式施行(见表 3—4、表 3—5)。

表 3—3　柴油机燃料调合用生物柴油(BD100)技术要求和试验方法(GB/T 20828—2007)

项　目		质量指标		试验方法
		S500	S50	
密度(20℃)/(kg/m³)		820~900		GB/T2540[a]
运动黏度(40℃)/(mm²/s)		1.9~6.0		GB/T265
闪点(闭口)/℃	不低于	130		GB/T261
冷滤点/℃		报告		SH/T0248
硫含量(质量分数)/%	不大于	0.05	0.005	SH/T0689[b]
10%蒸余物残炭(质量分数)/%	不大于	0.3		GB/T17144[c]
铜片腐蚀(50℃,3h)/级	不大于	1		GB/T5096
硫酸盐灰分(质量分数)/%	不大于	0.020		GB/T2433
机械杂质		无		GB/T511[d]
水含量(质量分数)/%	不大于	0.05		SH/T0246
十六烷值	不小于	49		GB/T386
氧化安定性(110℃)/h	不小于	6.0[e]		EN14112
酸值/(mgKOH/g)	不大于	0.08		GB/T264[f]
游离甘油含量(质量分数)/%	不大于	0.020		ASTM D6584
总甘油含量(质量分数)/%	不大于	0.240		ASTM D6584
90%回收温度/℃	不高于	360		GB/T6536

a　可用 GB/T5526、GB/T1884、GB/T1885 方法测定,结果有争议时,以 GB/T2540 方法仲裁。

b　可用 GB/T380、GB/T11131、GB/T11140、GB/T12700 和 GB/T17040 方法测定,结果有争议时,以 SH/T0689 方法为准。

c　可用 GB/T268 方法测定,结果有争议时,以 GB/T17144 方法仲裁。

d　可用目测法,即将试样注入 100ml 玻璃量筒中,在室温(20℃±5℃)下观察,应当透明,没有悬浮和沉降的机械杂质,结果有争议时,按 GB/T511 方法测定。

e　可加抗氧剂。

f　可用 GB/T5530 方法测定,结果有争议时,以 GB/T264 方法仲裁。

表 3—4　　　　B5 轻柴油技术要求和试验方法（GB/T 25199－2010）

项　目		质量指标				试验方法
		10 号	5 号	0 号	一10 号	
氧化安定性,总不溶物/(mg/100ml)	不大于	2.5				SH/T0175
硫含量（质量分数）/%	不大于	0.15				GB/T380ᵃ
酸值（以 KOH 计）/(mg/g)	不大于	0.09				GB/T7304ᵇ
10%蒸余物残炭ᶜ（质量分数）/%	不大于	0.3				GB/T17144
灰分（质量分数）/%	不大于	0.01				GB/T508
铜片腐蚀(50℃,3h)/级	不大于	1				GB/T5096
水含量（质量分数）/%	不大于	0.035				SH/T0246
机械杂质		无				GB/T511ᵈ
运动黏度(20℃)/(mm²/s)		3.0～8.0				GB/T265
闪点（闭口）/℃	不低于	55				GB/T261
冷滤点/℃	不高于	12	8	4	一5	SH/T0248
凝点/℃	不高于	10	5	0	一10	GB/T510
十六烷值	不小于	45ᵉ				GB/T386
密度(20℃)/(kg/m³)		报告				GB/T1884 GB/T1885ᶠ
馏程：						
50%回收温度/℃	不高于	300				
90%回收温度/℃	不高于	355				GB/T6536
95%回收温度/℃	不高于	365				
生物柴油（脂肪酸甲酯,FAME）含量（体积分数）/%		2～5				GB/T23801ᵍ

a　可用 GB/T11140、GB/T17040、SH/T0253 和 SH/T0689 方法测定,结果有争议时,以 GB/T380方法为准。

b　可用 GB/T264 方法测定,结果有争议时,以 GB/T7304 方法为准。

c　若柴油中含有硝酸酯型十六烷值改进剂,10%蒸余物残炭的测定,应用不加硝酸酯的基础燃料进行。柴油中是否含有硝酸酯型十六烷值改进剂的检验方法见附录 A。可用 GB/T268 方法测定,结果有争议时,以 GB/T17144 方法为准。

d　可用目测法,即将试样注入 100ml 玻璃量筒中,在室温(20℃±5℃)下观察,应当透明,没有悬浮和沉降的机械杂质。结果有争议时,按 GB/T511 方法测定。

e　由中间基或环烷基原油生产的石油原柴油调合的 B5 轻柴油十六烷值允许不小于 40(有特殊要求时,由供需双方确定)。

f　可用 SH/T0604、GB/T2540 方法测定,结果有争议时,以 GB/T1884 和 GB/T1885 方法为准。

g　可用 ASTM D7371 方法测定,结果有争议时,以 GB/T23801 方法为准。

表 3—5   B5 车用柴油技术要求和试验方法(GB/T 25199—2010)

项　目		质量指标			试验方法
		5 号	0 号	—10 号	
氧化安定性,总不溶物/(mg/100ml)	不大于	2.5			SH/T0175
硫含量(质量分数)/%	不大于	0.035			SH/T0689[a]
酸值(以 KOH 计)/(mg/g)	不大于	0.09			GB/T7304[b]
10%蒸余物残炭[c](质量分数)/%	不大于	0.3			GB/T17144
灰分(质量分数)/%	不大于	0.01			GB/T508
铜片腐蚀(50℃,3h)/级	不大于	1			GB/T5096
水含量(质量分数)/%	不大于	0.035			SH/T0246
机械杂质		无			GB/T511[d]
运动黏度(20℃)/(mm²/s)		3.0~8.0			GB/T265
闪点(闭口)/℃	不低于	55			GB/T261
冷滤点/℃	不高于	8	4	—5	SH/T0248
凝点/℃	不高于	5	0	—10	GB/T510
十六烷值	不小于	49			GB/T386
密度(20℃)/(kg/m³)		810~850			GB/T1884 GB/T1885[e]
馏程:					
50%回收温度/℃	不高于	300			
90%回收温度/℃	不高于	355			GB/T6536
95%回收温度/℃	不高于	365			
润滑性(HFRR),磨痕直径(60℃)/μm	不大于	460			SH/T0765
生物柴油(脂肪酸甲酯,FAME)含量(体积分数)/%		2~5			GB/T23801[f]
多环芳烃(质量分数)/%	不大于	11			SH/T0606[g]

a   可用 GB/T380、GB/T11140、GB/T17040 和 SH/T0253 方法测定,结果有争议时,以 SH/T0689 方法为准。

b   可用 GB/T264 方法测定,结果有争议时,以 GB/T7304 方法为准。

c   若柴油中含有硝酸酯型十六烷值改进剂,10%蒸余物残炭的测定,应用不加硝酸酯的基础燃料进行。柴油中是否含有硝酸酯型十六烷值改进剂的检验方法见附录 A。可用 GB/T268 方法测定,结果有争议时,以 GB/T17144 方法为准。

d   可用目测法,即将试样注入 100ml 玻璃量筒中,在室温(20℃±5℃)下观察,应当透明,没有悬浮和沉降的机械杂质。结果有争议时,按 GB/T511 方法测定。

e   也可采用 SH/T0604、GB/T2540 方法测定,结果有争议时,以 GB/T1884 和 GB/T1885 方法为准。

f   可用 ASTM D7371 方法测定,结果有争议时,以 GB/T23801 方法为准。

g   可用 SH/T0806 方法测定,结果有争议时,以 SH/T0606 方法为准。

3.2　液态生物质燃料的原料来源

3.2.1　燃料乙醇的原料来源

酒精发酵利用的原料主要是糖质原料(如甘蔗汁、废糖蜜等)、淀粉质原料和纤维素原料(如木屑、农作物秸秆、甘蔗渣等),酒精发酵过程中,主要参与作用的微生物——酵母——只能将糖转化为酒精,不能直接把淀粉和纤维素原料转化成酒精。因此,首先必须把不能被酵母直接利用的淀粉和纤维素原料通过酸法或酶法水解转化成糖,再利用酵母菌将糖发酵成酒精。

1. 粮食

玉米(Zea mays L.),禾本科一年生栽培谷物,原产于美洲。玉米是世界上分布最广泛的粮食作物之一,种植面积仅次于小麦和水稻。种植范围从北纬58°至南纬40°。玉米在我国被广泛种植,年产量占世界第二位。

水稻(Oryza sativa L.),禾本科一年生栽培谷物,原产于亚洲及非洲的热带和亚热带地区,是世界上主要粮食作物之一。我国水稻播种面积占全国粮食作物的1/4,而产量则占一半以上,为重要粮食作物。

小麦(Triticum aestivum),禾本科一年或二年生栽培谷物,原产于亚洲西部幼发拉底河流域。小麦是一种温带长日照植物,适应范围较广,自北纬18°至50°,从平原到海拔4 000米的高度(如中国西藏)均有栽培。小麦的世界产量和种植面积居于栽培谷物的首位,以普通小麦种植最广,占全世界小麦总面积的90%以上。

甜高粱(Sorghum vulgare),禾本科一年生草本谷物,原产于非洲,是粒用高粱的变种。甜高粱抗旱、耐涝、耐盐碱、耐瘠薄、耐高温、耐干热风等,热带、亚热带和温带均可种植,尤其适合种于一些气候条件不利、生产条件不好的地区,如干旱和半干旱地区、低洼易涝和盐碱地区、土壤贫瘠的山区和半山区等。甜高粱同粒用高粱一样,每公顷可收获3 000~6 000千克的粮食,但其优势却在于亩产高达4 000~5 000千克富含糖分的茎秆(含糖量17%~21%)。含糖量高的甜高粱,其茎秆汁液糖锤度可超过20%,一般甜高粱茎秆中汁液糖锤度可达10%~20%,平均每公顷甜高粱茎秆能产糖900~1 500千克,且这些茎秆可与甘蔗相媲美。

木薯(Manihot esculenta),大戟科灌木状多年生植物,原产于美洲。木薯广泛栽培于热带和部分亚热带地区,我国主要分布于华南地区,广东和广西的栽培面积最大,福建和台湾地区次之,云南、贵州、四川、湖南、江西等地也有少量栽培。木薯主要用途是食用、饲用和工业上开发利用。世界上木薯全部产量的65%用于人类食物,块根是工业上主要的制淀粉原料之一。

甘薯(Ipomoea batatas Lam.),旋花科一年生蔓生草本植物,原产于美洲。块根为淀粉原料,可食用、酿酒或作饲料。全国广为栽培。

马铃薯(Solanum tuberosum;Potato),茄科多年生草本植物,但多作一年生或一年两季栽培,原产于美洲。目前马铃薯是全球第四大重要的粮食作物,仅次于小麦、稻米和玉米,并广泛地种植于全球约 125 个国家和地区。其块茎可供食用,是重要的粮食、蔬菜兼用作物。

菊芋(Helianthus tuberosus Linn.),菊科多年生草本植物,原产于北美。我国南北各地均有栽培。菊芋块茎富含淀粉,是制糖和糖浆的原料,也能炼制酒精和白酒。菊芋适应性强,耐贫瘠,耐寒,耐旱;种植简易,一次播种多次收获;产量高,平均亩产达到 3 000～5 000 千克。

表 3—6　　　　　　　　　　几种粮食的营养成分　　　　　　　　　　单位:%

作物	水分	粗蛋白质	粗脂肪	粗纤维	碳水化合物	粗灰分
稻米	9.8	7.6	1.4	0.2	79.3	1.7
小麦	8.4	11.7	2.7	6.0	67.5	6.0
玉米	13.5	8.8	4.5	2.1	69.6	1.5
高粱(籽粒)	11.3	7.4	4.2	5.0	70.3	1.8
马铃薯	70.5	2.1	0.1	0.7	21	1.1
甘薯	68.8	1.8	0.6	1.3	26.4	1.1
木薯	61.9	1.5	0.5	1.5	33.5	1.1
菊芋	79.6	1.5	0.2	0.7	16	11

资料来源:《农业技术经济手册》,中国农业出版社,1983。

2. 糖料

甘蔗(Saccharum officenarum L.),禾本科多年生宿根草本植物,原产于新几内亚或印度。主要分布在北纬 33°至南纬 30°之间,其中以南北纬 25°之间面积比较集中,是世界重要的糖料作物。甘蔗茎的主要成分为纤维素 11.5%～12.5%、蔗糖 12.5%～14.5%、水分 70%～75%、非糖分 2%～4%;非糖分中包括还原糖 1%～1.5%、果胶及有机酸 0.3%～0.4%、含氮化合物 0.4%、脂肪及腊质 0.2%、灰分 0.4%～0.6%。我国主要产区包括广东、台湾、广西、福建、四川、云南、江西、贵州、湖南、浙江、湖北 11 个省、自治区。目前重点产区是广西和云南,其蔗糖产量已占全国的 70% 以上。

甜菜(Beta vulgaris),藜科二年生草本植物,原产于地中海沿岸。它是重要的糖料作物和蔬菜之一,分为菜用、糖用、饲用和叶用 4 类。甜菜块根的主要成分为蔗糖 17.5%,水分 75%,纤维素、半纤维素 3.3%,果胶质 2.4%,蛋白质及其他含氮物质 1.2%,不含氮有机非糖 0.9%(有机酸、果胶质、转化糖等),灰分 0.6%。糖用甜菜在欧洲广为栽种。甜菜糖约占世界糖产量的 2/5,我国的甜菜主产区为东北、西北和华北。

糖蜜(molasses),是甘蔗或甜菜在提炼为精致白糖过程中的副产品,为黏稠、黑褐色、半流动的物体。其组成成分会因制糖原料、加工条件的不同而有差异,其中主要含有大量可发酵糖(主要是蔗糖),是很好的发酵原料。常用作酵母、味精、有机酸、乙醇等发酵制品的底物或基料,也可用作某些食品的原料和动物饲料。糖蜜的主要成分为:甘蔗糖蜜含蔗糖 24%~36%、其他糖 12%~24%,而甜菜糖蜜所含糖类几乎全为蔗糖,约 47%,粗蛋白质 3%~6%,可溶性胶体 3%~4%,矿物质 8%~10%。

表 3—7　　　　　　　　　　几种原料的乙醇产量

原　料	产量(升/吨)
玉米	372
高粱	372
木薯	367
甜菜糖蜜	267
甘蔗糖蜜	313
马铃薯	96
水稻	354
甜菜	92
甘蔗	62
小麦	346
干马铃薯	346

资料来源:B.A.Stout, *Handbook of Energy for World Agriculture*. Elsevier Applied Science, London and New York,1990。

3. 纤维素

纤维素(cellulose)是植物细胞壁的主要成分,为葡萄糖组成的大分子多糖。纤维素$(C_6H_{10}O_5)_n$分子由几百到几万个葡萄糖分子缩合而成,是由 D-葡萄糖通过 β-1,4 糖苷键连接成的一条没有分支的长链,分子量很大,性质比较稳定,不溶于水及一般有机溶剂。纤维素是自然界中分布最广、含量最多的一种多糖,占植物界碳含量的 50% 以上,农业废弃物、林业废弃物和工业废弃物等是纤维素的主要来源。此外,以纤维素为原料的产品也广泛用于塑料、炸药、电工及科研器材等方面。棉花的纤维素含量接近 100%,为天然的最纯纤维素来源。一般木材中,纤维素占 40%~50%,还有 10%~30% 的半纤维素和 20%~30% 的木质素。此外,麻、麦秆、稻草、甘蔗渣等都是纤维素的丰富来源。

农林废弃物先经预处理破坏其中的纤维素、半纤维素与木质素的结构后,再通过酶法或酸法把纤维素、半纤维素水解成六碳糖和五碳糖,最后选用特殊的共酵菌种对六碳糖和五碳糖进行发酵,就可以生产出乙醇。

农林废弃物包括林产废弃物、农作物秸秆、甘蔗渣等。

柳枝稷(Panicum virgatum),禾本科多年生暖季型丛生草本植物,原产于北美。柳枝稷是一种碳四植物,碳的吸收效率是常规作物的 20~30 倍。柳枝稷干物质含纤维素 37.10%、半纤维素 32.10%、木质素 17.20%。柳枝稷根系发达,耐瘠薄、洪涝和干旱,需肥量少,能够抵抗多种病虫害,易于收割贮存,产量高,生物产量一般为 20 吨/公顷,最高产量可达到 74.1 吨/公顷。在干旱和半干旱地区、低洼易涝和盐碱地区、土壤贫瘠的山区和半山区均可种植。柳枝稷还有水土保持功能,能体现出生态效益,为野生鸟禽提供栖息地。尤其在那些水土流失严重的地区,如黄土高原,种植柳枝稷能显著改变当地生态环境。

芒属植物(Miscanthus Anderss.),禾本科多年生草本植物,约 20 种,原产于非洲与亚洲。我国有 10 种,分布于江苏、浙江、安徽、江西、湖南、福建、台湾、广东、海南、广西、四川、贵州、云南等省区;遍布于海拔 1 800 米以下的山地、丘陵和荒坡原野,常组成优势群落。芒属植物多为碳四植物,具有高光效、低呼吸、CO_2 补偿点低等特点,适于在高温、强光照和水分供应较少的条件下进行光合作用,并能适应多种类型土壤,具有良好的抗干旱能力,生长期长、生态适应性强、产量高,干物质产量可高达 30 吨/公顷以上。芒属植物干物质的粗蛋白质含量在 2.14%~16.00% 之间,粗脂肪在 1.3%~3.3% 之间,粗纤维在 30%~36% 之间,糖和淀粉一般在 45% 左右,是一种营养价值较好的饲草,芒秆的全纤维素含量在 80% 左右,也是最有潜力的能源作物之一。芒属植物的根系发达,在疏松土壤里须根多,入土深达 1 米余,即使在贫瘠紧土中,根系入土也可达 50 厘米,地上部分形成稠密高大的草丛,能够截留雨水、涵养水源、防止表土流失,可使水土流失降至轻度以下,甚至不再流失。

芦竹(Arundo donax Linn.),禾本科多年生宿根草本植物,原产东亚。芦竹形似芦苇,多生长于河岸、道旁,适应性较大。在我国分布于浙江、安徽、福建、四川、云南、广东、广西等地,现东北、河北、陕西有引种栽培。芦竹的适应能力很强,易于繁殖、耐旱、耐涝、耐热、耐寒,在贫瘠土地、沼泽地、河滩地、河岸、沙荒地或普通的旷野地上都可生长,年产量平均可达 45 吨/公顷,是一种高产的能源作物。芦竹含纤维素 37.74%、半纤维素 19.97%、木质素 26.11%,是造纸的优质原料。芦竹根系发达且具有较强的萌芽能力,也是一种重要的植被恢复和水土保持植物,在河边生长的芦竹还可以是重金属污染地区的生物过滤植物。

表 3—8　　　　　　　　　　　主要纤维素植物的产量与能量产出

作物	干物质 (吨/公顷)	能量产出 (吉焦/公顷)	能量投入产出比 (%)	能量净获得 (吉焦/公顷)
高粱秆	20～30	334～507	13～39	309～494
红麻	10～20	115～326	6～25	130～313
大麻	8～15	128～270	5～20	103～257
芒属植物	15～30	260～530	12～66	238～522
芦竹	15～35	240～600	11～75	118～592
刺菜蓟	10～15	155～252	7～31	113～244
柳枝稷	10～25	174～435	8～54	152～427

资料来源:Venturi,P. and Venturi,G., Analysis of energy comparison for crops in European agricultural systems,*Biomass and Bioenergy*,2003, 25 (3), 235—255。

3.2.2　生物柴油的原料来源

1. 植物油

油菜(Brassica compestris L.),十字花科一年生草本植物,原产于亚洲和欧洲。我国主要分布于长江流域各省,是我国最大的油料作物。油菜属耐寒性植物,生长适温为 15℃～20℃,主要分为三大类型,即白菜型油菜、芥菜型油菜和甘蓝型油菜,籽粒含油量 37.5%～46.3%。

大豆(Glycine max),豆科一年生草本植物,原产于中国。我国各地都有栽种,以东北地区栽培面积最广。种子含油量 18%～20%,是我国四大油料作物之一。

花生(Arachis hypogaea),豆科多年生草本植物,原产于南美。花生喜温暖,但也有较强的抗寒能力,在中性到酸性土壤、砂土到重黏土中均能持续生长。我国花生的分布非常广泛,但主要集中在山东、河南、河北、安徽等省,占全国花生产量的 60%以上。花生仁含脂肪 50%左右,是油脂业和副食品工业的重要原料,是我国四大油料作物之一。

亚麻(Linaceae usitatissimum),亚麻科一年生草本植物,原产于中亚。亚麻分为纤维用、油用和油纤两用三种，油用亚麻又称胡麻，我国主要产区是内蒙古、甘肃、宁夏、河北、新疆等地。种子含油量 35%～45%，油质优良，但一般不做食用。

棉籽(Gossypium spp.)，锦葵科一年生植物棉花的种子。外部为坚硬的褐色籽壳，籽壳内有胚，是棉籽的主要部分，也称籽仁，籽仁含油量可达 35%～45%。

蓖麻(Ricinus communis L.)，大戟科一年生或多年生草本植物，原产于非洲，为著名的油料作物。蓖麻耐旱耐寒，耐盐碱瘠薄，适应性强，能防风固沙，防止水土流失，是理想的绿色环保植物和较高经济价值的油料作物。我国各地均有栽培，主产地在东北和内蒙古等地。蓖麻籽一般含油率 45%～51%，蓖麻油是一种重要的化工原料。

海甘蓝(Crambe abyssinica)，十字花科二年生草本植物，原产于欧洲南部。我国从国外引种后各地有广泛种植，海甘蓝为新型高芥酸栽培油料作物，具有较高的含油量和蛋白质含量。去壳种子含油率 40%左右，其中主要成分为芥酸(60%以上)，海甘蓝油是在工业上有广泛用途的精细化工原料。

红花(Carthamus tinctorius L.)，菊科一年生草本植物，原产于亚洲、非洲部分地区，新疆、云南、四川和河南等地为我国主产区。红花具有药用、染料、油料等用途，是一种重要的经济作物。红花种子含油率 34%～55%，也是一种重要的油料作物。

麻疯树(Jatropha curcas L.)，大戟科落叶灌木或小乔木，原产于美洲。麻疯树喜光、喜暖热气候，耐干旱瘠薄，在石砾质土、粗骨土、石灰岩裸露地均能生长。在我国主要分布于广东、广西、云南、四川、贵州、台湾、福建、海南等省区。常生长于海拔 700～1 600 米的平地、丘陵、坡地、河谷和荒山。麻疯树种子含油量 35%～40%，种仁的含油量高达 50%～60%。

续随子(Euphorbia lathyris Linn.)，大戟科二年生草本植物，原产于欧洲，现我国辽宁、吉林、黑龙江、河北、山西、内蒙古、贵州、广西等省区有栽培或野生分布。续随子种子含脂肪 40%～50%，另外，其汁液中含类似于原油的碳氢化合物 30%～40%，经提炼可以燃烧。

油桐(Aleurites fordii)，大戟科落叶乔木，我国特有的四大木本油料植物之一。油桐喜光，也耐阴，喜肥沃、排水良好的土壤，不耐干旱、瘠薄、水湿，不易移植，根系浅，生长快。分布于我国长江流域及以南地区，四川、贵州、湖南、湖北为我国生产桐油的四大省份。种仁含油率高达 70%，桐油是重要工业用油。

乌桕(Sapium sebiferum)，大戟科落叶乔木，我国特有的四大木本油料植物之一。乌桕喜光,耐寒性不强,在年平均温度 15℃ 以上、年降雨量 750mm 以上地区都可生长。主要栽培区在长江流域以南的浙江、湖北、四川、贵州、安徽、云南、江西、福建等省。乌桕种子表面附有一层白色蜡质,叫做“皮油”或“桕蜡”,乌桕籽的脂肪含量 40.99%～70.1%,其中皮油占 24.46%～28.68%,用种仁榨出的油叫梓油。

核桃(Juglans regia),胡桃科落叶乔木,原产于伊朗,为世界著名的“四大干果”之一。核桃喜光,耐寒,抗旱、抗病能力强,适应多种土壤生长,我国各地都有分布,但主要产区是北方。核桃仁含油量 40%～63%,核桃油是高级的食用油或工业用油。

油棕榈(Elaeis guineensis),棕榈科常绿乔木,是棕榈科两种产油植物的统称:一种是原产于西非的非洲油棕榈,另一种是中美洲和南美洲北部的美洲油棕榈(又称巴巴苏)。油棕果含油量高达 50% 以上,一株油棕每年可产油 30～40千克,每亩产油可达 100～200 千克,被人们誉为“世界油王”。棕榈果每个果子由果肉和果仁(种子)组成,果肉压榨出的油称为棕榈油,而果仁压榨出的油称为棕榈仁油,两种油的成分大不相同。棕榈油主要含有棕榈酸(C16)和油酸(C18)两种最普通的脂肪酸,棕榈仁油主要含有月桂酸(C12)。由于此两种油所含成分不同,故传统上所说的棕榈油仅指棕榈果肉压榨出的毛油和精炼油,不包含棕榈仁油。90% 的棕榈油以食用为目的,10% 用于制皂和油脂化工产品的生产。

椰子(Cocos nucifera Linn.),棕榈科常绿乔木,原产于巴西、马来群岛和非洲,为热带木本油料之一。我国的主要产区是海南省、雷州半岛、云南省和台湾省。椰子是热带喜光树种,在高温、湿润、阳光充足的海边生长发育良好。要求年平均温度 25℃ 以上且最低温度不低于 10℃ 才能正常开花结果。椰子肉(干)含油量 65%～74%,椰子油得自椰子肉(干),是良好的食用油脂。

黄连木(Pistacia chinesis Bunge),漆树科落叶乔木,原产于我国。黄连木分布很广,其中以河北、河南、山西、陕西等省最多。黄连木喜光,不耐严寒。在酸性、中性、微碱性土壤中均能生长。种子含油量 35.05%,种仁含油量 56.5%。

油茶(Camellia oleifera Abel),茶科常绿小乔木,原产于我国。油茶种子可榨油供食用,是世界上四大木本食用油源树种之一。我国产地主要分布在四川、云南、贵州、安徽、江苏、浙江、江西、福建、湖北、湖南等省份。种子含油量 30%以上,种仁含油量 59% 以上,供食用及调药,可制蜡烛和肥皂,也可作机油的代用品。

文冠果(Xanthoceras sorbifolia Bunge),无患子科落叶小乔木或灌木,原产于我国,是我国特有的一种优良木本食用油料树种。主要分布于我国北方干旱寒冷地区,以陕西、山西、河北、内蒙古比较集中。文冠果抗旱、抗寒、耐瘠薄、移栽成活率高,种子含油率30%～36%,种仁含油率55%～67%,是生物柴油开发潜力很大的树种之一。

油莎草(Cyperus esculentus),莎草科多年生草本植物,原产于西亚和非洲。油莎草喜光,耐旱、耐温、耐瘠、耐盐碱,适应性广。我国目前广东、贵州、福建、浙江、陕西、辽宁、吉林有较大面积种植,可作油料和优良牧草用。块茎含油率20%～30%。

油橄榄(Olea europaea L.),木犀科常绿乔木,原产于小亚细亚。为著名亚热带木本油料兼果用树种,我国甘肃、四川、重庆、陕西等地区有种植。鲜果含油率20%～30%。橄榄油是品质最好的食用油。

光皮树(Cornus wisoniana),山茱萸科落叶乔木,原产于我国。光皮树喜光,耐寒,喜深厚、肥沃而湿润的土壤,在酸性土及石灰岩土中生长良好。光皮树广泛分布于黄河以南地区,集中分布于长江流域至西南各地的石灰岩区,其果实(带果皮)含油率33%～36%。

2. 动物脂肪

动物油脂主要指猪脂、牛脂、羊脂、黄油以及水产品脂肪,其产量占油脂总量的30%左右。

(1)牛羊油。由于牛脂、羊脂的脂肪酸组成相近,加工时常掺和在一起,故称为牛羊油。主要成分是棕榈酸、硬脂酸和油酸的甘油酯。我国牛羊油主要产地为内蒙古、新疆、陕西、山东、青海等地。牛羊油主要用于制皂工业及脂肪酸工业。

(2)猪油。猪油脂肪酸成分主要是肉豆蔻酸、棕榈酸、硬脂酸、油酸、亚油酸、十六烯酸等。

(3)水产动物油脂。从鱼类、海兽及其加工废弃物中提取的油脂。主要成分为混合甘油三酸酯,包括鱼体油、鱼肝油和海兽油,是食品、医药和化学工业的重要原料。鱼体油主要取自鳀、鲱、沙丁鱼、鲹、毛鳞鱼等多脂鱼类,鱼肝油主要取自鳕和鲨,海兽油主要取自各种鲸类、海豚、海豹等。

3. 餐饮废油

餐饮废油是指食品生产经营单位在经营过程中产生的不能再食用的动植物油脂,包括油脂食用后产生的不可再食用的油脂、餐饮业废弃油脂,以及含油脂废水经油水分离器或者隔油池分离后产生的不可再食用的油脂。据统计,目前我国每年生产的可收集废弃食用油脂在1 200万吨以上。

表 3—9　　　　　　　　　　　部分生物柴油原料的燃料特性

材料	十六烷醇值	热值 (kj/kg)	运动黏度 (37.8℃; mm²/s)	浊点(℃)	倾点(℃)	闪点(℃)
南美棕榈	38.0	—	—	—	—	—
蓖麻	—	39 500	297	—	−317	260
玉米	37.6	39 500	34.9	−1.1	−40	277
棉籽	41.8	39 468	33.5	1.7	−15	234
海甘蓝	44.6	40 482	53.6	10.0	−12.2	274
亚麻籽	34.6	39 307	27.2	1.7	−15	241
棕榈	42.0	—	—	—	—	—
油橄榄	61	38 480	4.52	−3.4	−3	>110
花生	41.8	39 782	39.6	12.8	−6.7	271
油菜籽	37.6	39 709	37.0	−3.9	−31.7	246
红花籽	41.3	39 519	31.3	18.3	−6.7	260
高油酸红花籽	49.1	39 516	41.2	−12.2	−20.6	293
芝麻	40.2	39 349	35.5	−3.9	−9.4	260
大豆	37.9	39 623	32.6	−3.9	−12.2	254
葵花籽	37.1	39 575	37.1	7.2	−15.0	274
牛羊油	61.8	39 961	−5.1	15.6	12.8	189
黄油脂	62.6	39 817	5.16	—	—	—
动物油脂	—	—	6.20	5	−1	—
煎炸废油	59	37 337	4.50	1	−3	>110
废橄榄油	58.7	—	5.29	−2	−6	—
豆油皂角	51.3	—	4.3	6	—	—

资料来源：Knothe，G. etc.，*The Biodiesel Handbook*，AOCS Press，Champaign, Illinois，2004。

第 4 章　预期能源缺口与经济持续增长

4.1　我国能源安全形势

4.1.1　经济增长与能源消费

改革开放以来,我国的 GDP 从 1990 年的 4.5 万亿元[①]增长至 2010 年的 40 万亿元,能源消费量也同趋势增长,能源消耗不断增加。1990 年全国能源消费总量仅为 9.7 亿吨标准煤,到 2010 年已经超过 32 亿吨标准煤。从过程上看,历年 GDP 增速一直维持在 8% 以上,并于 1992 年和 2007 年达到高位;相对而言,能源增长呈现波浪形曲线,在 1999 年前后的能源消耗增速一度下降至原点,随后于 2005 年前后达到高位。具体分别见图 4—1 和图 4—2。

与此同时,能源强度[②]在逐步降低。1990 年中国能源强度为 2.13 万吨标准煤/亿元,到 2010 年下降到 0.87 万吨标准煤/亿元,其间出现了 1993~1997 年和 2003~2006 年两个调整过程,这两个阶段的能源强度变动幅度较小(见图 4—3)。

4.1.2　我国能源禀赋的现状

1. 我国的能源禀赋状况

与经济发展对能源需求不断提高的趋势相比,我国的能源禀赋状况不容乐观,将长期呈现以下四个方面的特点:

一是能源资源总量比较丰富。我国的化石能源资源总量较为丰富,但经济可采储量相对较少。其中煤炭占主导地位,2008 年煤炭可采储量约为 1 886 亿吨,可采储量居世界第三位,可供开采 100 年左右;已探明的石油、天然气资源储

---

①　以 2010 年不变价格计算,下同。

②　能源强度是指单位 GDP 的能源消耗量。能源强度越低,表示能源利用效率越高。

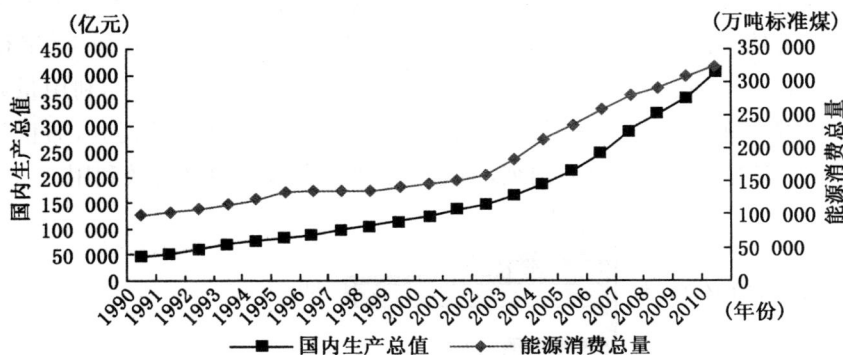

资料来源:《中国统计年鉴》,中国统计出版社,1991~2011 年。

图 4—1 GDP 与能源消费总量

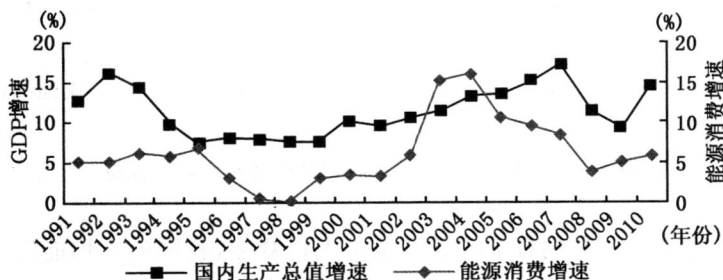

资料来源:《中国统计年鉴》,中国统计出版社,1991~2011 年。

图 4—2 GDP 与能源消费总量增速

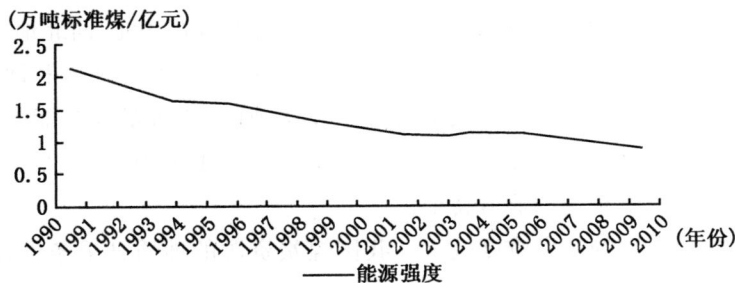

资料来源:《中国统计年鉴》,中国统计出版社,1991~2011 年。

图 4—3 中国能源强度走势

量则相对不足,其中石油可采储量为 212 亿吨,当前剩余的已探明可采储量为 23 亿吨,天然气已探明的可采储量有 22 万亿立方米,分别可供开采 14 年和 32 年(见图 4—4)。我国拥有较为丰富的可再生能源资源,但是实际利用量则较少。水力资源的经济可开发量折合成发电量约为 1.76 万亿千瓦时,居世界首位;生物质资源总量位居世界前列,但是当前大部分没有得到有效利用。

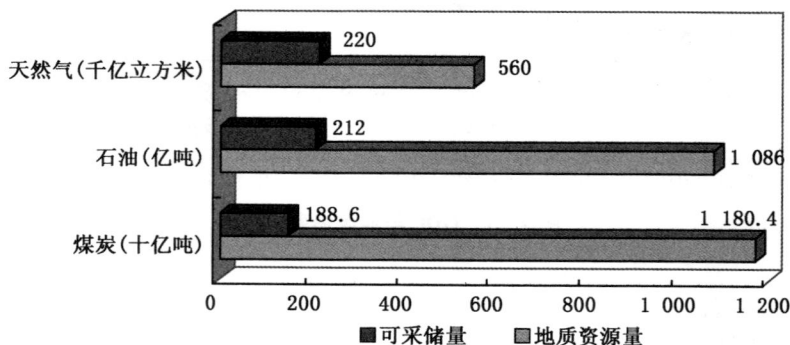

资料来源:根据 2007 年《中国的能源状况与政策》白皮书、中国第三次油气资源评价结果整理得到。

图 4—4　2008 年主要化石能源的资源量和可采储量

　　二是人均能源资源拥有量较低。由于人口众多,我国的人均能源资源拥有量处于世界下游水平。煤炭人均剩余可采储量仅为世界人均水平的 69%,水力资源的人均拥有量只相当于世界平均水平的一半,石油、天然气人均资源量仅为世界平均水平的 1/15。我国人均耕地面积不足世界人均水平的 30%,制约了生物质能源的开发。

　　三是能源资源的赋存分布不均衡。煤炭主要埋藏在华北、西北地区,水力资源主要分布在西南地区,石油、天然气主要分布在东部、西部地区和海域。我国主要的能源消费地区集中在东南沿海经济发达地区,资源赋存与能源消费地域存在明显差别。这使我国能源运输的基本格局呈现出大规模、长距离的北煤南运、西气东输、西电东送的显著特征。

　　四是能源资源的开发难度较大。我国煤炭资源的地质开采条件较差,大部分储量需要井工开采。石油和天然气资源地质条件复杂、埋藏深,勘探开发的技术难度较大。未开发的水力资源多集中在西南部的高山深谷,远离负荷中心,开发难度和成本较大。我国能源禀赋存在的上述特点决定了我国能源的生产与需求、调运与使用等方面的矛盾将长期存在。

2. 今后我国能源禀赋的变化趋势

获取充足稳定的能源是社会经济发展的关键支撑,而我国的经济未来一段时期内还会保持较快的发展势头,因此这会使今后我国对能源的需求量继续提高。能源资源禀赋数量是决定一国国内能源可开发量的基础,是由该国自然、地理和地质等条件所决定的,短期内不可能发生明显变化。就不可再生能源而言,随着化石能源的逐步开采利用,我国的煤炭、石油和天然气的储量还会逐步减少。而且受技术进步、经济发展水平提高和人们生活水平改善等因素的影响,今后我国的能源消费结构将会逐步优化。我国汽车产业的快速发展、工业的进一步发展将会提高石油和天然气在能源消费中的比重,受国内能源储量和产量的限制,石油和天然气所需要的进口量必然提高;煤炭消费占能源消费总量的份额虽会继续降低,但煤炭消费量则会由于经济规模的扩大而逐步提高。能源储量中利用现有技术能够经济性地开采的数量对能源消费才有实际意义,具有的不确定性较大,因此今后我国化石能源的可采储量比较难以提高。对可再生能源来说,其资源禀赋不会随正常的开发利用而减少,但当前的开发利用率较低使我国可再生能源的利用量较少。2010 年我国水能、风能、生物质能、太阳能等可再生能源的利用总量为 2.86 亿吨标准煤,占能源消费总量的比重仅为 8.9%,与这些能源的资源禀赋则有更大的反差。随着经济发展和技术的不断进步,可再生能源的可开发数量和开发利用率都会逐渐提高,这相当于提高了我国的能源可获得数量。可见,要在更大程度上缓解我国的能源安全形势,今后必须把加强对可再生能源的开发力度作为重要措施。

4.1.3　当前我国能源供求的总体状况

1. 我国国内的能源供给现状

近年来我国的能源生产能力得到稳步提高,主要能源品种和产量大幅度增加。根据相关的数据,2010 年我国一次能源生产总量接近 30 亿吨标准煤,占全球能源总产量的 24%,居世界第二位。其中,煤炭产量 32.35 亿吨,居世界第一位;原油产量 2.03 亿吨,居世界第五位;原油加工量 4.23 亿吨,居世界第二位;汽油产量 7 675 万吨,柴油产量 1.59 亿吨;发电量 42 072 亿千瓦时,居世界第二位(见图 4—5)。从能源生产能力上看,充足的产能是国民经济发展繁荣的有力支撑。改革开放以来,我国的能源科技水平大幅度提高,许多技术已居世界领先水平,形成了从勘探开发、工程设计、施工建设到生产、加工、运输等较为完整的能源技术体系。

此外,近年来我国的水能、核能、风能、太阳能等新能源、清洁能源和可再生能源得到迅速发展。2010 年全国水电装机超过 2 亿千瓦,风电装机超过 4 000

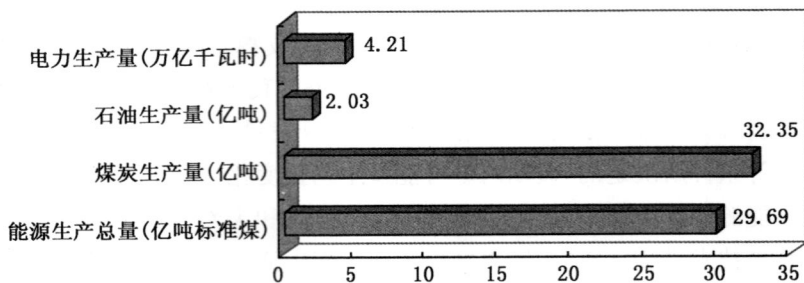

资料来源:根据《2011 年中国能源发展报告》整理得到。

图 4-5　2010 年我国主要能源生产量

万千瓦,核电装机 1 080 万千瓦,非化石能源在一次能源消费中的比重已经达到
8.3%。

2. 当前我国的能源需求状况

我国能源禀赋状况不容乐观,但与此矛盾的是我国能源消费量增长较快,对
外依存度不断提高,截至 2010 年我国一次能源消费量达到 32.5 亿吨标准煤(见
图 4-6),其中 12%的能源消费量是由进口支撑的。改革开放以来,我国石油消
费水平上升很快,自 1993 年起开始进口石油后,石油就一直是我国能源消费的
短板,2011 年的石油对外依存度已达到 56.5%,天然气对外依存度提高到 16%,
煤炭也已经开始少量进口。

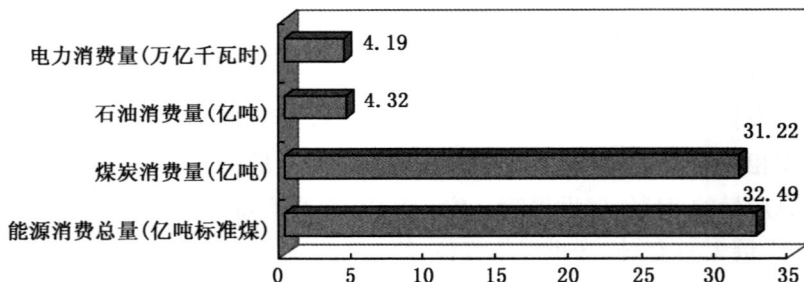

资料来源:根据《2011 年中国能源发展报告》整理得到。

图 4-6　2010 年我国主要能源消费量

我国人均能源消费水平还很低,当前人均能耗水平为 2.4 吨标准煤,只相当
于发达国家人均水平的 35%;人均用电量 3 200 千瓦时,还有一些偏远农村地区
没有通电。我国经济需要继续发展、要提高居民生活水平,这决定了我国能源消

费规模还会大幅上升。因此面对今后不断加剧的能源供求矛盾,我国必须未雨绸缪,从供给和需求两方面早做应对准备。此外,考虑到我国人口规模、资源与环境承受力和可持续发展的要求,我国也已经把合理控制能源消费总量作为提高经济发展质量的重要政策目标。

除了控制能源消费总量之外,我国还应当继续优化能源消费结构。虽然近年来我国的能源消费结构已得到不断优化,但能源供求紧张的局面并没有从根本上改变。2010 年我国煤炭在一次能源消费中的比重下降到 68%,石油和天然气在一次能源消费中的比重提高到 23.4%,水电、核电和风电在一次能源消费中的比重提高到 8.6%(见图 4-7)。我国化石能源的消费比重略有下降,但总量仍在提高,如果能源消费结构不能得到更好的优化,就会加剧能源供求的紧张局面。

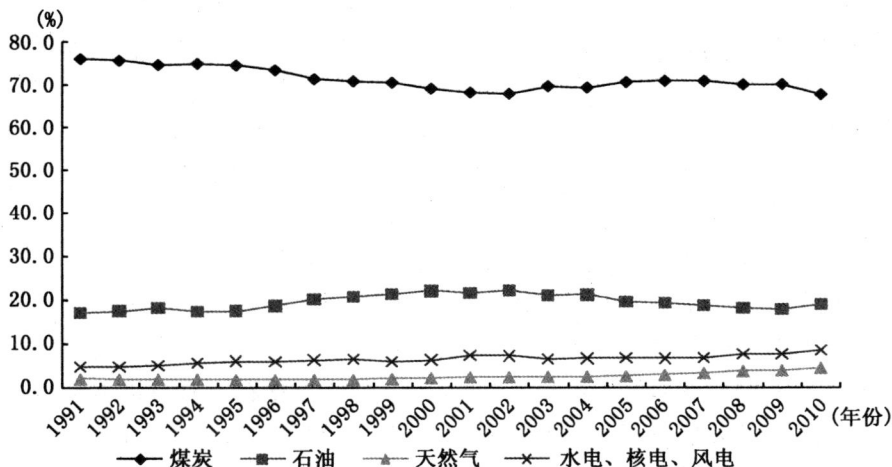

资料来源:根据《2011 年中国统计年鉴》和《2010 年中国能源统计年鉴》整理得到。

图 4-7 近年来我国主要能源消费所占比重

4.1.4 我国推行能源多元化的主要策略

由于相对贫乏的能源禀赋造成了我国能源产量一定程度上受限,但经济持续较快发展带来了刚性能源消费的快速增长,这导致我国的能源供求矛盾不断加剧。今后破解能源供求约束的总体思路是实行能源多元化战略,可行的策略主要有以下三个方面:

1. 全面推行能源节约战略,提高国内的能源产量和能源效率

节约能源和提高能效是从合理降低能源消费量的角度入手来减少对能源的

需求,这是缓解我国能源约束的一个现实选择,也是今后我国社会经济发展的长期任务。我国需要以政府为主导、以市场为基础、以企业为主体,以全社会的共同参与全面推进能源节约。今后必须提高能源效率、转变经济发展方式、调整经济结构、加快技术进步,形成能源资源节约型的产业结构、发展方式和消费模式。要建立节能型产业体系,落实节能目标责任制;完善节能技术推广机制,鼓励节能技术和产品研发。但由于我国经济的快速发展还将保持一段时间,能源需求量将会继续刚性增长,能源节约只能在一定程度上降低能源消费量的增长速度,要破解我国经济发展中的能源"瓶颈",还要采取其他措施。

2. 加强国际能源合作,适度提高能源进口量

有效利用国际能源市场,与能源资源充裕的国家开展能源合作是世界各国消除本国能源约束的通行途径。当前我国在能源国际合作方面已作出较为显著的成绩,今后需要进一步提高从能源出口国获取的能源数量。但是必须明确的是,能源输出国的能源出口量也是有限的,全球主要能源消费国之间的能源进口在一定程度上相互竞争,当前美国、欧洲和日本的能源进口量占全球能源贸易的份额很大,我国可获得的能源进口数量相应地就会比较少。可见要解决我国面临的能源供求约束,必须不断加强能源国际合作力度,但是也不能完全依赖这一举措。

3. 开发新能源和可再生能源对能源消费进行替代和补充

能源替代是解决能源安全问题的重要手段,当前我国化石能源供求紧张的局面时常出现,今后我国经济的进一步发展将导致化石能源供求出现缺口。由于可再生能源具有较多优于化石能源的特点,是补充化石能源数量不足的必然选择。我国经济发展对石油的需求是化石能源消费中的短板,而可再生能源中的液态生物质燃料能够直接补充石油消费的不足,因此具有很好的发展前景。此外其他可再生能源也能替代化石能源可供量的不足,我国今后需要加强对可再生能源的合理开发。

要破解我国今后的能源安全问题,保持我国经济的持续发展,必须把以上可行的策略思路结合起来,实行"开源节流"。只有把能源替代作为改善国内能源供给的关键措施,把能源国际合作作为扩大能源可供量的必备补充,把能源节约贯彻到生产与消费的各个环节,才能起到增加能源的可获得量、提高能源的使用效果、保障经济正常发展的作用。

4.2　我国未来经济发展中能源供求的总体态势

4.2.1　主要能源的需求趋势

随着社会经济的不断发展,能源消费量也将较快增长。由于我国居民生活水平和工业化发展程度的不断提高,人均能源消费量会相应增加。如我国总体的人均能源消费量已经由 1990 年的 0.87 吨标准煤提高到 2010 年的 2.42 吨标准煤,年均增长率为 5.26%,因此经济发展对主要能源的需求总量可粗略地根据人均能源消费量和人口数量估算出来。首先测算出 1990～2010 年我国主要能源人均消费量的年均增长率,并假定 2011～2020 年人均能源消费水平继续保持这种增长速度。2010 年我国人口总数量为 13.4 亿人,自 2005 年以来人口增长率保持在 5‰～5.5‰之间,可把我国 2011～2020 年的人口增长率设定为 5‰。将目标年度的人口总数量和人均能源消费量相乘就得到我国 2011～2020 年各种主要能源的消费数量,具体结果如表 4—1 所示。

表 4—1　　　　　　　2011～2020 年我国主要能源的需求数量估计[①]

年份	能源消费总量 (亿吨标准煤)	煤炭(亿吨)	石油(亿吨)	电力(亿千瓦时)
2011	34.390	32.819	4.338	44 469.05
2012	36.380	34.530	4.607	48 677.87
2013	38.485	36.330	4.893	53 285.03
2014	40.712	38.224	5.196	58 328.25
2015	43.067	40.217	5.518	63 848.78
2016	45.559	42.313	5.860	69 891.82
2017	48.195	44.519	6.223	76 506.80
2018	50.984	46.840	6.609	83 747.86
2019	53.934	49.282	7.019	91 674.26
2020	57.055	51.852	7.454	100 350.86

资料来源:根据《2011 年中国统计年鉴》整理计算。

根据上述估算结果,我国的能源消费总量将由 2011 年的 34.4 亿吨标准煤上升到 2020 年的 57 亿吨标准煤,其中煤炭需求量由 32.82 亿吨提高到 51.85 亿

[①]　这里估算我国今后主要能源的需求量是依据近年来能源消费的变化趋势,估算的精确性有所欠缺。其中石油消费量比后文中对我国石油需求量的测算值小一些,但并不影响对我国能源需求量变化趋势的判断。

吨,电力需求量由 4.45 万亿千瓦时提高到 10 万亿千瓦时,石油消费量可从 4.34 亿吨(实际消费量已高于该估算值)跃升至 7.45 亿吨。由于我国煤炭的能源禀赋较丰富、产量较充足,基本可做到供求平衡,电力需求通过开发煤炭、风能、水能和核能等多种能源也可以得到保障。而石油由于资源赋存量的限制使国内产量增长缓慢,近两年刚翻过 2 亿吨关口,占石油需求总量的比重也已经低于 50%。因此,未来我国经济发展中能源"瓶颈"约束的主要表现是,石油供求矛盾继续加剧,以补充石油消费为主的能源替代策略显得日益迫切。今后我国对世界主要石油供应国的依赖程度也将继续加深,而能源多元化正是促使我国跳出这种困境以保持经济持续发展的重要战略举措。

4.2.2　能源结构对能源供求的影响

1. 我国目前的能源结构状况

由于我国的能源禀赋是以煤炭为主构成,这决定了我国能源生产结构以煤炭为主的格局不会变化。近年来我国天然气产量占能源总产量的比重逐步提高,但石油产量所占比重则逐年下降。1991~2010 年我国原煤产量占能源总产量的比重由 74.1% 略微提高到 76.8%,天然气产量所占比重由 2% 上升到 4.2%,石油产量所占比重由 19.2% 下降至 9.8%(见图 4—8)。

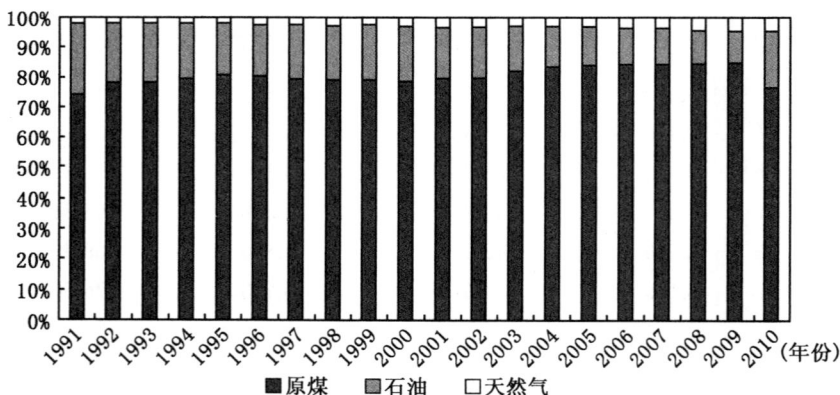

资料来源:根据《2011 年中国统计年鉴》和《2010 年中国能源统计年鉴》整理得到。

图 4—8　近年来我国主要能源产量所占比重

目前,我国的能源消费结构虽比以前已有所优化,但仍然不尽合理,不利于经济的持续发展,今后仍需要不断优化能源消费结构。具体而言,煤炭在一次能源消费中的比重由 1980 年的 72.2% 下降到 2010 年的 68%,其他能源的消费比重由 27.8% 上升到 32%。石油和天然气在能源消费总量中所占的比重有所提高,到 2010 年分别达到 19％和 4.4％,其中石油消费所占比重在 2002 年曾达到 22.3％的峰值。我国终端能源消费结构优化趋势明显,煤炭能源转化为电能的比重由 20.7％提高到 49.6％,商品能源和清洁能源在居民生活用能中的比重明显提高。

当前我国的一次能源消费主要是用于能源转化,增加煤电、煤制油的产量是优化能源消费结构的有效手段。为适应今后能源消费结构的变化,我国的能源生产结构也需要尽可能地优化,要逐步提高天然气产量在能源总产量中的比重,适度加强石油的勘探开采力度。

2. 能源结构的变化对我国能源安全的影响

将近年来我国的能源生产结构和消费结构相比较,可以发现石油产量所占比重与消费量所占比重之间的差距在逐步拉大,其他能源生产与消费占能源总量的比重则基本保持一致。这说明我国石油生产与消费之间的缺口越来越大,因此我国的能源供求矛盾主要在于石油,解决我国能源供求约束的关键是消除石油生产与消费之间的差距。

由于我国的能源生产中石油所占的比重逐渐减小,而能源禀赋不会有大的变化,能源生产结构不可能有大的改善,石油在能源生产中还有逐步下降趋势。而能源消费结构随着经济发展和经济结构的优化也会不断改善,石油消费所占的比重会不断提高,石油需求量还会进一步提高。由于我国石油资源相对贫乏,一些国内外权威机构测算我国石油稳定供给不会超过 20 年,到实现"全面小康"的 2020 年很可能成为石油供给丧失平衡的"拐点年",届时若缺乏有效应对措施,将会使石油进口量大幅增加。上述能源生产结构与消费结构的变化趋势将导致今后国内石油产需矛盾进一步加剧,石油进口是弥补国内石油产需矛盾的重要途径,但是近年来我国石油进口量和对外依存度的较快提高对我国的能源安全也造成了明显的不利影响。这也说明破解石油供求约束不能单纯寄希望于增加进口量,要解决我国的能源安全问题还需要采取其他多种途径。

4.3 原油对外依存、经济增长与能源缺口

4.3.1 原油需求与能源缺口

我国的能源体系中,原油的对外依赖程度最高。影响我国不断增加原油进口量的原因在于不断增加的国内需求和国内产能扩大受到资源的限制。

我国国内原油产量基本保持稳定。1990～2010 年,我国国内原油产量维持在相对固定的范围内,虽然从 2005 年开始,原油产量有所提升,但是仍然维持在

2 亿吨以内。2010 年的产量首次超过 2 亿吨,但是产量的突增无法实现。

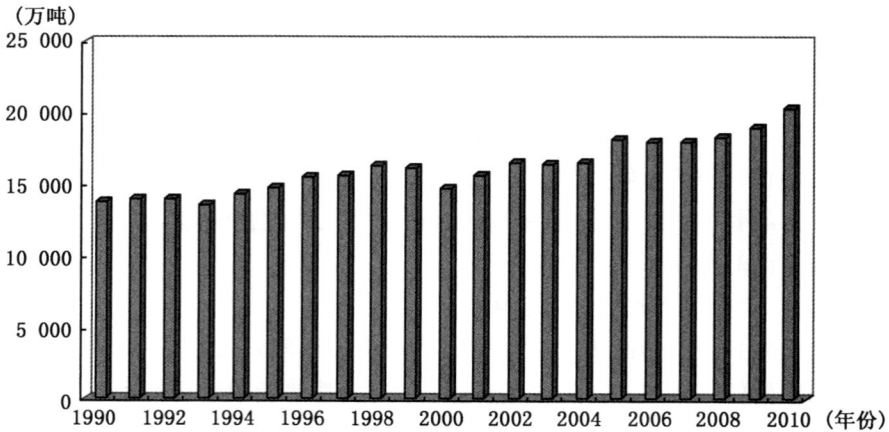

资料来源:《中国统计年鉴》,中国统计出版社,1991～2011 年。

图 4—9　国内原油产量

　　然而,随着我国经济的持续增长,对原油的需求不断增加,从国外进口原油成为满足国内需求的唯一途径,这导致我国原油对外依存度持续上升。过高的原油对外依存度将使我国面临能源安全的威胁,若我国要兼顾能源安全和经济持续增长,势必出现能源缺口。我们可以用图 4—10 来作一简要分析,若原油国内产量 CL 稳定,随着经济持续增长,国内原油消费量 XF 不断上升,若考虑能源安全威胁,国家设定原油对外依存度的上限(如 65%),那么将从 T^* 年开始出现原油缺口,也就是说进口的原油数量受到限制,这时的国内产量和进口量已经不能满足国内需求,能源缺口出现。而能源缺口的出现,将影响经济持续增长。

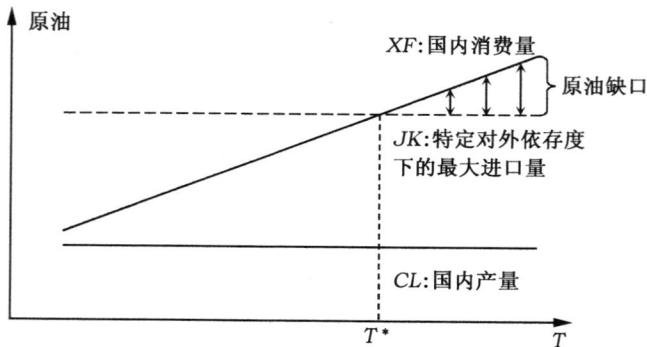

图 4—10　能源缺口示意图

4.3.2　能源缺口对经济增长影响的理论模型

要素供给充裕下,我国经济可以保持持续快速发展,但原油供给出现缺口时,就有可能造成经济增长速度的放缓。具体而言,如果当原油缺口在 T^* 年开始出现,原油供给充足情况下的产出曲线 Y_0 因为要素缺口下移至 Y_1,那么从 T^* 年到 T^{**} 年间的产出将减少为 S,如果原油缺口持续时间越长,对应的产出减少就越多(见图 4—11)。

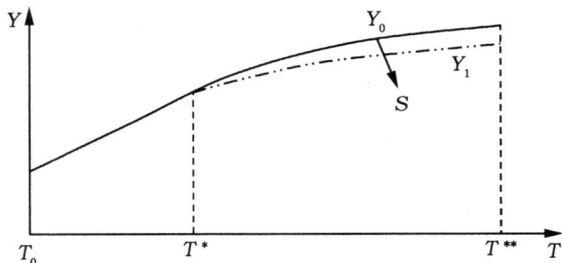

图 4—11　能源缺口对经济增长的影响

能源消费支撑着我国经济高速增长,能源安全关乎国民经济的稳定运行。经济总量不断扩大,需要能源供给的同步增加。不考虑利用效率,能源对经济存在两个方面影响(供给和价格),我们通过构建能源缺口假定下的产出影响模型来分析能源缺口对经济增长的影响。

1. 模型选择和基本假定

资本和劳动力是公认的投入要素,经典的柯布—道格拉斯生产函数将其纳入产出模型,能源作为实物资本的一种,可将其从资本中分离出来形成三要素生产函数(林伯强,2003;王立勇,2008;吴利学,2009)。因此,我们建立一个包括能源投入在内的经济增长模型,用于分析能源缺口对产出的影响:

$$Y=AK^{\alpha}L^{\beta}E^{\eta} \tag{4—1}$$

其中,A 表示全要素生产率,K 表示资本存量,L 表示劳动力投入,E 表示能源投入;α、β、η 分别表示资本、劳动力和能源的生产弹性。

可以预见,到本世纪中叶中国的经济将保持持续增长,能源消费同步增加将成为不争的事实。然而中国的能源供给存在风险,煤炭的运输、电力的区域配置也不尽合理,特别是依赖外部输入的原油最为引人关注,如果基于国民经济安全的考虑,限定原油对外依存度上限时,原油的供需缺口就必然出现,并影响到国民经济产出。

能源缺口对产出的影响可以分为两种情形:一是能源缺口出现后直接引起

产出的变动,而暂时没有对资本和劳动力的配置产生影响;二是能源缺口出现后不仅影响产出,也引起资本和劳动力要素配置的变化。

在本模型分析时,假定:

(1)全要素生产率不因能源缺口发生变动;

(2)要素的生产弹性不变。

2. 能源缺口对经济增长的影响

(1)不考虑能源缺口对资本和劳动力配置的影响

设总量生产函数为:

$$Y_0 = AK_0^{\alpha}L_0^{\beta}E_0^{\eta} \qquad (4-2)$$

当能源缺口出现时,总量生产函数则为:

$$Y_1 = AK_1^{\alpha}L_1^{\beta}E_1^{\eta} \qquad (4-3)$$

能源缺口出现时与未出现能源缺口时的能源投入和 GDP 存在如下关系:

$$\Delta Y = Y_0 - Y_1 \, ; \Delta E = E_0 - E_1 \qquad (4-4)$$

(4-2)式与(4-3)式相比得到:

$$\frac{Y_1}{Y_0} = (\frac{K_1}{K_0})^{\alpha}(\frac{L_1}{L_0})^{\beta}(\frac{E_1}{E_0})^{\eta} \qquad (4-5)$$

将(4-4)式代入(4-5)式整理可得:

$$\frac{Y_0 - \Delta Y}{Y_0} = (\frac{K_1}{K_0})^{\alpha}(\frac{L_1}{L_0})^{\beta}(\frac{E_0 - \Delta E}{E_0})^{\eta} \qquad (4-6)$$

(4-6)式中,ΔY 是关于 ΔE 的函数,能源作为要素投入直接影响经济运行,能源缺口的出现可以视为产出减少的诱因,同时能源缺口的出现还将造成其他要素的同步下降从而间接影响整体经济。为方便分析,假定能源缺口 ΔE 对其余要素的影响十分微小。

(4-6)式两边同时对 ΔE 求导,整理可得:

$$\Delta Y = Y_0 - \frac{\frac{\partial \Delta Y}{\partial \Delta E}}{\eta}(E_0 - \Delta E) \qquad (4-7)$$

其中,

$$\frac{\partial \Delta Y}{\partial \Delta E} = \eta \cdot \frac{Y_0 - \Delta Y}{E_0 - \Delta E} > 0 \qquad (4-8)$$

通过(4-8)式可知,能源缺口对经济影响具有负面作用($\frac{\partial \Delta Y}{\partial \Delta E} > 0$),随着能源缺口的增加,影响产出减少的幅度越来越大,能源不足的负面效应逐步增强。

(4-7)式还可表示为下式:

$$\Delta Y = \left[Y_0 - \frac{\frac{\partial \Delta Y}{\partial \Delta E}}{\eta} \cdot E_0 \right] + \frac{\frac{\partial \Delta Y}{\partial \Delta E}}{\eta} \cdot \Delta E \qquad (4-9)$$

定义 $\theta = \dfrac{\partial \Delta Y}{\partial \Delta E} \bigg/ \eta$ 为产出的能源缩减系数,表示能源总量或者能源缺口变动对产出减少的反应程度,反应程度越小,表明经济对能源需求的调整能力越低,能源依赖越大,能源不足所带来的产出减少越明显。产出的能源缩减系数由单位能源缺口对产出减少的影响与能源的产出弹性比值所决定,产出弹性 η 越大,经济对能源的依赖程度越高,能源替代能力越差,能源对产出的影响越为明显。

能源缺口对产出的影响从(4-9)式可知,由于经济持续增长以及能源安全的限制,产生的能源缺口(ΔE)通过两个效应降低产出:

第一,缩减效应[(4-9)式右边的前半部分]。缩减效应体现为能源完全供给的产出 Y_0 与产出的能源需求缩减幅度之差,其中产出的能源需求缩减幅度是能源需求量与产出的能源缩减系数的乘积。产出越高,产出缩减系数越大,能源产出弹性越大,产出缩减幅度越大。

第二,缺口效应[(4-9)式右边的后半部分]。能源缺口通过产出的能源缩减系数放大缺口效应,但是,此效应对能源产出弹性的反应呈反向变动趋势,能源产出弹性越大,缺口效应越温和,体现出一定的经济内部调节能力,即通过其他要素的调整,在一定程度上能够缓解能源缺口增大导致的经济运行减速现象。

综上所述,能源缺口的出现将通过缩减效应加速产出减少,同时涵盖较为温和的缺口效应。

推论一:不考虑能源缺口对要素的影响,产出减少受到缩减效应和缺口效应共同影响。缩减效应与经济总量有关,经济总量越大,缩减效应越明显,对能源不足的反应越剧烈;能源缺口通过产出的能源缩减系数放大缺口效应,能源产出弹性越大,缺口效应越温和,但这部分的产出减少比例较小。

(2)能源缺口对要素配置的影响

考虑到能源缺口不仅对产出产生直接的影响,同时也将影响到其他要素投入的配置,即能源缺口 ΔE 的出现,将影响与之配置的其他要素的水平,即 ΔK 和 ΔL($\Delta K = K_0 - K_1$,$\Delta L = L_0 - L_1$),也就是说,ΔK 和 ΔL 都是关于 ΔE 的函数。

将(4-6)式改写成:

$$\frac{Y_0 - \Delta Y(\Delta K, \Delta L)}{Y_0} = \left[\frac{K_0 - \Delta K(\Delta E)}{K_0} \right]^{\alpha} \left[\frac{L_0 - \Delta L(\Delta E)}{L_0} \right]^{\beta} \left[\frac{E_0 - \Delta E}{E_0} \right]^{\eta}$$

$$(4-10)$$

（4—10）式两边同时对 ΔE 求偏导，整理可得：

$$\zeta = \frac{\partial \Delta Y}{\partial \Delta E} + \frac{\partial \Delta Y}{\partial \Delta K}\frac{\mathrm{d}\Delta K}{\mathrm{d}\Delta E} + \frac{\partial \Delta Y}{\partial \Delta L}\frac{\mathrm{d}\Delta L}{\mathrm{d}\Delta E}$$

$$= \alpha \frac{\mathrm{d}\Delta K}{\mathrm{d}\Delta E}\frac{Y_0 - \Delta Y}{K_0 - \Delta K} + \beta \frac{\mathrm{d}\Delta L}{\mathrm{d}\Delta E}\frac{Y_0 - \Delta Y}{L_0 - \Delta L} + \eta \frac{Y_0 - \Delta Y}{E_0 - \Delta E} \qquad (4-11)$$

能源缺口引致的要素无效配置对整体经济产生连锁反应，通过对 ζ 的分解可知，ζ 由能源缩减效应、资本缩减效应、劳动力缩减效应构成。其中，$\frac{\mathrm{d}\Delta K}{\mathrm{d}\Delta E}$、$\frac{\mathrm{d}\Delta L}{\mathrm{d}\Delta E}$ 称为能源缺口导致的交叉要素效应，即能源不足引致其余要素投入的同方向变动幅度。（4—11）式的右边由三项构成，前两项的经济解释是单位要素的实际产出通过交叉要素效应和要素产出弹性放大其对产出减少的影响，第三项的解释与（4—8）式类似。

（4—10）式可整理得到：

$$\Delta Y = Y_0 - \frac{\dfrac{\partial \Delta Y}{\partial \Delta E} + \dfrac{\partial \Delta Y}{\partial \Delta K}\dfrac{\mathrm{d}\Delta K}{\mathrm{d}\Delta E} + \dfrac{\partial \Delta Y}{\partial \Delta L}\dfrac{\mathrm{d}\Delta L}{\mathrm{d}\Delta E}}{\alpha \dfrac{\mathrm{d}\Delta K}{\mathrm{d}\Delta E}\dfrac{1}{K_0 - \Delta K} + \beta \dfrac{\mathrm{d}\Delta L}{\mathrm{d}\Delta E}\dfrac{1}{L_0 - \Delta L} + \eta \dfrac{1}{E_0 - \Delta E}} \qquad (4-12)$$

（4—12）式表明，经济总量越大，产出减少的幅度越明显。一方面，国民经济对能源要素依赖程度与经济总量存在正向关系；另一方面，产出减少还表现为实际产出与对应的要素配置有密切的关联，也就是能源的产出影响幅度（$\frac{\partial \Delta Y}{\partial \Delta E}$ + $\frac{\partial \Delta Y}{\partial \Delta K}\frac{\mathrm{d}\Delta K}{\mathrm{d}\Delta E} + \frac{\partial \Delta Y}{\partial \Delta L}\frac{\mathrm{d}\Delta L}{\mathrm{d}\Delta E}$）与实际要素变动加权值之比，当实际要素投入加权值越接近真实值时，导致的产出减少越小。

推论二：考虑能源缺口对要素配置的影响，产出减少由各个投入要素的缺口效应共同影响，其中能源缺口的交叉要素效应是不容忽视的因素。经济总量越大，能源缺口导致的产出减少幅度越大，表明国民经济对能源依赖程度与经济总量存在正向关系；而产出减少幅度则同与实际产出对应的要素产出缩减有关，当实际要素投入加权值越接近真实值时，导致的产出减少幅度越小。

第5章 能源约束条件下的 液态生物质燃料需求

5.1 未来我国经济发展对石油需求量的测算

5.1.1 我国近年来石油供求状况

能源是社会经济发展的重要物质基础,要实现我国经济持续发展和社会进步必须有充足的能源供给作保障。从世界能源形势看,随着世界经济对原油的依赖不断增强,原油开采量持续扩大,而储量逐渐减少,原油价格呈不断上升趋势。自 2001 年以来,国际原油供求关系大体处于相对紧缺阶段,原油价格一路攀升,2008 年 1 月 3 日首次突破 100 美元/桶。综观世界经济发展势头,各国的能源需求有望保持强劲增长,在未来较长时期内,原油价格仍将维持在较高水平。现阶段我国必须保持经济较快增长才能提高国内居民的生活水平,而原油价格的不断攀升则会使我国面临能源供需结构性矛盾和能源自给安全压力,进而影响我国经济社会的可持续发展。

我国的能源"瓶颈"约束主要在于石油供求矛盾,我国经济的快速发展使得原油对外依存度逐年提高,1995 年我国的原油净进口量只有 1 200 万吨,到 2010 年这一数值提高到 2.55 亿吨,年平均递增率超过 21%,远高于 GDP 的递增速度,而原油的对外依存度也从 7.5%迅速提高到了 55.7%。这种情况使得我们必须对我国的能源安全问题高度重视。

交通运输业的快速发展引起汽油、柴油和煤油等成品油需求的高速增长。1990~2010 年,我国成品油消费量从 4 942 万吨增加到 2.45 亿吨,年均增长 8%(见表 5—1)。其中,汽油消费量从 1 899.5 万吨增加到 7 158 万吨,年均增幅 6.52%;柴油消费量从 2 691.7 万吨增加到 1.56 亿吨,年均增长率为 8.73%。加工生产成品油的石油数量从 1990 年的 7 722 万吨增加到 2010 年的 4.23 亿吨,年均增长率为4.76%。由上述分析可知,交通运输业对石油消费的急剧上升可以在很大程度上解释经济增长与石油需求增长之间的逻辑关系,即随着经济总量的快速提升,交通基础设施的高速建设为交通运输业的迅猛发展提供了物质保证,交通运输所需的燃油数量也随之不断上升,进而使得对石油的需求也不断上升。

表5—1　　　　　　　　　　近年来我国成品油和石油消费量

年份	石油消费量(万吨)	年均增长率(%)	成品油消费量(万吨)	年均增长率(%)
2000	22 439	—	11 149	—
2005	32 535	6.69	16 903	7.18
2006	34 876	6.50	18 203	7.25
2007	36 570	6.30	19 256	7.07
2008	37 319	5.82	20 900	7.23
2009	40 838	6.17	22 100	7.08
2010	45 800	6.70	24 537	7.43

资料来源:根据《2011年中国能源统计年鉴》整理计算。

　　在交通运输业中,道路运输对汽油和柴油的消耗分别已经占汽油、柴油各自消费总量90%和60%的比重,这主要是由于人们收入和生活水平的提高,汽车消费开始进入普通百姓家庭,公路交通网建设的四通八达也为汽车的消费提供了极大的便利。同时近年来汽车价格不断下调及汽车信贷业务也大大刺激了大众的消费观念,使得汽车工业呈"井喷"式增长。"十一五"期间,我国汽车产量和保有量年均增长率分别为45.4%和14.4%,2009年汽车保有量达到4 575万辆,5年内几乎翻了一番,这促使成品油消费直线上升。因此,根据相关产业和国民经济的发展趋势,对未来国内成品油市场供求状况作出一个基本判断,可以为分析在能源安全约束条件下的燃油市场供给情况对国民经济可能造成的影响提供依据。

5.1.2　我国未来成品油需求模型及测算

1. 成品油需求和原油转化模型

(1)成品油需求

成品油主要包括汽油、柴油和煤油,本章测算的是汽车、农业机械和交通运输业对成品油(汽油和柴油)的需求。

汽车和交通运输业成品油需求可表示为:

$$Q_t = Q_{1t} + Q_{2t} = \sum_{i=1}^{2} \alpha_{it} T_{it} + \sum_{j=1}^{3} \beta_{jt} S_{jt} \tag{5-1}$$

式中：Q_{1t} 为第 t 年汽油需求量，Q_{2t} 为第 t 年柴油需求量；α_{it} 为第 i 种使用汽油设备的平均油耗，T_{it} 为第 i 种使用汽油设备的保有量；β_{jt} 为第 j 种使用柴油设备的平均油耗，S_{jt} 为第 j 种使用柴油设备的保有量。

（2）原油和成品油的换算

$$Q_t^P = \max(Q_{1t}^T/r_1, Q_{2t}^T/r_2) = \max(Q_{1t}^T/r_1\mu_{1t}, Q_{2t}^T/r_2\mu_{2t}) \tag{5-2}$$

式中：Q_t^P 为原油总需求量，Q_{1t}^T 为国民经济汽油总需求，Q_{2t}^T 为国民经济柴油总需求；r_1 为原油中汽油的馏分，$r_1 = 0.215$，r_2 为原油中柴油的馏分，$r_2 = 0.394$；μ_{1t} 和 μ_{2t} 分别为各年汽车和交通运输业对汽油、柴油的需求量占汽油和柴油总需求量的比重。

（3）参数设定

汽油和柴油消费主要是用于车船运输设备和农业机械，测算成品油需求量必须先测定它们各自的保有量和平均油耗水平。

首先，运输及农机设备保有量可表示为：

$$Y_t = Y_{t-1}(1-\delta) + y_t \tag{5-3}$$

式中：Y_t 为第 t 年运输设备保有量，Y_{t-1} 为上一年运输设备保有量，y_t 为第 t 年运输设备产销量，δ 为报废率。

通过分析我国 2005～2009 年汽车产销量的数据变化发现，乘用车占汽车总产销量的比重在 75%～80% 之间，并有逐年上升的趋势。为了便于分析，考虑到更早年份商用车在我国汽车保有量中占的比重更大，本文把未来两类汽车的保有量变化设置为：2010 年乘用车在汽车总保有量中所占的比重为 70%，之后每年提高 0.5 个百分点，2020 年达到 75%；商用车所占比重相应地由 2010 年的 30% 逐年下降到 2020 年的 25%。根据我国对汽车报废年限的规定，参考 2010 年汽车蓝皮书的方法，我们将汽车的平均使用寿命设定为 13 年，这样得到汽车报废率为 7.7%（即 1/13）。

摩托车的发展处在成熟期，其保有量的计算要以保有量增长率的历史数据进行推算。根据公安部交通管理局公布的数据，2010 年摩托车保有量为 10 000.47 万辆，近年来我国摩托车保有量的年增长率在 5.5%～5.8% 之间，根据这种趋势，我们将 2011～2020 年摩托车保有量增长率设定为 5.5% 来预测摩托车保有量。

农业机械和内河航运的情况比较复杂，消耗柴油的农业机械主要包括拖拉机、低速汽车、农用排灌及加工柴油机。为了便于计算，我们采用农业机械总动力及其未来增长趋势替代农机保有量的计算,用内河航运货物周转量及其未来变化趋势替代保有量的计算。

其次,车船平均油耗水平的确定。

汽车:根据《乘用车燃料消耗量限值》、《轻型商用车燃料消耗量限值》、《载货车燃料消耗量限值》和《重型载货车燃料消耗量限值》作为标准估算汽油车和柴油车的油耗。为计算方便,按照汽车排量与油耗之间的对应关系,以各类排量的产量为权重分别计算出汽油车和柴油车的加权平均油耗,汽油车和柴油车的单车年均行驶里程分别按照 2 万公里和 1.5 万公里来计算。由此可推算出 2009 年乘用车平均油耗为 1.19 吨/年,商用车平均油耗为 2.29 吨/年。考虑汽车节能的技术进步和汽车产业快速发展对道路交通设施的压力使行驶里程下降,汽车油耗水平按照每年平均下降 3.5% 的速度计算,这和近年来石油消费能源强度的递减速度相同。

摩托车:依据《摩托车燃油消耗量限值》制定的标准,将燃油消耗量限值转化为摩托车每年的汽油消耗量参数。摩托车的年平均行驶里程可设定为 5 000 公里,计算出的摩托车加权平均油耗量限值为 2.83 升/百公里,这样可得到 2010 年摩托车的单车油耗参数为 0.106 吨/年。考虑到摩托车行业的发展处在成熟阶段,油耗下降速度较慢,将单车油耗水平设定为每年下降 2%。

农业机械:为了计算方便,在保有量的计算中我们已经采用农业机械总动力及其未来增长趋势来替代保有量的计算,由于农业机械单位动力燃油消耗量随各年份农业生产条件的不同而不同,故通过历史数据计算出单位农机动力年平均燃油消耗量,以此为参数测算预测年度的柴油消耗量。根据 2001~2009 年农业机械单位动力柴油消耗水平,我们计算出单位农机动力年均油耗量为 46.7 千克/千瓦。

内河航运:2009 年全国内河航运单位油耗水平为 3.5 千克/千吨公里,另根据江苏省交通运输厅对徐州内河航运段 2005~2009 年内河货运油耗的调研数据,单位货运周转量油耗水平年均下降比率为 8.4%,假定全国内河航运单位周转量油耗平均下降速度与此相同,即可以估算出内河货运单位油耗下降速度,并以此作为全国内河航运单位油耗的下降速度。

2. 成品油和原油需求的测算

为相对合理地估算汽车保有量,本文采用两种数据处理方法:一是根据 2010 年汽车蓝皮书对乘用车需求的预测推算全部汽车需求量和汽车保有量;二是根据工信部等机构对汽车产销量的预测和近年来汽车产销量直接计算汽车保有量。然后取两种方法测算结果的平均值作为汽车保有量估计值。2011 年我国汽车销售量为 1 850.51 万辆,工信部和汽车工业协会等权威机构预测 2015 年我国国内汽车产销量可达到 2 500 万辆,根据 2005 年以来我国汽车产销量的历史数据、变化趋势及上述预测,可以设定今后我国汽车产销量每年增加 150 万辆。考虑到能源约束和道路交通设施对汽车产业发展的限制,汽车产销量最后稳定在 3 000 万辆/年的水平。由此就能得出预测年度的汽车保有量、乘用车和商用车保有量。

　　根据(5-3)式的设定,以 2010 年我国的摩托车保有量 10 000.47 万辆为基数,2011~2020 年的摩托车保有量按照年均增长率 5.5% 计算,摩托车油耗按照每年下降 2% 的速度计算。

　　根据《中国统计年鉴》和《农业机械化统计年报》的数据,2001~2009 年农业机械总动力和农机柴油消耗量总体上逐年上升,2001~2009 年我国农机总动力年均增长率为 5.8%,假设预测年度的农机动力增长率保持这一水平,这样就可得到 2011~2020 年农业机械的柴油需求量。

　　通过简单计算得到我国 1995~2009 年内河航运货物周转量年均增长率为 11.7%,本文将其作为预测内河航运货物周转量的依据(上述数据详见表 5-2)。

表 5-2　　　　　　　　2011~2020 年我国成品油需求测算的基础数据

年份	汽车保有量 (万辆)	摩托车保有量 (万辆)	农业机械总动力 (万千瓦)	内河航运货物周转量 (亿吨公里)
2011	8 748.88	10 551	97 939.98	22 499.2
2012	10 096.48	11 131	103 620.50	25 131.6
2013	11 519.07	11 743	109 630.49	28 072.0
2014	13 034.75	12 389	115 989.06	31 356.4
2015	14 592.40	13 070	122 716.43	35 025.1
2016	16 214.07	13 789	129 833.98	39 123.0
2017	17 877.65	14 547	137 364.35	43 700.4
2018	19 613.10	15 348	145 331.48	48 813.4
2019	21 372.47	16 192	153 760.71	54 524.5
2020	23 098.78	17 082	162 678.83	60 903.9

资料来源:根据《2010 年中国统计年鉴》、《2009 年中国汽车统计年鉴》中的基础数据整理计算。

　　除了本文所涉及的设备消费成品油以外,其他设备也消费一定数量的成品油。据统计,2009 年、2010 年汽车和交通运输业的汽油和柴油消费量占全国汽油和柴油总消费量的比重分别约为 90% 和 60%。假设 2011~2020 年这两项指标保持不变,据此就可估算出全国成品油需求总量。根据上述估算数据和成品油需求模型,未来我国成品油需求的估算结果见表5—3和表5—4。

表5—3　　　　　　　　　2011~2020年我国汽油需求总量　　　　　单位:万吨

年份	乘用车	摩托车	汽车和交通运输业总需求	全国汽油总需求
2011	6 883.55	1 095.99	7 979.54	8 866.15
2012	7 719.78	1 133.14	8 852.92	9 836.58
2013	8 558.66	1 171.55	9 730.21	10 811.35
2014	9 410.75	1 211.27	10 622.02	11 802.24
2015	10 236.71	1 252.33	11 489.04	12 765.60
2016	11 051.41	1 294.78	12 346.19	13 717.99
2017	11 838.80	1 338.68	13 177.48	14 641.64
2018	12 618.14	1 384.06	14 002.20	15 558.00
2019	13 357.84	1 430.98	14 788.82	16 432.02
2020	13 931.50	1 479.49	15 410.99	17 123.32

资料来源:同表5—2。

表5—4　　　　　　　　　2011~2020年我国柴油需求总量　　　　　单位:万吨

年份	商用车	农业机械	内河航运	汽车、农机和交通运输业总需求	全国柴油总需求
2011	5 410.54	4 573.80	660.16	10 644.5	16 676.67
2012	5 921.51	4 839.08	675.16	11 435.75	17 903.42
2013	6 405.01	5 119.74	690.50	12 215.25	19 115.32
2014	6 869.22	5 416.69	706.19	12 992.1	20 326.03
2015	7 286.01	5 730.86	722.24	13 739.11	21 495.19
2016	7 667.69	6 063.25	738.65	14 469.59	22 642.83
2017	8 004.57	6 414.92	755.44	15 174.93	23 756.25
2018	8 311.28	6 786.98	772.61	15 820.87	24 859.19
2019	8 568.47	7 180.63	790.16	16 539.26	25 924.73
2020	8 936.45	7 597.10	808.12	17 341.67	27 194.24

资料来源:同表5—2。

根据(5—2)式就可以算出未来我国的原油需求量(见表5—5)。由上述估算结果可知,2020年我国的成品油总需求可达到4.43亿吨,原油总需求量则为7.96亿吨。如此大规模的原油需求会大幅提高我国的石油对外依存度,可能会对国际市场油价上升有显著影响。即便不考虑石油对外依存度不断提高的影响,汽车和交通运输业的快速发展也可能使我国出现无法获得足够数量的石油资源支撑经济发展的局面。我国2011年国内原油产量达到了2.04亿吨,根据

1995～2010 年我国原油产量的变化,国内原油产能年增长率约为 2％,假设
2011～2020 年国内原油产能可以保持这一增长速度,届时原油进口量将达到
5.5 亿吨左右。如果不采取任何石油替代措施,并且这些原油能全部通过进口
获得,2011～2020 年的原油对外依存度会从 51.5％提高到 69.4％。

表 5－5	成品油与原油需求总量测算结果①	单位:万吨
年份	成品油总需求	原油总需求
2011	25 542.82	42 046.92
2012	27 740.00	45 751.52
2013	29 926.67	50 285.36
2014	32 128.27	54 894.15
2015	34 260.79	59 374.89
2016	36 360.82	63 804.62
2017	38 397.89	68 100.66
2018	40 417.19	72 362.79
2019	42 356.75	76 427.99
2020	44 317.55	79 643.33

资料来源:根据研究整理计算得到。

5.2　潜在的能源缺口对我国经济发展的影响

5.2.1　我国经济发展中的潜在能源供求缺口

根据上述分析结果,今后我国的原油需求量会快速上升,如果不采取能源安
全保障措施,到 2020 年原油对外依存度将接近 70％,过度依赖石油进口会对我
国的能源安全造成重大影响。从理论上说,一国国内原油产能不能满足其原油
需求就可以通过进口来获得,但我国经济发展对进口原油的需求规模会持续增
加,无论是在数量上还是在价格上都存在不可忽视的风险。当前马六甲海峡是我
国航海贸易运输的主要咽喉,从该海峡运输的石油占我国石油总进口量的 80％左
右。石油的正常供给容易受到国际政治环境变动的影响,若出现紧张的国际形势,
原油输入的顺利与否将直接影响我国的能源安全和国民经济运行。同时我国没有
国际石油的定价权,大量原油输入国内产生的价格传导效应将十分明显,对我国国

---

　　① 我国 2011 年原油表观消费量已达到 4.54 亿吨,表明本文的预测与实际值有一定的误差,但这对
研究结论并没有本质影响。

民经济运行成本的影响很大,成为输入型通货膨胀的主要诱因之一。由此可见,中国正面临严峻的能源安全形势,清醒认识潜在的能源供求缺口对社会经济可能带来的影响,对能源特别是原油依赖程度极高的中国具有现实意义。

如果从能源安全的角度考虑,把原油对外依存度保持在相对安全的水平,随着我国经济的继续发展,今后从某一年开始石油的国内产量与进口量之和就可能小于石油需求量,从而产生原油供求缺口。2010 年和 2011 年我国实际的原油对外依存度分别达到 53.8% 和 55.7%,当前很多研究一般认为我国社会经济可承受的原油对外依存度上限为 60%,但是随着我国能源多元化战略的推进和综合国力的增强,石油对外依存度仍然可以适度提高。2011 年我国原油生产量为 2.04 亿吨,统计数据显示,1995 年以来我国原油产量的年均增长率为 2%。根据我国当前的原油供求状况和本文的测算,在假设 2011~2020 年我国原油产量的增长速度保持不变的情况下,将我国的原油对外依存度依次设定为 60%、62.5% 和 65%,测算得到以上三种情景下出现石油供求缺口的起始年份和数量规模(具体结果如表 5-6 所示)。

表 5-6　　　　　　　　　　不同情景下的原油供求缺口

年份	国内原油产量(万吨)	原油对外依存度(%)	三种原油对外依存度下的石油供求缺口(万吨)		
			60%	62.5%	65%
2011	20 400	55.7	0	0	0
2012	20 808.00	54.52	0	0	0
2013	21 224.16	57.79	0	0	0
2014	21 648.64	60.56	309.02	0	0
2015	22 081.62	62.81	1 668.34	183.97	0
2016	22 523.25	64.70	2 998.60	1 403.48	0
2017	22 973.71	66.27	4 266.55	2 564.03	861.52
2018	23 433.19	67.62	5 511.93	3 702.86	1 893.79
2019	23 901.85	68.73	6 669.34	4 758.64	2 847.94
2020	24 379.89	69.39	7 477.44	5 486.36	3 495.28

资料来源:根据研究整理计算得到。

5.2.2　石油供求缺口对产出造成的影响

当前我国消耗的化石能源除了石油以外,煤炭和天然气的自给率很高,能源安全隐患相对不大,因此经济发展中出现能源缺口就主要表现为石油供求缺口。为了分析能源供求缺口对经济发展的影响,特做出如下假定:今后除石油之外其他能源的需求量都能正常获得;不考虑能源缺口对劳动力和资本投入的影响;技术水平不变;今后经济发展面临的国内外环境不发生大的变化。根据第 4 章得到的总产出下降量与能源缺口之间的关系：

$$\Delta Y = Y_0 - \frac{\dfrac{\partial \Delta Y}{\partial \Delta E}}{\gamma} E_0 + \frac{\dfrac{\partial \Delta Y}{\partial \Delta E}}{\gamma} \Delta E \qquad (5-4)$$

设 bf 为补充石油供求缺口的液态生物质燃料数量，液态生物质燃料可以抵消或部分抵消能源缺口，在一定程度上减少总产出的下降，相当于能源替代产生了收益 W，则有：

$$W = Y_0 - \frac{\dfrac{\partial \Delta Y}{\partial \Delta E}}{\gamma} E_0 + \frac{\dfrac{\partial \Delta Y}{\partial \Delta E}}{\gamma} bf \qquad (5-5)$$

由于当前液态生物质燃料产量较小，难以完全弥补石油供求缺口，则因液态生物质燃料的补充使总产出实际下降了 $\Delta Y'$，可由(5—6)式表示。由该式可知，若液态生物质燃料的生产规模足够大就能完全弥补石油供求缺口，即 $bf = \Delta E$ 时总产出的下降能够消除。

$$\Delta Y' = \Delta Y - W = \frac{\dfrac{\partial \Delta Y}{\partial \Delta E}}{\gamma} (\Delta E - bf) \qquad (5-6)$$

为了计算能源缺口引起的总产出下降，需要对宏观生产函数进行参数估计。所用数据来源于 1995～2011 年《中国统计年鉴》，资本存量用固定资产总规模和固定资产投资额盘存计算，劳动力采用三次产业的从业人员数量，能源选用折算成标准油当量的历年能源消费总量，总产出选用历年的生产总值，其中资本存量和总产出全部按照 2010 年的价格水平进行可比化折算。

在技术水平不变的假定下，$A=1$，α、β 和 γ 的值可通过 Eviews 软件估计出来，回归得到的宏观生产函数(对数形式)为：

$$\ln Y = 0.462\ 6\ln K + 0.287\ 6\ln L + 0.265\ 7\ln E \qquad (5-7)$$
$$\quad\ (10.399)\qquad (4.81)\qquad (2.617)$$
$$R^2 = 0.997\ 4, \text{Adj } R^2 = 0.997, DW = 1.815, F = 2\ 153.9$$

预测期的能源消费总量、劳动力数量和资本存量均按照 1995～2010 年的增长速度计算，出现能源缺口前后的总产出预测值之差就是总产出下降的规模。

2011 年我国原油和石油的对外依存度已分别达到 55.7% 和 56.5%，按照当前的增长趋势和上述测算，今后我国的原油对外依存度将很快超过 60%，届时将比较容易出现能源缺口，能源缺口会使经济正常运行出现障碍，导致总产出下降。根据对以上三种情景下我国石油供求缺口的测算结果，得到 2011～2020 年我国因出现原油供求缺口导致的总产出下降规模(见表 5—7)。

表 5－7　　　　　　　　三种情景下原油供求缺口引起的总产出下降　　　　　单位:万吨,亿元

年份	原油对外依存度60%		原油对外依存度62.5%		原油对外依存度65%	
	能源缺口	总产出下降	能源缺口	总产出下降	能源缺口	总产出下降
2011	0	0	0	0	0	0
2012	0	0	0	0	0	0
2013	0	0	0	0	0	0
2014	309.02	157.25	0	0	0	0
2015	1 668.34	882.02	183.97	97.05	0	0
2016	2 998.60	1 648.61	1 403.48	770.02	0	0
2017	4 266.55	2 439.04	2 564.03	1 462.77	861.52	490.59
2018	5 511.93	3 275.88	3 702.86	2 196.22	1 893.79	1 121.17
2019	6 669.34	4 120.04	4 758.64	2 933.74	2 847.94	1 752.55
2020	7 477.44	4 799.38	5 486.36	3 514.38	3 495.28	2 234.91

资料来源:根据研究整理计算得到。

由表 5－6 和表 5－7 的分析可知,若把我国的原油对外依存度控制在 60%,2014 年就会出现近 310 万吨的原油供求缺口,总产出则下降 157 亿元(以 2010 年价格水平计,下同),到 2020 年原油供求缺口会提高到近 7 500 万吨,总产出会下降 4 800 亿元;若将该指标设定在 62.5%,则原油供求缺口会推迟到 2015 年出现,初始的缺口量为 184 万吨,到 2020 年原油供求缺口上升到约 5 500 万吨,总产出下降了 3 500 亿元;而将该指标上调到 65% 时,2017 年才会出现原油供求缺口,缺口量从 2017 年的 860 万吨逐年上升到 2020 年的 3 500 万吨,总产出的下降规模则由 490 亿元增加到 2 235 亿元。需要指出的是,上述测算是以近年来国内石油产量年均增长 2% 为基础的,如果我国的石油产量因不断开采而停止增长甚至下降,能源供求缺口的规模和总产出的下降水平又会比上述测算值大很多。把原油对外依存度控制在 60% 时产生的原油供求缺口较大,替代性能源的发展规模可能难以达到补充缺口的效果;而超过 65% 时又不足以降低我国能源安全面临的脆弱性风险。为了防止因石油供求缺口过大而出现对我国能源安全和经济发展冲击过于剧烈的局面,从现在到 2020 年把原油对外依存度控制在 60%～65% 之间比较合适,而在预计原油对外依存度低于 60% 的年份,也要积极采取能源替代和能源节约措施。补充能源供求缺口的有效途径是开发替代性能源,可以直接替代交通燃油的可再生能源主要有液态生物质燃料、电能和太阳能等,而以电能和太阳能为动力的新能源汽车还存在技术难题使其无法规模化生产,因此发展以燃料乙醇和生物柴油为主的液态生物质燃料是有效缓解我国石油供求约束不可或缺的一条途径。

5.3　我国石油进口与全球石油贸易的变化

5.3.1　当前全球石油贸易的发展趋势

当前全球石油贸易总体上呈不断增长的趋势,从 2000 年到 2010 年世界石油贸易总量增长了 22%,高于同期石油消费量 10% 的增长。石油贸易占石油消费的比重由 2000 年的 43% 提高到 2009 年的 63%,这表明许多国家的石油进口量在逐步增加。近年来国际原油贸易量由 2000 年的 3 380 万桶/天增至 2009 年的 3 800 万桶/天,增幅为 12.5%;而同期成品油贸易量由 990 万桶/天增至 1 490 万桶/天,增长了 51%。原油贸易占石油贸易总量的比例由 2000 年的 77% 下降到 2009 年的 71.8%,成品油贸易占全球石油贸易的份额则由 23% 逐步提高到 2009 年的 28.2%。因此可以预见,今后石油贸易量在全球石油需求量中所占比重将继续提高,成品油在全球石油贸易中的份额将会进一步扩大。换言之,世界上主要石油进口国的石油进口量和石油对外依存度都会不断提高,而且对成品油的进口需求量会随经济发展水平的提高而继续扩大。近年来全球主要国家和地区的石油进出口贸易数量如表 5—8 所示,可以看出石油贸易量总体上呈现逐渐上升的趋势,石油生产地与消费地的空间差异较为明显。

表 5—8　　　　　　　　全球主要国家近年来石油贸易情况　　　　　　单位:万桶/天

年份	全球石油贸易量	主要进口国的石油进口量			主要地区的石油出口量				
		美国	欧洲	日本	拉美	苏联	中东	非洲	亚太
2000	4 337.06	1 109.2	1 107	532.9	307.9	427.3	1 894.4	602.5	373.6
2001	4 478.67	1 161.8	1 153.1	520.2	314.3	467.9	1 909.6	590.6	391.4
2002	4 461.28	1 135.7	1 189.5	507	296.5	537	1 806.2	575.4	384.8
2003	4 675.23	1 225.4	1 199.3	531.4	294.2	600.3	1 894.3	632.7	397.8
2004	4 928.96	1 289.8	1 253.8	520.3	323.3	643.97	1 963	696.5	418.9
2005	5 118.23	1 352.5	1 326.1	522.45	352.5	707.6	1 982.1	742.8	424.3
2006	5 256.13	1 361.2	1 346.1	520.1	368.1	715.5	2 020.4	792.9	431.2
2007	5 555.4	1 363.2	1 395.3	503.2	357	833.4	1 968	816.55	600.4
2008	5 462.63	1 287.2	1 375.1	492.5	361.6	818.4	2 012.8	784.7	539.2
2009	5 292.97	1 144.4	1 348.5	428.3	372.5	906.5	1 842.6	713.3	536.2
2010	5 351	1 168.9	1 209.4	456.7	356.8	854.4	1 888.3	747.2	622.6

资料来源:根据 2011 年《BP 世界能源年鉴》整理计算。

从原油出口贸易看,中东仍然是世界上最重要的原油出口地区,近年来中东原油出口占世界原油出口总量的份额略有下降,由 2000 年的 55.3% 下降到

2010 年的 43.58%；俄罗斯和中亚(即苏联)的原油产量迅速提高,使该地区原油出口占世界原油出口贸易的份额大幅增加,由 2000 年的 9.5%提高到 2010 年的16.95%；西非的原油出口份额则略有增加,由 2000 年的 10.7%提高到 2010 年的 12%；北非的原油出口比例基本保持不变,由 2000 年的 6.6%变为 2010 年的6.5%；拉美的原油出口份额有所上升,由 2000 年的 6.9%提高到 2010 年的9.48%。以上 5 个地区的原油出口占世界原油贸易量的 91.8%。

目前美国、欧洲和日本的石油进口在世界石油贸易中占主导地位,但占世界石油贸易量的份额缓慢下降。中国和印度的石油消费量随经济发展而快速提高,石油进口量和占全球石油贸易的份额逐渐上升。2000 年美国石油进口占世界石油贸易的比重为 24.9%,2010 年下降到 18%。欧洲石油进口占世界石油贸易的份额 2000 年时为 25.2%,到 2010 年这一比重变为 19.2%。2000 年日本石油进口在世界石油贸易中的比重为 12.3%,2010 年下降到 8%。中国石油进口在世界石油贸易中的地位不断提高,石油进口量占世界石油贸易量的份额由2000 年的 3.5%提高到 2010 年的 10%。2010 年印度石油进口量占世界石油贸易量的份额也提高到 4.6%(见表 5—9)。

表 5—9　　　　2010 年全球主要石油进出口国(地区)的石油贸易情况　　　　单位:万吨

	类　别	原油净进出口	占全球的比重(%)	石油净进出口	占全球的比重(%)
主要进口国(地区)	美　国	45 469	24.24	47 401	18.00
	欧　洲	44 586	23.77	50 575	19.20
	中　国	23 252	12.40	26 305	9.99
	印　度	16 203	8.64	12 130	4.61
	日　本	18 447	9.83	21 127	8.02
主要出口国(地区)	苏　联	31 797	16.95	41 637	15.81
	中　东	81 742	43.58	91 450	34.73
	拉丁美洲	17 781	9.48	14 408	5.47
	非　洲	32 142	17.14	33 936	12.89
全　球		原油贸易量	187 578	石油贸易量	263 352

资料来源:根据 2011 年《BP 世界能源年鉴》整理计算。

随着各国经济的继续发展,全球石油需求量会保持增长。由于大部分石油消费在石油产区之外的格局不会改变,全球石油贸易将延续不断增长的趋势。由于美、日、欧等发达国家经济增长的放缓和节能技术的进步,石油进口量会有所下降;而中国和印度等国经济保持较快的发展,将使石油进口量和占全球石油贸易的比重继续增大。由于发展中国家石油进口增加的速度快于发达国家石油进口减少的速度,全球石油供求矛盾仍然比较突出。

5.3.2　全球原油贸易对我国石油进口的影响

根据 IEA 的预测,今后全球原油贸易量将会稳步上升,从 2009 年的 3 700 万桶/天提高到 2020 年的 4 200 万桶/天,到 2035 年会进一步提高到 4 800 万桶/天。2035 年世界原油贸易量占全球原油产量的比重会由现在的 44% 上升到 49%。OECD 国家的原油进口量将有所下降,而主要的非 OECD 国家的原油进口量上升较快,两者的共同作用使世界原油贸易量提高。2020 年和 2035 年我国原油净进口量将由 2009 年的 430 万桶/天分别增加到 800 万桶/天和 1 280 万桶/天,占全球原油贸易的份额分别提高到 19% 和 26.6%;同时,石油对外依存度也由 53% 提高到 2020 年的 68% 和 2035 年的 84%。表 5-9 显示了 2010 年主要石油进出口国(地区)的石油和原油贸易量及所占份额,由表中数据可知,我国石油进口的相对量还比较低,同时也表明今后会有很大的上升空间,石油供求的压力也会进一步加大。

由于当前我国在国际市场上是石油价格的接受者,油价波动对经济发展的传导作用还不太明显。但随着今后石油进口量和占全球石油贸易的份额都不断上升,对国际油价的影响也将逐步增强,油价变动反过来对经济发展又会造成冲击,因此今后我国扩大石油贸易对经济发展造成的影响也必须认真应对。近 10 年来,国际原油价格飞涨,从 2002 年至今已经上涨了 5 倍多。大多数观点认为,这主要是由中国石油需求的过快增长所致。我国的原油进口与世界原油价格的相关关系在不断增大,同时也高于其他国际主要原油进口国。这表明中国的原油需求存在"量价齐升"的局面(见图 5-1)。而发展替代性可再生能源既能缓和我国的石油供求矛盾,又能降低石油进口对经济发展的影响程度,是保持经济稳定发展的重要途径。

5.3.3　适度降低石油进口依存度的可行途径

为防止由大规模原油进口使原油的可获得性受到限制,同时也必须把石油对外依存度过高导致的能源供给脆弱性风险降低,今后破解我国石油供求约束的思路主要包括以下四个方面:

首先,广泛开展能源外交,与主要的石油出口国进行能源合作,适度增加可获得的石油进口量,防止因石油进口意外中断使经济发展受阻。目前我国与中东、非洲、美洲的主要石油出口国有良好的能源合作关系,经济发展所需要进口的石油基本可以顺利获得。但是解决我国的石油供求矛盾问题不能过度依赖这

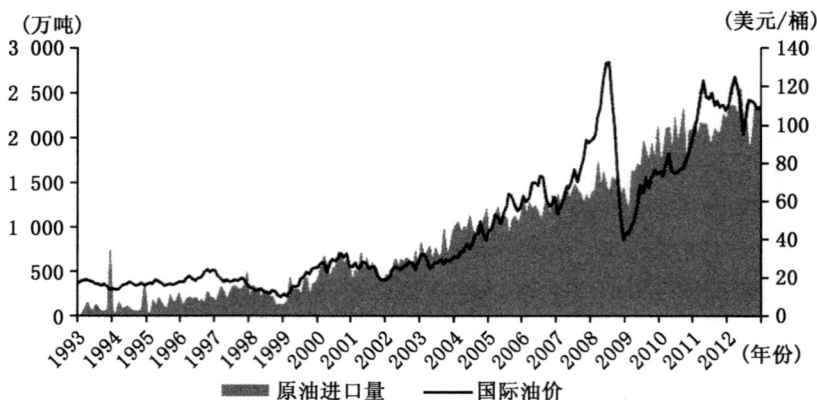

资料来源：*BP Statistical Review of World Energy 2012*，www.bp.com。

图5—1　我国原油进口量和国际原油名义价格变化

条途径，主要原因有两个：其一是通过进口能获得的石油数量受到多重国际政治经济因素的影响，如果石油需求量超过了国内产量与进口量的总和，所产生的能源缺口还会影响经济发展；其二是因为我国进口石油过多会促使国际油价上升，提高石油进口的代价，并产生输入型通货膨胀，影响经济正常发展和人民生活。

其次，要发展新能源和可再生能源对原油需求进行补充和替代，降低对石油进口的依赖程度。由于汽车产业的原油需求占了国民经济原油总需求的大部分，而液态生物质燃料（燃料乙醇和生物柴油）正是车用燃油的重要替代能源，要解决因能源供求缺口导致的成品油供给不足的问题，当前最立竿见影的途径就是提高液态生物质能源的产能水平，而我国可用于发展液态生物质燃料的原料资源又很丰富，因此今后大力开发利用液态生物质燃料势在必行。

第三，要抑制汽车产业过快的发展速度，发展混合动力汽车和新能源汽车，适度降低汽车产业对车用燃油需求的增长速度。当前汽车和交通运输业成品油需求中，乘用车的快速发展是汽油需求量迅速提高的主要原因，乘用车的节能水平也在很大程度上决定成品油需求增长速度的快慢；商用车和农业机械的柴油消耗量增长较快，是柴油需求的主要部分，这两类柴油设备油耗的节约对柴油的节能降耗至关重要。加强汽车节能技术研发、发展混合动力和新能源汽车都可以减少对成品油的消耗，保持合适的汽车产业发展速度对防止石油需求提高过快也有明显作用。为此国家对汽车产业的发展要加强政策调控，使之与经济发展相协调。

第四，要广泛开发汽车和交通运输节能技术，提高国民经济各部门的能效，并从政策和经济等层面实行国民经济节能战略。提高能效和降低能耗这一途径不会增加我国的能源可供量，而是尽最大可能提高有限数量的能源发挥的效能，这需要我国制定长期战略并加以引导和长期贯彻执行才能取得效果。

综合考虑应对能源安全的上述四种思路可以发现，发展液态生物质燃料对补充原油和成品油消费量的不足、缓解我国能源"瓶颈"约束的作用更加直接。只要生产出充足的液态生物质燃料就可逐步降低我国的石油对外依存度，但是当前的最大问题是液态生物质燃料产能水平较低，对能源安全所起的作用有限。2010 年我国燃料乙醇的混配使用量只占交通运输业汽油消费量的 2.4％，生物柴油的使用量还不到交通运输业柴油消耗量的 0.5％，为了提高我国今后的能源安全程度，亟须逐步提高液态生物质燃料的产能水平，而以经济合理的成本获取充足稳定的原料来源是实现这一目标最重要的基础。因此，必须科学测算我国保持相对合理的石油对外依存度所需要的液态生物质燃料数量，并对当前液态生物质燃料产业的发展现状、今后的发展趋势以及液态生物质燃料的原料资源数量有准确的掌握。

5.4　液态生物质燃料填补潜在石油供求缺口的需求量估计

5.4.1　实现规划目标对补充成品油消费的作用

2007 年制定的《可再生能源中长期发展规划》确定了我国燃料乙醇和生物柴油的发展目标：2010 年非粮燃料乙醇利用量 200 万吨，生物柴油利用量 20 万吨；2020 年燃料乙醇利用量达到 1 000 万吨，生物柴油利用量达到 200 万吨。从当前的实际情况看，2010 年 E10 乙醇汽油的混配量为 1 700 万吨，据此推算燃料乙醇的利用量与《可再生能源发展"十二五"规划》中统计的 2010 年燃料乙醇产量大约为 180 万吨一致，略低于 200 万吨的发展目标；而生物柴油的产量接近 50 万吨，已超过了 2010 年的发展目标。如果今后我国燃料乙醇和生物柴油产业以大致不变的速度发展，使 2020 年的规划发展目标得以实现，根据液态生物质燃料和成品油的热值换算关系[①]就可以得到 2011～2020 年液态生物质燃料能够补充的汽油和柴油数量(详见表 5－10)。

---

① 液态生物质燃料与成品油的热值换算比例为：等质量燃料乙醇和生物柴油的热值分别是汽油和柴油的 70％和 90％。

表5-10　　　　　实现液态生物质燃料发展目标可补充的成品油数量　　　　单位:万吨

年份	燃料乙醇规划产量	可替代汽油的数量	车用汽油替代比例(%)	生物柴油规划产量	可替代柴油的数量	车用柴油替代比例(%)
2011	262	183.4	2.30	65	58.5	0.52
2012	344	240.8	2.72	80	72	0.60
2013	426	298.2	3.06	95	85.5	0.67
2014	508	355.6	3.35	110	99	0.73
2015	590	413	3.59	125	112.5	0.78
2016	672	470.4	3.81	140	126	0.83
2017	754	527.8	4.01	155	139.5	0.88
2018	836	585.2	4.18	170	153	0.92
2019	918	642.6	4.35	185	166.5	0.96
2020	1 000	700	4.54	200	180	0.99

资料来源:根据液态生物质燃料发展规划整理计算得到。

由上述分析可知,如果2011～2020年严格落实《可再生能源中长期发展规划》中的液态生物质燃料发展目标,可替代成品油的数量将由242万吨提高到880万吨。燃料乙醇的产量需要从262万吨逐年递增到1 000万吨,替代车用汽油的比例将由2.3%提高到4.5%;生物柴油的产量应由65万吨逐步提高到200万吨,替代车用柴油的比例从0.5%上升至1%。从对成品油的替代比例上看,燃料乙醇的规划目标对车用汽油消费的替代效果开始显现,一定程度上缓解了汽油的供求矛盾;但生物柴油的发展目标对缓解柴油需求偏紧局面的影响效果甚微,到2020年也只能替代1%的车用柴油需求量。因此为了在更大程度上缓解我国的石油供求矛盾,首先应保证实现当前的规划目标,在此基础上进一步提高液态生物质燃料的规划发展目标。今后如果在更大范围内推广使用E10或更高混配标准的乙醇汽油,燃料乙醇的发展目标至少应扩大1倍;而由于车用柴油需求量更大,生物柴油发展目标和产量需要更大幅度地提高,即便在全国范围内只推广使用B5生物柴油,生物柴油的目标产量也应扩大为当前的5倍。为了确定合理的液态生物质燃料的目标发展规模,需要在设定安全的原油对外依存度目标的条件下进行计算。

5.4.2　特定原油对外依存度下的液态生物质燃料需求量

由5.2节的测算可知,在不同的原油对外依存度目标下产生能源供求缺口的规模和时间不同,需要的液态生物质燃料数量也有差别。根据对我国原油对外依存度的上述三种情景设定,通过热值换算可得到2011～2020年为补充因保持相对安全的原油对外依存度而产生的石油供求缺口所需要的燃料乙醇和生物柴油数量,具体结果如表 5—11 所示。

表 5—11　　　　　　　不同原油对外依存度下的液态生物质燃料需求量　　　　单位:万吨

年份	替代汽油的燃料乙醇需求量			替代石化柴油的生物柴油需求量		
	60%	62.5%	65%	60%	62.5%	65%
2011	0	0	0	0	0	0
2012	0	0	0	0	0	0
2013	0	0	0	0	0	0
2014	94.91	0	0	135.28	0	0
2015	512.42	56.50	0	730.36	80.54	0
2016	921.00	431.07	0	1 312.72	614.41	0
2017	1 310.44	787.52	264.61	1 867.80	1 122.48	377.15
2018	1 692.95	1 137.31	581.66	2 413.00	1 621.03	829.06
2019	2 048.44	1 461.58	874.73	2 919.69	2 083.23	1 246.77
2020	2 296.64	1 685.10	1 073.55	3 273.46	2 401.81	1 530.15

资料来源:根据研究整理计算得到。

由表 5—11 可知,原油对外依存度为 65% 时,能源补充所需要的燃料乙醇数量最少,到 2020 年的需求规模略高于 1 000 万吨,当前规划制定的发展目标可以达到该情景下的需求量。而原油对外依存度设定在 62.5% 和 60% 时,燃料乙醇的需求量分别为当前发展目标的 1.6 倍和 2.2 倍,燃料乙醇的产量仍需提高。但在上述三种情景下 2020 年我国生物柴油的需求量应分别达到 1 530 万吨、2 400 万吨和 3 273 万吨,依次是当前发展目标的 7.5 倍、12 倍和 16 倍,可见提高生物柴油生产能力的需求更加迫切。通过对各种情景进行比较还可以发现,自 2015 年起我国补充成品油消费所需要的液态生物质燃料数量开始快速增加。因此,要通过保持安全的原油对外依存度来缓解我国的能源“瓶颈”约束,今后在液态生物质燃料产量和生产潜力的提高方面还有很长的路要走。同时,当前政府规划制定的液态生物质燃料发展目标显得过于保守,为了合理调高液态生物质燃料的发展目标,就需要对各种宜能生物质原料资源数量及其能源转化潜力进行全面计算。

5.4.3　调合用液态生物质燃料的需求量估计

当前液态生物质燃料的使用是将汽油或柴油按一定的比例混配后作为汽车燃料,以此来替代一部分成品油的消费量,通常的混配比例有 5%、10%、20% 等。2005 年我国已开始在 9 个省区试点推行使用车用 E10 乙醇汽油,2010 年生产并使用了 1 700 万吨生物乙醇汽油,相当于替代汽油消费量 130 万吨左右。

今后随着生物柴油产量的逐步提高,也可以在车用柴油中混配生物柴油,自 2011 年 2 月起我国制定的《生物柴油调合燃料(B5)》标准正式施行,为推广生物柴油的调合使用扫除了重要障碍。技术方面的研究表明,如果传统汽车燃油中液态生物质燃料的混配比例不超过 20%,就不需要对汽车发动机进行改造。因此在汽车产业技术不发生变动的情况下,可以将 E20 乙醇汽油或 B20 生物柴油作为液态生物质燃料需求量的上限。

今后如果把交通运输业的汽油和柴油消费全部推行使用混合生物燃油,可根据不同的混配比例设定不同的情景,测算出各种情景下所需要燃料乙醇和生物柴油的数量。当前我国在部分省区推广使用的是 E10 标准的乙醇汽油,生物柴油 B5 国家标准已出台,今后将逐步推广使用。随着液态生物质燃料产量的逐步提高,今后的混配比例也可以调高。因此本文设定乙醇汽油的三种混配方案依次为 E10、E15 和 E20,生物柴油的三种混配方案依次为 B5、B10 和 B20,在不同混配比例情景下燃料乙醇和生物柴油的需求量测算结果如表 5−12 所示。

表 5−12　　　　　不同混配标准下所需要的燃料乙醇和生物柴油数量　　　　　单位:万吨

年份	燃料乙醇需求量			生物柴油需求量		
	E10	E15	E20	B5	B10	B20
2011	797.95	1 196.93	1 595.91	558.67	1 117.34	2 234.67
2012	885.29	1 327.94	1 770.58	599.76	1 199.53	2 399.06
2013	973.02	1 459.53	1 946.04	640.36	1 280.73	2 561.45
2014	1 062.20	1 593.30	2 124.40	680.92	1 361.84	2 723.69
2015	1 148.90	1 723.36	2 297.81	720.09	1 440.18	2 880.36
2016	1 234.62	1 851.93	2 469.24	758.53	1 517.07	3 034.14
2017	1 317.75	1 976.62	2 635.50	795.83	1 591.67	3 183.34
2018	1 400.22	2 100.33	2 800.44	832.78	1 665.57	3 331.13
2019	1 478.88	2 218.32	2 957.76	868.48	1 736.96	3 473.91
2020	1 541.10	2 311.65	3 082.20	911.01	1 822.01	3 644.03

资料来源:根据研究整理计算得到。

由上述测算可知,如果到 2020 年交通运输燃料全部推行 E10 乙醇汽油,需要 1 541 万吨燃料乙醇与汽油混配,届时可将原油对外依存度控制在 62.5%～65%之间;推行 E15 乙醇汽油时,燃料乙醇的产量需要达到 2 311 万吨,正好把原油对外依存度控制在 60%;而推行 E20 乙醇汽油需要的燃料乙醇产量过高(与规划目标相比),可以不考虑在全国范围内推行该混配比例,而只需在部分省区推广使用。所以我国可先逐步全面推行 E10 标准乙醇汽油,在燃料乙醇产量提高到一定程度后全面推广使用 E15 标准乙醇汽油，E20 标准乙醇汽油是否推行及推行范围则要视燃料乙醇生产规模的大小而定。

从保持合理的原油对外依存度所需要的生物柴油数量来看，推行 B5 生物柴油时的原油对外依存度仍高于 65%；若将原油对外依存度目标控制在 62.5%～65%之间，则应当采用 B10 标准的生物柴油；而从产能水平和能源安全标准来考虑，B20 标准的生物柴油没有推行的必要。但是由于当前生物柴油的产量过低，这决定了我国只能先在一些省区试点推广使用 B5 生物柴油，今后可把发展目标定为到 2020 年全面推行 B5 生物柴油，用液态生物质燃料补充成品油消费时最多能全面推广使用 B10 标准的生物柴油。

因此，从液态生物质燃料与成品油混配使用的角度看，燃料乙醇和生物柴油的产量水平都需要大幅提高。而由于交通运输对柴油的需求量更大、增长更快，生物柴油产能提升也更为迫切。今后应当全面推行 E10 乙醇汽油，可控制原油对外依存度不超过 65%，如果能进一步扩大燃料乙醇的产量，乙醇汽油的混配比例有望提高到 E15 标准，可使原油对外依存度控制在 60%左右；而生物柴油的混配比例只能先采用 B5 标准，逐步提高到 B10 标准，把原油对外依存度控制在 62.5%～65%之间。

第6章 我国液态生物质燃料的
发展潜力Ⅰ——燃料乙醇

6.1 主要原料资源选择

由于我国人口众多、耕地偏少的基本国情,保障粮食安全这根弦始终不能放松。从我国的粮食总产量看,近年来粮食供求形势基本是平衡的,2011年我国粮食总产量达到了5.71亿吨的历史新高。但从长期来看,我国耕地资源不足、淡水资源短缺的矛盾日益突出,粮食播种面积继续扩大的余地在减小,单产水平继续提高的难度加大,长期保持粮食供求平衡的任务很艰巨。此外用粮食作原料生产燃料乙醇的成本偏高,与成品油的经济性相比缺乏竞争力。这决定了我国不可能像美国和巴西那样大量使用玉米、小麦等大宗粮食产品为原料生产燃料乙醇。

充足、稳定的原料生产与供给是提高燃料乙醇产量潜力的重要前提条件,由于世界各国的自然条件和农业发展基础不同,生产燃料乙醇所选用的原料也不尽相同,例如,美国以玉米为主要原料,巴西以甘蔗为主要原料,法国以甜菜为主要原料。如何因地制宜地选择适合我国条件的燃料乙醇原料资源,对促进我国燃料乙醇产业的健康发展至关重要。由于纤维素燃料乙醇的生产技术不够成熟、成本较高,还不具备大规模商业化生产的条件,当前必须将以糖类和淀粉为主的粮食作物或能源作物(如甜高粱)作为生产燃料乙醇的主要原料。

当前我国的糖料作物甘蔗和甜菜主要用于食糖的生产,其中甘蔗生产食糖的比重达到90%。近年来我国年均食糖消费量在1 000万吨以上,人均食糖年消费量为10千克左右,但这一消费量仍低于世界人均食糖消费量21千克/年的水平,可以预见今后我国的食糖消费量还会逐渐提高,长期供求形势紧张。由于目前生产食糖的经济效益高于乙醇,这使得甘蔗和甜菜不可能大规模用作燃料乙醇的原料,而只能作为生产燃料乙醇的辅助原料来源;甘蔗和甜菜制糖后产生的废糖蜜可用于生产燃料乙醇,但是目前用于能源转化的比例较低。要开发利用甘蔗扩大燃料乙醇的生产规模,必须在保证糖料生产的前提下推广种植能源甘蔗作为原料资源。现在我国已培育出几个能源甘蔗品种,今后可以在适宜的区域推广种植,以扩大燃料乙醇的原料来源。

《可再生能源中长期发展规划》中也明确提出,我国液态生物质燃料的发展要遵循"不与人争粮、不与农争地"的原则。根据这个原则和以上分析,利用我国丰富的宜能边际土地种植适应性和抗逆性强、具有较高生物质产量的非粮能源作物就成了生产燃料乙醇的必然选择。由于我国地域辽阔,自然条件复杂多变,生产燃料乙醇的能源作物也具有明显的区域适应性和多样性。比较各方面的条件和限制因素,目前适合我国生产燃料乙醇的能源作物主要有木薯、甘薯、甜高粱和能源甘蔗等。

从长期来看,以木质纤维素为原料生产燃料乙醇的潜力巨大,我国每年产生的大量农作物秸秆和林木废弃物也可以作为燃料乙醇的原料来源,当前这些农林剩余物主要是被焚烧掉或者直接废弃,不仅影响生态环境,也造成了资源浪费。而将农林废弃物用作燃料乙醇的原料资源,不仅能够减少对环境的影响、扩大燃料乙醇的产能水平,还可以为今后大规模发展纤维素燃料乙醇做准备。按照农林废弃物中纤维素的含量,当前将其用于生产燃料乙醇的转化率在 20%～25%之间,其中农作物秸秆的燃料乙醇转化率为 20%,林木废弃物的燃料乙醇转化率则更高一些。由于我国每年产生的农林废弃物数量接近 10 亿吨,据此估算燃料乙醇的理论转化潜力可达到上亿吨的规模。

但是,当前以纤维素为原料生产燃料乙醇存在的两大障碍是技术不够成熟和原料资源收集难度大,而被有效利用的农林剩余物中大部分是用于生物质发电和气化利用。因此今后只能将农林剩余物中的一部分作为生产燃料乙醇的原料,将其作为测算我国未来较近一段时期内燃料乙醇生产潜力的依据。而第二代生物乙醇生产技术取得突破后,木质纤维素用于生产燃料乙醇的规模可以大幅提高,则可以测算出未来更长时期的燃料乙醇发展潜力。

6.2　能源作物区域分布与产量潜力

6.2.1　能源作物的开发基础——宜能边际土地的数量与区域分布

为防止能源作物开发威胁到我国的粮食安全,开发能源作物只能使用耕地以外的后备土地资源。从理论上说,目前我国尚未用于种植农作物的耕地资源都是后备土地资源,可作为边际土地用于种植能源作物,但可开发的后备土地资源数量会受到各种因素的限制。根据 2002 年度全国土地利用变更调查的情况，如果把未利用或未充分利用的土地资源如苇地和滩涂以及未利用土地中的荒草地、盐碱地、沼泽地、裸土地等都作为后备土地资源，其面积可达 8 874 万公顷，占全国土地总面积的 9.33%。但是受到各种自然环境条件的限制，特别是水资源和土地生态环境的限制，具有农用开垦价值、集中连片的后备土地资源并不多，在目前的技术经济条件下能够开发的数量很少，可用于种植能源作物的边际土地则更少。

因此，宜能边际土地资源主要是指以发展液态生物质燃料为目的、适宜开垦用来种植高抗逆性能源作物的耕地后备资源，主要包括未利用的荒草地、盐碱地、沼泽地、滩涂以及其他可开垦或复垦为耕地的土地资源。我国适宜规模化发展的能源作物主要有生产燃料乙醇的木薯、甘薯、甜高粱和生产生物柴油的麻疯树、黄连木、油桐、油茶树等。其中，作为燃料乙醇原料的能源作物对土地类型、土壤肥力要求相对较高，所需要的边际土地资源主要是可开垦的耕地后备资源；而用于生物柴油原料的油料能源作物则有更强的适应性，可以适度降低对土地质量的要求，因此可以把自然条件更恶劣的边际土地开发考虑在内。在分析评估我国宜能边际土地的总量和区域分布的基础上，本节主要分析适宜作为燃料乙醇原料的能源作物数量与区域分布。

根据我国耕地后备资源的土壤类型、自然气候、光热条件、经济社会发展水平等多种因素，参考国土资源部"耕地后备资源调查评价"中对区域划分的原则，并保持省界的完整性，可将我国宜能边际土地的分布划分为东北区、华北区、黄土高原区、长江中下游区、蒙新区、华南区、西南区和青藏区 8 个区域。

东北区包括黑龙江、吉林和辽宁三省，该区土地资源丰富、土壤肥沃，是我国粮食主产区之一，属大陆季风气候，水资源相对丰富，降水主要集中在夏季。

华北区位于黄河中下游和海河流域，包括北京、天津、河北、河南和山东 5 个省市，该区土地资源开发利用历史悠久、开发程度高，人口密集、经济较发达，气候干旱少雨，人均水土资源较缺乏。

黄土高原区位于黄河流域中游和内陆河流域中部，涵盖山西、陕西和甘肃三省，90% 的土地面积为山地和丘陵，耕地资源相对丰富但水资源缺乏，生产潜力相对较低。

长江中下游区包括江苏、上海、浙江、安徽、湖北、湖南和江西 7 个省市，该区气候温暖湿润、水资源丰富，适合多种作物生长。该区是我国主要的经济发展区，人口密集、土地开发程度高，耕地后备资源较少、分布零星。

蒙新区位于我国西北部，包括新疆、内蒙古和宁夏 3 个自治区，该区土地资源丰富、地广人稀，土地开发程度低，水资源缺乏，土地退化较严重，耕地后备资源开发必须注重生态保护和水土保持。

华南区包括福建、广东、广西和海南 4 个省区，属热带、亚热带季风气候，自然条件复杂，土地类型多样，土地开发程度高，后备土地资源相对缺乏。

西南区包括四川、重庆、云南和贵州 4 个省市，该区山地和丘陵面积大，耕地中旱地和坡地较多。

青藏区包括青海和西藏 2 个省区，是我国一个独特的自然地理区域，该区土地广阔但土地资源开发条件恶劣，可供开发的耕地后备资源面积较少。

根据 2000～2003 年国土资源部在新一轮国土资源大调查中对全国耕地后备资源进行的调查评价，我国集中连片、具有一定规模的耕地后备资源数量为734.4 万公顷（田宜水、赵立欣，2007），仅为后备土地资源的 8.28%。其中可开垦耕地 701.66 万公顷，可复垦土地 32.72 万公顷。当前开发和种植能源作物应当优先充分利用集中连片的耕地后备资源，待技术条件成熟、具备经济性以后才能适度开发其他有利用前景的后备边际土地资源。

鉴于多数宜能边际土地分布分散、开发难度大，目前我国集中连片的宜能边际土地数量为 667.43 万公顷，这些边际土地可用于种植各种能源作物（赵立欣、张艳丽，2010），上述各个区域的边际土地类型、数量及省市区分布情况如表6-1所示。但为了充分挖掘燃料乙醇和生物柴油的生产潜力，对略有分散的宜能边际土地进行开发同样不可忽视。

表 6-1　　　　　　　　　我国集中连片的宜能边际土地数量与区域分布

区域名称	省市区	集中连片边际土地的类型及数量(万公顷)
东北区	黑龙江、吉林、辽宁	荒草地 21.46，盐碱地 14.2，滩涂 6.25，其他 0.97；合计 42.88
华北区	北京、天津、河北、河南、山东	荒草地 19.02，盐碱地 14.12，滩涂 12.45，其他 4.75；合计 50.34
黄土高原区	山西、陕西、甘肃	荒草地 47.91，盐碱地 12.03，滩涂 2.86，其他 17.63；合计 80.43
长江中下游区	江苏、上海、浙江、湖北、安徽、湖南、江西	荒草地 33.64，盐碱地 0.54，滩涂 22.76，其他 6.22；合计 63.16
蒙新区	内蒙古、宁夏、新疆	荒草地 193.37，盐碱地 34.11，滩涂 2.81，其他 136.08；合计 366.37
华南区	福建、广东、广西、海南	荒草地 6.21，盐碱地 0.04，滩涂 5.11，其他 0.64；合计 12
西南区	四川、重庆、贵州、云南	荒草地 23.71，盐碱地 0.02，滩涂 2.25，其他 3.52；合计 29.5
青藏区	青海、西藏	荒草地 16.26，盐碱地 4.99，滩涂 0.23，其他 1.25；合计 22.73
八大区域总计	—	荒草地 361.58，盐碱地 80.05，滩涂 54.72，其他 171.06；合计 667.43

资料来源：根据田宜水(2007)、赵立欣(2010)等人的研究整理得到。

为了摸清我国宜能边际土地资源的现状，以便为能源作物开发利用提供科学的决策依据,农业部 2007 年对我国适宜能源作物种植的边际土地数量、质量、类型和利用现状进行了调查。根据开发利用的难易程度,宜能荒地按照直接可以利用、需改造才能利用、需工程措施保障才能利用三个标准划分为Ⅰ、Ⅱ、Ⅲ三个等级。

Ⅰ等宜能荒地是指对农业利用无限制或限制较少的宜能荒地。这类荒地地形平坦、土壤肥力较高,机耕条件好,不需改造或略加改造即可开垦种植能源作物,在正常耕作管理措施下,一般都能获得较高的产量,且对当地或相邻地区不会产生土地退化等不良影响。

Ⅱ等宜能荒地是指对农业利用有一定限制的宜能荒地。这类荒地需进行一定的改造才能开垦种植能源作物,或者在开发中需要采取一定的保护措施,以免产生土地退化。

Ⅲ等宜能荒地质量差,对农业利用有较大限制。这类荒地需要大力改造后才可种植能源作物,或在严格保护下才能耕作,否则容易发生土地退化。

依据农业部确立的宜能边际土地分等定级标准,宜能荒地的等级划分依据是土壤盐碱化程度、坡度、土层有效厚度、土质、水分条件、温度条件六大限制因素,该评价标准如表 6—2 所示。依据这个标准,满足所有Ⅰ等地条件的宜能荒地为Ⅰ等宜能荒地;如果有一个条件为Ⅲ等即为Ⅲ等宜能荒地;其他类型的边际土地皆为Ⅱ等宜能荒地。

表 6—2   我国宜能荒地分等定级评价指标

	评价指标	Ⅰ等	Ⅱ等	Ⅲ等	非宜能荒地
1. 坡面坡度		$<7°$	$7°\sim15°$	$15°\sim25°$	$>25°$
2. 土层有效厚度（厘米）	华南区、四川盆地和长江中下游区	>70	$50\sim70$	$20\sim50$	<20
	云贵高原区	>60	$30\sim60$	$10\sim30$	<10
	黄淮海区和东北区	>80	$50\sim80$	$30\sim50$	<30
	黄土高原区、内蒙古半干旱区和西北干旱区	>100	$60\sim100$	$30\sim60$	<30
	青藏高原区	>100	$50\sim100$	$30\sim50$	<30
3. 土质		壤土	黏土、砂壤土	重黏土、砂土	砂质土、砾质土
4. 土壤盐碱化	黄淮海区、东北区和黄土高原区	无盐碱化（土壤含盐总量$<0.3\%$，$Cl^-<0.02\%$，$SO_4{}^{2-}<0.1\%$）	轻度盐碱化（土壤含盐总量在 $0.3\%\sim0.5\%$，Cl^- 在 $0.02\%\sim0.04\%$，$SO_4{}^{2-}$ 在 $0.1\%\sim0.3\%$）	中强度盐碱化（土壤含盐总量在 $0.5\%\sim2.0\%$，Cl^- 在 $0.04\%\sim0.20\%$，$SO_4{}^{2-}$ 在 $0.3\%\sim0.6\%$）	盐土（土壤含盐总量$>2\%$，$Cl^->0.2\%$，$SO_4{}^{2-}>0.6\%$）
	青藏高原区和西北干旱区	无盐碱化或轻度盐碱化（土壤含盐总量$<0.5\%$，$Cl^-<0.04\%$，$SO_4{}^{2-}<0.3\%$）	中度盐碱化（土壤含盐总量$<1\%$，Cl^- 在 $0.04\%\sim0.1\%$，$SO_4{}^{2-}$ 在 $0.3\%\sim0.4\%$）	强度盐碱化（土壤含盐量在 $1\%\sim2\%$，Cl^- 在 $0.1\%\sim0.2\%$，$SO_4{}^{2-}$ 在 $0.4\%\sim0.6\%$）	盐土（土壤含盐总量$>2\%$，$Cl^->0.2\%$，$SO_4{}^{2-}>0.6\%$）

续表

评价指标		Ⅰ等	Ⅱ等	Ⅲ等	非宜能荒地
5.水分条件		旱作较稳定或有稳定灌溉条件的干旱、半干旱土地,有水源保证的南方田土	灌溉水源保证差的干旱、半干旱土地,水源保证差的南方田土	无水源保证、旱作不稳定的半干旱土地,无水源保证的南方田土	无灌溉水源保证、不能旱作的干旱土地
6.温度条件	华南区、四川盆地和长江中下游区	亚热带作物正常发育	亚热带作物生长受一定影响	亚热带作物生长受严重影响	亚热带作物不能生长
	云贵高原区	低海拔或中海拔地区	较高海拔地区,耐寒作物生育很不稳定	高海拔地区,耐寒作物生育很不稳定	耐寒作物不能发育
	黄土高原区、西北干旱区和东北区	耐寒作物生育稳定	耐寒作物生育不稳定	耐寒作物生育很不稳定	—
	青藏高原区	—	≥10℃,积温为700℃~1 400℃,耐寒作物生育不稳定	≥10℃,积温<700℃,耐寒作物生育很不稳定	耐寒作物不能生长

资料来源:农业部科教司宜能边际土地调查评估。

农业部开展的此次调查表明,我国共有各类宜能边际土地 3 420 万公顷,其中宜能冬闲田约 740 万公顷,主要分布于我国长江以南的云南、湖南、四川、贵州、湖北、江西、广东等地区。宜能荒地总面积约为 2 680 万公顷,主要分布于我国行政区划中的西南、西北、东北和华中等区域,种植非粮能源作物主要应开发上述宜能荒地。

在全部宜能荒地中,Ⅰ等宜能荒地 433.33 万公顷,占 16.2% 的比重;Ⅱ等宜能荒地 873.33 万公顷,占 32.6% 的份额;Ⅲ等宜能荒地 1 373.33 万公顷,所占比例为 51.2%。如果按 60% 的平均垦殖率计算,我国现有的宜能荒地中有 1 608 万公顷可开垦为耕地。根据寇建平(2008)的测算,如果这些可开垦的宜能荒地全部用于种植能源作物,每年提供的生物质原料资源可生产出的液态生物质燃料约为 4 542 万吨。但是能源作物的开发利用还要根据各种限制条件进行具体测算,液态生物质燃料实际可行的产能水平也会打一定的折扣。此外,这些宜能边际土地还要分别用于燃料乙醇和生物柴油的适宜原料资源开发,需要综合考虑这两类液态生物质燃料的生产潜力。

Ⅰ等宜能荒地的面积为 433.33 万公顷,主要分布于新疆和内蒙古 2 个自治区,分别为 115.93 万公顷和 71.93 万公顷,两者合计为 187.86 万公顷,占全国Ⅰ等宜能荒地总面积的 43.2%。可集中开发边际土地的省份还有湖南、湖北、贵州、四川、黑龙江、广东、河南和云南等,这 8 个省的Ⅰ等宜能荒地面积均超过 15 万公顷。上述 8 个省与新疆、内蒙古 2 个自治区Ⅰ等宜能荒地面积总计为 361.53 万公顷,占全国Ⅰ等宜能荒地总面积的 83.2%。

Ⅱ等宜能荒地的面积为 873.33 万公顷,其中Ⅱ等宜能荒地面积超过 65 万公顷的省区有新疆(160.93万公顷)、内蒙古(131.53万公顷)、云南(74.20万公顷)、贵州(69.20万公顷)4个,合计为435.93万公顷,占全国Ⅱ等宜能荒地总面积的1/2。其他适宜的地区中,吉林、四川、湖北、湖南、黑龙江、甘肃、河南、广东、安徽9个省的Ⅱ等宜能荒地面积都在25万公顷以上。上述13个省区宜能荒地面积合计为774.02万公顷,占全国Ⅱ等宜能荒地总面积的88.6%。

Ⅲ等宜能荒地的面积为1 373.33万公顷,此类宜能荒地质量差,对农业利用有较大限制。所需的开发投资较高,比较效益较低,可作为我国远期和潜在的宜能荒地资源,近期不宜开发。我国Ⅲ等宜能荒地面积超过65万公顷的省区有内蒙古(239.60万公顷)、贵州(163.53万公顷)、云南(143.47万公顷)、甘肃(127.33万公顷)、四川(90.87万公顷)、吉林(81万公顷)6个,合计为845.8万公顷,占全国Ⅲ等宜能荒地总面积的61.7%。此外,适宜较大规模开发边际土地的省区还有黑龙江、新疆、湖北、湖南、辽宁、河南和广西,这7个省区的Ⅲ等宜能荒地面积都超过了35万公顷。上述13个省区宜能荒地面积合计为1 176.13万公顷,占全国Ⅲ等宜能荒地总面积的85.9%。

按照表6-1中各区域集中连片宜能边际土地的类别,开发利用荒草地种植能源作物无需改造,属于Ⅰ等宜能荒地;盐碱地的开发需要一定的改造,属于Ⅱ等宜能荒地;开发滩涂和其他类型边际土地需要的改造力度较大,属于Ⅲ等宜能荒地。综合比较上述宜能边际土地的不同数据,本文分析得到我国8个区域适合开发液态生物质燃料的边际土地资源总量,如表6-3所示[1]。由边际土地数量数据可知,我国宜能边际土地的理论可开发数量很大,但考虑到垦殖率等因素,边际土地的实际开发利用量则要打一定的折扣。此外青藏区由于自然条件过于恶劣,不适合开发边际土地用于能源作物的生产,在液态生物质燃料的潜力测算中将剔除该区域的数据。

表6-3　　　　　　　　我国各区域宜能边际土地数量　　　　　　　单位:万公顷

区域名称	宜能边际土地数量	Ⅰ等地	Ⅱ等地	Ⅲ等地
东北区	222.46	21.46	50	151
华北区	79.02	19.02	25	35
黄土高原区	200.24	47.91	25	127.33
长江中下游区	178.64	33.64	75	70

[1]　上述部分区域边际土地的数量采用的是基础数据中所提供的最小值(如Ⅰ等宜能荒地面积超过15万公顷的省份有8个,整理时按15万公顷计;Ⅱ等和Ⅲ等宜能荒地数量的整理也按同样的方式处理),因此各区域边际土地数量的总和与合计栏中的数值有所差异。

续表

区域名称	宜能边际土地数量	I等地	II等地	III等地
蒙新区	760.43	193.37	292.46	274.6
华南区	75	15	25	35
西南区	641.27	75	168.4	397.87
青藏区	22.73	16.26	4.99	1.48
合计	2 179.79	421.66	665.85	1 092.28

资料来源:根据农业部(2007)宜能边际土地调查数据和寇建平(2008)的研究整理得到。

　　根据各种能源作物的生物学特性,种植不同用途的能源作物需要对宜能边际土地作有区别的开发。作为燃料乙醇生产原料的能源作物抗逆性稍弱、生长间隔短,大多是一季作物,可在上述的全部I等宜能荒地和部分II等宜能荒地种植,开发这些边际土地需要的准备工作很少。而用作生物柴油生产原料的木本油料能源作物有更强的抗逆性,从种植到收获的周期更长,挂果后可连续收获多季,应当在II等宜能荒地和部分III等宜能荒地种植。原因是,这类边际土地的开发利用需要进行较多的改造,通过种植能源作物在一定程度上提高边际土地的质量也能起到改造作用,有助于这类边际土地的正常开发。

6.2.2　我国淀粉与糖类能源作物的区域分布

　　能源作物作为燃料乙醇的原料,需要考虑木薯、甘薯、甜高粱和甘蔗等几种,将这些能源作物作为燃料乙醇的原料资源,是由其各自的技术经济特性和我国的自然条件决定的。

1. 木薯

木薯属于大戟科多年生亚灌木植物,块根是其主要利用部位,淀粉含量高于其他块根、块茎作物。木薯具有耐旱、耐涝、耐瘠、病害少、易栽培、高产等特点,广泛适宜栽培于热带、亚热带地区。我国的的木薯主要分布在广西、广东、海南、福建、湖南、云南、贵州、四川、江西 9 个省区。鲜木薯的淀粉含量在 30%～35%,当前木薯产量的绝大部分用于生产淀粉和乙醇,生产 1 吨燃料乙醇需要 7 吨鲜木薯或 3 吨木薯干片。根据现有一些研究中的数据,2005 年全国木薯种植面积约 650 万亩,总产量为 730 万吨左右,2008 年我国木薯总产量达到了 1 680 万吨。当前粗放式种植木薯一般品种的单产水平为 1.2～1.5 吨/亩,若采用优质木薯品种,并加强水肥和田间管理,单产水平可提高到 3～5 吨/亩,因此今后以木薯为原料生产燃料乙醇的产量还有较大的提升空间。目前,广西、广东、海南、福建、云南等省区仍有荒地、裸土地,以及后备宜林、宜农、宜牧荒山等未利用土地约 2 亿亩,若开发其中的 1/5 用于种植木薯,按亩产 2 吨计算,可获取 8 000 万吨原料,生产燃料乙醇约

1 000万吨,折合1 430万吨标准煤。

2. 甘薯

甘薯是旋花科甘薯属的一个栽培种,具有生物产量高、抗逆性强、适应性广等特点。我国是世界上最大的甘薯生产国,很多地区将其作为食物进行种植,近年来种植甘薯的耕地面积为500多万公顷,总产量达1.1亿吨左右。我国甘薯种植比较集中、面积较大的省市有四川、河南、重庆、山东、广东及河北等,种植面积约占总面积的60%以上。鲜甘薯淀粉含量在20%~30%之间,主要用于食品加工、饲料和酒精工业原料,生产1吨燃料乙醇大约需要鲜甘薯8吨。但由于甘薯的收获季节在秋冬季,易出现冻伤和腐烂,目前甘薯在储存过程中的损耗约占产量的20%。若能采取措施把这些本来会损失掉的甘薯及时加工用于燃料乙醇的转化,即便不增加对甘薯能源化利用的数量,也能生产燃料乙醇约250万吨,折合标准煤350万吨左右。由于甘薯有食用、饲用和工业加工等多种用途,后文中对利用边际土地种植甘薯用于燃料乙醇生产的分析不包括目前用耕地种植的数量。

3. 甜高粱

甜高粱是粒用高粱的一个变种,具有光合效率高、生物产量高和抗逆性强、适应性广等特点。甜高粱适合栽培的区域广泛,从海南岛至黑龙江均可栽培。目前甜高粱浩如烟在我国种植规模还不大,大部分为零星种植,主要分布在北方地区。生产燃料乙醇主要使用甜高粱的茎秆,其茎秆含糖量为16%~20%。当前每亩甜高粱可产出300~400千克食用甜高粱籽粒(与高粱的作物特性一致)和4吨茎秆,生产1吨燃料乙醇需要甜高粱茎秆16~18吨,如果将甜高粱的部分籽粒、根和叶片也加以回收利用,则10~12吨甜高粱原料就可生产1吨燃料乙醇。若开发我国现有1.5亿亩盐碱地的1/5用于种植甜高粱,按一般农田产量的50%计,可收获甜高粱茎秆6 000万吨,可生产燃料乙醇375万吨,折合500万吨标准煤。

4. 甘蔗

甘蔗是禾本科多年生植物,甘蔗的生长区域要求年平均温度18℃~30℃,10℃以上活动积温6 500℃~8 000℃。我国的甘蔗主要分布在北纬24°以南的热带和亚热带地区,2008年我国甘蔗种植面积约174.3万公顷,产量达1.24亿吨,主要分布在广东、福建、海南、广西和云南等省区,当前的主要用途是制糖。目前我国用甘蔗制糖产生的副产品废糖蜜作为原料生产燃料乙醇,但是这种途径生产燃料乙醇的数量有限。目前生产1吨燃料乙醇需要甘蔗13~15吨,如果我国用甘蔗为原料生产燃料乙醇,需要扩大甘蔗种植面积,并提高其单产水平。

今后利用甘蔗发展燃料乙醇的潜力主要来自三个方面:一是甘蔗糖料生产过程中产生的副产品废糖蜜。2005~2006年度制糖期,我国甘蔗种植面积约2 000万亩,产量约 8 600 万吨,产糖 1 000 万吨左右,同时产生废糖蜜约 340 万吨,可以生产燃料乙醇 80 万吨左右,折合标准煤 110 万吨左右。二是走以糖为主、糖能互动发展之路。目前我国甘蔗亩产仅为 4.5 吨左右,单产的提升空间较大,有关科研单位已经选育出亩产 6~7.5 吨的糖能兼用品种,若能扩大种植面积将大幅度提高甘蔗产量,不仅可以进一步保障食糖原料供应,还可为燃料乙醇的生产提供更多保障条件,实现糖能互动联产。三是适当开发南方宜蔗土地新增的甘蔗。我国广西、广东、海南、云南等省区约有 1 000 万亩的宜蔗土地未被开发,若其中的一半土地种植糖能兼用甘蔗,按亩产 6 吨计算,可生产 3 000 万吨左右的甘蔗,可转化燃料乙醇 200 万吨以上,折合 285 万吨标准煤。

以上各种能源作物的单产水平、适宜的种植区域和单位面积的燃料乙醇生产转化水平如表 6—4 所示,今后对这几类能源作物进行开发利用,要以这些技术经济参数为依据。

表 6—4   **主要能源作物的平均单产和能源转化参数**[①]

能源作物品种	作物单产(吨/公顷)	每吨乙醇的原料转化系数(吨)	单位面积乙醇产量(吨/公顷)	适宜的分布区域
木薯	25.11	6.8	3.69	华南
甘薯	24.2	7.98	3.03	华北、西南
甜高粱	60	15.3	3.92	东北、华北和西北
甘蔗	63.97	13.31	4.81	华南

资料来源:根据田宜水(2007)、王亚静(2009)等人的研究整理得到。

6.2.3 淀粉与糖类能源作物的燃料乙醇生产潜力

1. 非粮能源作物开发

利用宜能边际土地种植木薯、甘薯、甜高粱等能源作物来生产燃料乙醇不会影响粮食安全,我国提高燃料乙醇的产量水平必须选择这条路径。边际土地的利用需要考虑开发难度和开发成本,因此能源作物的播种面积与边际土地的垦殖率有关,技术不断进步和开发成本的下降会使土地垦殖率逐步提高,同时能源作物的单产水平也会随技术进步而不断上升。各种能源作物都有各自的适生区域,根据能源作物的分布区域、边际土地数量和单产水平等技术参数就可测算出能源作物的产量和燃料乙醇的转化潜力。

我国开发能源作物得到的燃料乙醇生产潜力可由下式表示:

---

① 上述各种能源作物的单产水平是 2005 年的平均值,由于技术进步,在测算今后年份燃料乙醇产量时将考虑单产水平的提高。

$$E_{ac} = \sum_{i=1}^{n} q_{1i}Q_{1i}\mu_1 + q_{2i}Q_{2i}\mu_2 \tag{6-1}$$

其中:E_{ac} 为来自能源作物的燃料乙醇产量,q_{1i} 为利用I等边际土地种植第 i 种能源作物的单位乙醇转化水平,q_{2i} 为利用II等边际土地种植第 i 种能源作物的单位乙醇转化水平,Q_{1i} 为I等边际土地中种植第 i 种能源作物的面积,Q_{2i} 为II等边际土地中种植第 i 种能源作物的面积,μ_1 为I等边际土地的垦殖率,μ_2 为II等边际土地的垦殖率,n 表示适合生产燃料乙醇的能源作物有 n 种。

由上述分析可知,我国宜能边际土地存在开发难度和耕作质量等方面的差异,需要有侧重地开发,不同等级的边际土地可以确定不同的垦殖率。其中I等宜能荒地无需改造就可直接用于开发,如果从现在开始种植能源作物并全部用于生产燃料乙醇,2015 年、2020 年和 2025 年的垦殖率分别可达到 40%、60%和 80%,2030 年种植能源作物的垦殖率则可达到 100%。II等宜能荒地的开发成本更高,土地垦殖率相应地要低一些,2015 年、2020 年、2025 年和 2030 年的垦殖率依次可设定为 30%、50%、65%和 80%,将其用于燃料乙醇和生物柴油的生产需要进行一定的划分。考虑到目前我国的汽柴比约为 1:2,燃料乙醇和生物柴油分别用于替代汽油和柴油的使用,因此将II等宜能荒地也按 1:2 的比例分别种植用于生产燃料乙醇和生物柴油的能源作物比较合理。III等宜能荒地的开发成本最高,相应土地垦殖率则最低,2015 年、2020 年、2025 年和 2030 年的垦殖率依次可设定为 20%、35%、50%和 65%,这种类型的边际土地全部种植用于生产生物柴油的能源作物。

根据现有的一些研究,在上述农业耕作区域划分中,木薯适合在华南区和西南区种植,甘薯适合种植在华北区、黄土高原区、长江中下游区和西南区,甜高粱可以在东北区、华北区、黄土高原区和蒙新区种植。有些区域可同时种植两种能源作物,本文对这种情况进行简化处理,将边际土地平均分配给两种能源作物。由于不同等级边际土地的开发难易程度决定了其生产能力的高低,开发难度越大就会使能源作物的单产水平越低。根据相关的测算,利用II等边际土地种植能源作物的单产水平大约是I等边际土地的 80%。考虑到技术进步的影响,将各种能源作物单产水平的年均增长率设定为 1%,这样就得到 2015 年、2020 年、2025 年和 2030 年利用不同等级边际土地种植上述三种能源作物的单位面积燃料乙醇生产量(见表 6-5)。由上述相关数据就能测算出今后我国各区域的能源作物种植面积、燃料乙醇产量水平以及燃料乙醇的总产量,具体结果如表 6-6 所示。

| 表 6-5 | | | | | 三种能源作物单位面积的燃料乙醇产量水平 | | 单位:吨/公顷 |

年份	木薯		甘薯		甜高粱	
	I等地	II等地	I等地	II等地	I等地	II等地
2015	4.08	3.26	3.35	2.68	4.33	3.46
2020	4.28	3.43	3.52	2.81	4.55	3.64
2025	4.5	3.6	3.7	2.96	4.78	3.82
2030	4.73	3.79	3.89	3.11	5.03	4.02

资料来源:根据田宜水(2007)、王亚静(2009)等人的研究整理得到。

| 表 6-6 | | | | 我国各区域的边际土地利用量和燃料乙醇产量① | | | 单位:万吨 |

区域名称	边际土地开发量(万公顷)			目标年份的开发率和燃料乙醇产量			
	I等 边际土地	II等 边际土地	合计	2015 年 40%I, 30%II	2020 年 60%I, 50%II	2025 年 80%I, 65%II	2030 年 100%I, 80%II
东北区	21.46	16.67	38.13	54.49	88.93	123.50	161.61
华北区	19.02	8.33	27.35	36.89	59.49	82.88	108.61
黄土高原区	47.91	8.33	56.24	81.27	129.43	180.88	237.46
长江中下游区	33.64	25	58.64	65.18	106.25	147.67	193.10
蒙新区	193.37	97.49	290.86	436.23	705.33	981.77	1 286.49
华南区	15	8.33	23.33	32.64	52.78	73.49	96.17
西南区	75	56.13	131.13	161.50	263.06	365.67	478.08
合计	405.4	220.28	625.68	868.2	1 405.27	1 955.86	2 561.52

资料来源:由上述基础数据测算整理得到。

　　根据以上测算结果,我国利用I等宜能边际土地和部分II等边际土地种植木薯、甘薯和甜高粱具备可观的燃料乙醇生产潜力,2015 年、2020 年、2025 年和 2030 年可获得的燃料乙醇产量依次为 868.2 万吨、1 405.3 万吨、1 955.9 万吨和 2 561.5 万吨,这种产量规模替代汽油消费可以产生较为明显的效果,2020 年的燃料乙醇产量达到了《可再生能源中长期发展规划》制定目标的 1.4 倍。同时还得到上述 4 个年份我国木薯乙醇、甘薯乙醇和甜高粱乙醇的产量及其区域分布,具体的测算结果如表 6-7 所示。

---

① 表中"40%I,30%II"表示I等和II等边际土地的开发率分别为 40%和 30%,以此类推。

表6—7　　　　　　　　　以三种能源作物为原料的燃料乙醇产量估计　　　　　　　单位:万吨

年份	木薯乙醇	甘薯乙醇	甜高粱茎秆乙醇
2015	华南区 32.64 西南区 88.68 共计 121.32	华北区 16.09 黄土高原区 35.45 长江中下游区 65.18 西南区 72.81 共计 189.53	东北区 54.49 华北区 20.8 黄土高原区 45.82 蒙新区 436.23 共计 557.34
2020	华南区 52.78 西南区 144.35 共计 197.13	华北区 25.95 黄土高原区 56.46 长江中下游区 106.25 西南区 118.72 共计 307.38	东北区 88.93 华北区 33.54 黄土高原区 72.98 蒙新区 705.33 共计 900.78
2025	华南区 73.49 西南区 200.67 共计 274.16	华北区 36.16 黄土高原区 78.92 长江中下游区 147.67 西南区 165 共计 427.75	东北区 123.5 华北区 46.72 黄土高原区 101.96 蒙新区 981.77 共计 1 253.95
2030	华南区 96.17 西南区 262.33 共计 358.5	华北区 47.36 黄土高原区 103.55 长江中下游区 193.1 西南区 215.75 共计 559.76	东北区 161.61 华北区 61.24 黄土高原区 133.9 蒙新区 1 286.49 共计 1 643.24

资料来源:由上述基础数据测算整理得到。

　　由数据测算可知,我国利用Ⅰ等和Ⅱ等边际土地种植的三种能源作物中,转化为燃料乙醇的产量水平由高到低排列依次是甜高粱、甘薯和木薯。因此今后应适度加强开发东北和西北地区数量较多的边际土地,而种植甜高粱的优势是不仅能生产燃料乙醇,甜高粱籽粒一定程度上也能提高粮食产量。如果把利用耕地种植的甘薯让出一部分生产燃料乙醇,甘薯乙醇的产量水平也能进一步提高。木薯的种植只需要开发南方适宜省区的边际土地,通过逐步提高单产的途径增加燃料乙醇的产量。

　　然而,单纯依靠能源作物转化的燃料乙醇数量与第5章中保持合理的原油对外依存度所需要的燃料乙醇相比还有一定差距,上述燃料乙醇的产量水平可将原油对外依存度控制在62.5%～65%之间。如果将交通运输所需要的汽油数量全部混配成 E10 乙醇汽油以达到上述目标,在完全利用上述数量的情况下还需要再增加燃料乙醇产量135万吨左右。如果混配成 E15 乙醇汽油将原油对外依存度保持在60%,则还需要增产燃料乙醇 900 万吨左右,要实现这种目标就必须开发其他宜能生物质原料资源加以补充。

2. **糖料作物产量提高**

以甘蔗为主的糖料作物是全球糖料大国生产燃料乙醇的主要原料之一,比较有代表性的是南美洲的巴西,目前巴西的甘蔗产量占世界总产量的比重为 25%,巴西利用甘蔗原料生产燃料乙醇已有近 30 年的成功经验。我国是全球主要的食糖生产大国之一,产糖总量占世界第三位,主要以甘蔗和甜菜为原料,其中甘蔗和甜菜所占的比重分别约为 90% 和 10%。目前我国甘蔗和甜菜等糖料作物的产糖量低于食糖消费量,每年还需要进口一部分补充产需缺口。我国的食糖消费量还在不断提高,这决定了糖料作物还不能专门用于生产燃料乙醇。目前食糖生产过程是先榨出原糖再进行浓缩加工,原糖转化成蔗糖的比率约为 90%。现阶段利用糖料作物制糖产生的废糖蜜可生产一部分燃料乙醇,但获得的产量较为有限,今后随着我国食糖产量的上升,制糖产生的废糖蜜也会相应增加,通过对这种原料的利用可使燃料乙醇产量得到一定程度的提高。如果今后通过提高糖料作物的单产水平和含糖率,使食糖总产量的增长速度超过国内需求量的提高速度,就可以将糖料作物的一部分产量让出用于燃料乙醇的生产。

我国适宜种植甘蔗的土地主要分布在南方的广东、海南、广西、福建、云南、贵州、四川南部、湖北南部和浙江南部 9 个省区,总面积为 200 万公顷左右,当前的种植面积约为 160 万公顷,目前蔗糖业已成为中国西南地区特别是广西和云南两省区的主要产业。近年来我国甘蔗产量的总体变化趋势是不断增加的,随着我国对食糖需求量的逐渐提高,这种上升趋势今后可得以继续保持。我国食糖产量超过 90% 来自甘蔗,目前甘蔗的平均含糖率在 14% 左右,随着甘蔗产业的技术进步,甘蔗含糖率还会提高。根据《甘蔗优势区域布局规划 2008~2015》,今后甘蔗的平均含糖率每年提高 0.1 个百分点,到 2015 年达到 14.5%,预计今后甘蔗的平均含糖率提高到 15% 后就会保持稳定。上述规划的目标是甘蔗播种面积保持在 160 万公顷不变,因此今后提高甘蔗产量的主要途径是提高单产水平和含糖率。

我国甜菜的主产区包括东北、华北和西北三个区域,此外西南和黄淮流域的部分地区也有少量甜菜种植。其中东北地区种植最多,约占全国甜菜总面积的 65%。上述地区都是春播甜菜区,积温较少、日照较长、昼夜温差大,甜菜的单产和含糖率高。甜菜的平均含糖率约为 12.5%,从 20 世纪 90 年代起我国甜菜种植面积不断下降,近几年种植面积在 20 万公顷左右,目前甜菜产量水平波动较大,今后要增加其产量只能从提高单产方面着手。

20 世纪 90 年代期间由于居民生活水平较低,我国人均食糖消费量较低且增加缓慢,保持在 6~6.5 千克之间。自 2002 年起人均食糖消费量开始快速增加,年均增长率为 6% 左右。2010 年该指标已达到 10.1 千克,超过了《中国食物与营养发展纲要(2001~2010 年)》中制定的 2010 年人均食糖消费 10 千克的目标。目前该指标的世界平均水平是 21 千克,而欧美发达国家的人均食糖消费量则达到40~50 千克。我国人均食糖消费量低主要是由饮食习惯决定的,食糖在西方国家是能量补充品,而在我国只作为食品中的调味品,在食品加工和饮料生产中使用较多一些。同时今后淀粉糖也会作为甜味剂更多地被用于食品加工,对工业加工所使用的食糖会形成一定的替代,因此随着我国居民生活水平的日益提高,食糖消费量也不会增加太多。此外人们出于健康的考虑,为避免肥胖和慢性病的发生会控制食糖消费量,这也会使人均食糖消费水平增加到一定程度后保持稳定。相关的分析指出,我国人均食糖消费量 6% 的年均增长率还会持续一段时间,到 2020 年人均食糖消费量将提高到 18 千克左右,以后的年份将保持在这一水平。

2010 年,我国人口数量为 13.4 亿人,从目前到 2020 年的人口自然增长率为 5‰,2020 年后的人口增长率会下降到 3‰,由上述数据可测算出今后的食糖需求量。我国的食糖生产主要来自甘蔗和甜菜的种植,其中甘蔗产量年均增长 3.5%,今后还会保持这种增长。近几年食糖总产量在 1 300 万吨左右,进口量约占需求量的 5%。目前食糖进口主要用于工业加工,其中生产糖果的比例较大,对我国食糖需求的贡献较小。由于我国的淀粉糖比蔗糖有明显的价格优势,现阶段的产量和利用量不断增加,2011 年的产量已达到 1 000 万吨,预计今后会和食糖产量持平。相关分析表明,2010 年我国淀粉糖对食糖的替代量约为 100 万吨,食糖需求量可由此抵减一部分,将来的替代量还会以年均 10 万吨的速度增加。根据食糖与淀粉糖的交叉市场份额,今后替代食糖的数量增加到约 200 万吨后可保持稳定。

今后利用一部分糖料作物转化为燃料乙醇的产量可表示为:

$$E_{as} = Q_s \lambda + Q_{us} \omega \qquad (6—2)$$

其中,E_{as} 为基于糖料作物的燃料乙醇产量,Q_s 为超出食糖需求的糖料作物产量,λ 为糖料作物的乙醇转化率,Q_{us} 为糖料作物制糖产生的废糖蜜数量,ω 为废糖蜜的乙醇转化率。

由于直到 2015 年后我国糖料作物的单产才有明显提高,食糖产量的增加才能有生产燃料乙醇的余地,故以食糖产量与淀粉糖替代量之和减去食糖需求量,测算从 2015 年起以结余的食糖生产出的燃料乙醇数量(见表 6—8)。根据计算结果,在 2020 年之前我国食糖需求量的增加速度高于食糖产量的增加,出现食糖结余量较少且不断下降直至产生产需缺口的情况。我国食糖需求趋于稳定后从 2022 年开始才重新有生产燃料乙醇的余地,2025 年糖料作物可生产燃料乙醇的潜力超过100 万吨,2030 年这种生产潜力可达到 329 万吨左右,因此我国到 2025 年才有利用部分糖料作物生产燃料乙醇的能力,生产规模相对有限但增长较快。

表 6—8　　　　　今后我国糖料作物增产可能扩大的燃料乙醇生产潜力　　　　单位:万吨

年份	食糖需求量	糖料作物的食糖产量	淀粉糖替代量	食糖结余量	燃料乙醇产量
2015	1 856.51	1 826.17	150	119.66	59.83
2016	1 977.74	1 898.38	160	80.64	40.32
2017	2 106.88	1 973.55	170	36.66	18.33
2018	2 244.46	2 051.79	180	0	0
2019	2 391.03	2 133.22	190	0	0
2020	2 547.16	2 217.98	200	0	0
2021	2 555.15	2 291.68	200	0	0
2022	2 562.81	2 367.95	200	5.14	2.57
2023	2 570.50	2 446.89	200	76.39	38.19
2024	2 578.21	2 528.59	200	150.38	75.19
2025	2 585.95	2 613.15	200	227.21	113.60
2026	2 593.70	2 700.68	200	306.97	153.49
2027	2 601.49	2 791.26	200	389.78	194.89
2028	2 609.29	2 885.02	200	475.73	237.87
2029	2 617.12	2 982.06	200	564.94	282.47
2030	2 624.97	3 082.49	200	657.52	328.76

资料来源:根据《2011 年中国统计年鉴》中的数据和相关技术参数整理测算得到。

　　我国糖料作物制糖后产生的废糖蜜大约为原糖产量的 30%,废糖蜜生产燃料乙醇的比率约为 25%。目前我国制糖产业每年都会产生废糖蜜,而且已有一部分用来生产乙醇,因此以上述糖料作物产量为基础数据可以测算出从 2011 年起废糖蜜生产转化为燃料乙醇的潜力,具体结果如表 6—9 所示。根据测算和分析,2011～2030 年我国制糖产生的废糖蜜可从 524 万吨增加到 1 027 万吨,燃料乙醇的生产潜力可由 131 万吨逐年提高到 257 万吨,这样的生产规模与 2030 年的燃料乙醇需要量相比并不大,但已经超过了 2010 年燃料乙醇的产量水平,因此废糖蜜也是今后燃料乙醇生产原料的必要补充。

表 6—9　　　　　我国制糖产物废糖蜜的燃料乙醇生产潜力　　　　单位:万吨

年份	糖料作物的原糖产量	废糖蜜产生量	废糖蜜的燃料乙醇产量	年份	糖料作物的原糖产量	废糖蜜产生量	废糖蜜的燃料乙醇产量
2011	1 747.65	524.30	131.07	2021	2 546.31	763.89	190.97
2012	1 806.84	542.05	135.51	2022	2 631.05	789.32	197.33

年份	糖料作物的原糖产量	废糖蜜产生量	废糖蜜的燃料乙醇产量	年份	糖料作物的原糖产量	废糖蜜产生量	废糖蜜的燃料乙醇产量
2013	1 877.96	563.39	140.85	2023	2 718.76	815.63	203.91
2014	1 952.00	585.60	146.40	2024	2 809.55	842.86	210.72
2015	2 029.08	608.72	152.18	2025	2 903.51	871.05	217.76
2016	2 109.31	632.79	158.20	2026	3 000.75	900.23	225.06
2017	2 192.83	657.85	164.46	2027	3 101.40	930.42	232.61
2018	2 279.76	683.93	170.98	2028	3 205.58	961.67	240.42
2019	2 370.25	711.07	177.77	2029	3 313.40	994.02	248.50
2020	2 464.43	739.33	184.83	2030	3 424.99	1 027.50	256.87

资料来源：同表6—8。

6.3 利用农林废弃物资源生产燃料乙醇的潜力

6.3.1 可用于燃料乙醇生产的农林废弃物资源

1. 主要农作物秸秆

由于我国每年需要生产大量的粮食来解决全国人民的吃饭问题，必须种植足够数量的农作物才能满足需求，由此产生了数量巨大的秸秆资源，这是我国种植业、养殖业可持续发展和发展农村新型能源的重要物质基础。各种粮食作物、油料作物和经济作物产生的秸秆都可作为能源加以利用，但是当前我国对秸秆资源的利用率并不高，除了用于生产饲料和肥料还田的消耗以外，还有大量秸秆被白白烧掉或废弃，既浪费资源又对环境造成了污染。为了改变这种不利的局面，2008年7月国务院下发了《关于加快推进农作物秸秆综合利用的意见》，这对于加快推进秸秆综合利用，实现秸秆的资源化、商品化，促进资源节约、环境保护和农民增收具有重要作用。根据有关统计，2010年我国主要农作物产量约为5.7亿吨，按草谷比计算的秸秆产生量在7亿吨左右，除用于生产肥料、饲料及造纸等的工业原料以外，约有3.5亿吨农作物秸秆可作为能源使用，折合1.8亿吨标准煤。

我国虽然不能把粮食作物用作液态生物质燃料的生产原料，但各种农作物收获后产生的大量秸秆则可以作为生产纤维素燃料乙醇的重要原料来源。随着人口的继续增长和居民生活水平逐步提高，我国对粮食的需求量还会进一步提高，农作物秸秆的产生量相应地也会不断增加。根据有关测算，到2020年我国各种农作物的秸秆产生总量将达到 9 亿吨左右,其中约一半可作为农业生物质能的原料。在当前技术条件下,秸秆转化为燃料乙醇的比率约为 20%,即便只将农作物秸秆产生量的 20%用于生产燃料乙醇,则燃料乙醇的产量可增加3 000万吨左右,不仅能减少资源浪费和环境污染,还能显著提高我国液态生物质燃料的生产能力。

2. 林木废弃物

林木废弃物又称为薪柴资源,主要来自三种途径:一是各类林木生长过程中以自然代谢、修枝等方式产生的剩余物,通常会作为农村生活燃料而被消耗掉;二是林木采伐产生的剩余物,主要包括经过采伐、集材后遗留在地面的枝杈、梢头、枯树木和不够用材标准的遗弃材等;三是木材加工剩余物,我国大多数木材厂都采用带锯生产工艺,加工精度很低,木材资源损失较大,这些加工余料可以回收利用。

薪柴资源数量主要取决于林地类型、森林面积、地理位置和单位面积的产柴量等因素,我国还有很多农村地区仍在利用薪柴作为生活能源,但这是一种低级的能源开发利用方式,不仅利用效率低而且易造成环境污染。如果将这些薪柴资源收集起来用于生产纤维素燃料乙醇,则不仅能提高能效、降低污染,而且通过向农民收购薪柴资源、雇用农民参与燃料乙醇生产等途径可以助推农民增收,农民收入水平提高后会主动使用清洁高效的电能、燃气等商品能源。

森林修剪产生的薪柴数量主要取决于各类林木的取柴系数和单位面积产柴率,我国林木采伐和木材加工利用中产生的各类剩余物可回收的数量很可观,但是当前并没有开展专门的回收工作。如果把这些林木废弃物资源加以回收并用于生产液态生物质燃料,我国纤维素燃料乙醇的产量水平可以得到显著提高。

3. 纤维素能源作物

在各种纤维素来源中,最适合生产液态生物质燃料的是多年生草本木质纤维素植物,这类新型能源作物是世界各国竞相研究的重点,其中最有发展潜力的纤维素能源作物主要包括柳枝稷、芒属植物、柳属植物等。由于这类纤维素能源作物目前仍处在研究培育阶段,在今后一段时期内还不可能作为燃料乙醇的原料资源,本文暂不考虑其生产燃料乙醇的潜力。但是从长期来看(2030～2050 年),纤维素能源作物的生物质产量更丰富,能适应更恶劣的生长环境,可开发更多的边际土地进行种植,因此对提高我国燃料乙醇的产量水平能起到更大作用。近期必须加强研发和培育适合我国开发利用的纤维素能源作物,将来才能促进此类原料的开发及能源化利用。

6.3.2　可用于燃料乙醇生产的农林废弃物资源潜力

农作物秸秆和林木废弃物是纤维素乙醇的生产原料,这两类资源具备的燃料乙醇转化潜力可表示为(6－3)式,本部分将详细测算这两部分纤维素资源的数量及其能源转化潜力。

$$E_{aw} = \phi_s W_s + \phi_f W_f \qquad (6-3)$$

其中，E_{aw} 为纤维素乙醇的产量潜力，W_s 为可用于能源转化的秸秆资源数量，ϕ_s 为农作物秸秆的燃料转化率，W_f 为可用于能源转化的林木废弃物资源量，ϕ_f 为林木废弃物的燃料转化率。

1. 农作物秸秆

我国各种农作物中大部分收获后产生的秸秆资源都能用于燃料乙醇生产，主要包括谷物中的稻谷、小麦和玉米，各种薯类、豆类，油料作物中的花生、油菜和芝麻，以及棉花和麻类等作物；糖料作物甘蔗和甜菜制糖后产生的废渣也归为秸秆资源，但蔗渣主要是用于生物质发电和造纸，本文不将其视为燃料乙醇的生产原料，而不能作为燃料乙醇原料资源加以利用的主要是烟草、药材等经济作物的秸秆和各种蔬菜茎秆、藤蔓形成的秸秆资源，原因是这些作物的秸秆通常有其他用途（如很多药材的药用部分都是秸秆）或者难以收集。农作物产品产量与其秸秆产生量之间存在的比例关系称为草谷比，不同农作物的草谷比通常较为稳定，可根据各种农作物的产量及其草谷比推算农作物秸秆产生量。据相关资料显示，上述主要农作物及其他一些农作物的草谷比如表 6—10 所示。

表 6—10	我国各种主要农作物的草谷比				
作物类别	稻谷	小麦	玉米①	薯类	大豆	花生
草谷比	0.9	1.1	1.2	0.5	1.6	1.14
作物类别	油菜	芝麻	其他杂粮	其他油料	棉花	麻类
草谷比	1.5	2.2	1.6	2	9.2	3

资料来源：根据《农业技术经济手册》（中国农业出版社 1983 年版）等资料整理得到。

近年来，我国各种主要农作物的产量水平如表 6—11 所示。由表中数据可知，粮食和油料作物（不包括大豆）的产量呈逐年上升的趋势；而种植结构的调整使薯类和豆类的产量略有下降；棉花产量有升有降，总体趋势为小幅上升；麻类的产量则呈现逐渐下降的趋势。

---

① 玉米的草谷比中不包括玉米芯，由于玉米芯主要用于工业加工和食用菌养殖，本文不考虑其作为生产燃料乙醇的原料。

表 6—11　　　　　　　　　　近年来我国主要农作物的产量　　　　　　　　　单位:万吨

年份＼类别	稻谷	小麦	玉米	豆类	薯类① (折粮)	花生	油菜籽	棉花	麻类
2001	17 758.00	9 387.30	11 408.80	2 052.81	3 563.07	1 441.57	1 133.14	532.35	68.10
2002	17 453.90	9 029.00	12 130.80	2 241.22	3 665.87	1 481.76	1 055.22	491.62	96.40
2003	16 065.56	8 648.85	11 583.02	2 127.51	3 513.27	1 341.99	1 142.00	485.97	85.30
2004	17 908.76	9 195.18	13 028.71	2 232.07	3 557.67	1 434.18	1 318.17	632.35	107.36
2005	18 058.84	9 744.51	13 936.54	2 157.67	3 468.51	1 434.15	1 305.23	571.42	110.49
2006	18 171.83	10 846.59	15 160.30	2 003.72	2 701.26	1 288.69	1 096.61	753.28	89.09
2007	18 603.40	10 929.80	15 230.05	1 720.10	2 807.80	1 302.75	1 057.21	762.36	72.83
2008	19 189.57	11 246.41	16 591.40	2 043.29	2 980.23	1 428.61	1 210.17	749.19	62.49
2009	19 510.30	11 511.51	16 397.36	1 930.30	2 995.48	1 470.79	1 365.71	637.68	38.80
2010	19 576.10	11 518.08	17 724.51	1 896.54	3 114.12	1 564.39	1 308.19	596.11	31.75
2011	20 100.09	11 740.09	19 278.11	1 908.42	3 273.00	1 604.64	1 342.56	658.90	29.55

　　资料来源:根据《2012 年中国统计年鉴》整理得到。

　　随着我国人口的继续增长以及粮食需求量和单产水平的提高,谷物的产量和播种面积会逐渐提高,粮食作物的秸秆产生量必然继续增加;为保证粮食产量充足,薯类的播种面积相应会有所下降,今后薯类的产量也将缓慢下降;油料作物的需求则可通过从国际市场进口得以解决,产量将不会发生大的变化;由于大豆进口量较大并且会继续增加,豆类的国内产量还会继续下降;我国作为世界第一棉花生产国,必须把解决国内需求的基点放在依靠国内生产上,棉花进口只能作为一种辅助方式适度补充国内产量的不足,因此棉花产量还会缓慢提高。

　　农作物秸秆资源的产生量可用如下公式来计算:

$$W_s = \sum_{i=1}^{k} W_{gi} s_{gi} \qquad\qquad (6—4)$$

　　其中,W_{gi} 为第 i 种农作物的产量水平,s_{gi} 为第 i 种农作物的草谷比,W_s 为农作物秸秆资源总量,k 表示产生秸秆的农作物共有 k 种。

　　根据我国粮食总产量、油料作物产量、上述各种主要农作物的产量和这些农作物的草谷比等数据,测算出 2001~2011 年我国主要农作物秸秆的产生量如表6—12所示。由测算结果可以看出,我国近年来的秸秆资源数量巨大,如果能利用其中一部分就可以大幅提高我国燃料乙醇的产量水平。根据今后各种农作物产量的变化趋势就可以测算出我国今后较长时期内农作物秸秆的资源数量,这些秸秆

---

　　① 统计年鉴中薯类的产量是按 5 吨折算 1 吨粮食得到的,因此薯类的实际产量是表中数值的 5 倍。相应地,薯类秸秆(藤蔓)的产生量也将根据其实物产量进行测算。

可为燃料乙醇提供充足的生产原料。

表6-12　　　　　　　　　近年来我国主要农作物秸秆的产生量　　　　　　　　　单位:万吨

年份 \ 类别	谷物秸秆	豆类秸秆	薯类秸秆	油料秸秆	棉花秸秆	麻类秸秆	农作物秸秆总量
2001	41 749.35	3 284.49	8 907.67	3 939.55	4 897.63	204.30	62 982.99
2002	42 093.37	3 585.95	9 164.68	4 010.38	4 522.92	289.20	63 666.50
2003	39 682.44	3 404.02	8 783.17	3 908.75	4 470.93	255.91	60 505.22
2004	43 506.33	3 571.31	8 894.18	4 253.42	5 817.63	322.08	66 364.94
2005	45 353.56	3 452.28	8 671.27	4 280.79	5 257.04	331.47	67 346.41
2006	47 951.09	3 205.96	6 753.15	3 637.29	6 930.16	267.26	68 744.91
2007	48 432.49	2 752.16	7 019.51	3 499.64	7 013.71	218.50	68 936.00
2008	50 863.38	3 269.26	7 450.59	4 083.67	6 892.53	187.48	72 746.90
2009	51 078.18	3 088.47	7 488.70	4 373.28	5 866.63	116.39	72 011.65
2010	52 867.18	3 034.46	7 785.29	4 472.53	5 484.24	95.24	73 738.94
2011	55 451.63	3 053.47	8 182.50	4 574.36	6 061.84	88.65	77 412.45

资料来源:根据《农业技术经济手册》、《2012年中国统计年鉴》整理计算得到。

　　近年来,我国的粮食生产有一定的波动,但总体变化趋势是上升的。1996年,我国粮食产量超过5亿吨,1998年的产量水平达到5.12亿吨的历史新高,但1999～2003年由于多种原因出现了连续5年的减产。后来我国政府连续出台惠农政策使粮食产量出现了恢复性增长,从2004年起至今已经实现了"十连增",2007年粮食产量重新恢复到5亿吨的关口,2011年粮食总产量和谷物产量分别达到了5.71亿吨和5.19亿吨的新纪录,提前实现了《全国新增1 000亿斤粮食生产能力规划(2009～2020年)》和《国家粮食安全中长期规划纲要(2008～2020年)》中制定的到2020年粮食综合生产能力达到5.5亿吨、谷物产量达到4.75亿吨的发展目标。根据测算,1996～2011年我国粮食和谷物产量的年平均增长率分别为0.89%和0.88%,油料作物年均增长率为2.75%,棉花产量年均增长2%;豆类和薯类产量有下降的趋势,年均下降率分别为0.44%和0.9%。假设今后粮食等农作物产量的变化仍保持这样的速度,则可以测算出2012～2030年各种农作物的产量水平,由此就可以得到2012～2030年我国主要农作物秸秆的产生量,具体结果如表6-13所示。

表 6－13　　　　2012～2030 年我国各种主要农作物秸秆的产生量测算　　　　单位:万吨

类别 年份	谷物秸秆	豆类秸秆	薯类秸秆	油料秸秆	棉花秸秆	农作物 秸秆总量
2012	55 991.61	3 040.03	8 108.86	4 688.63	6 183.08	78 012.21
2013	56 535.41	3 026.65	8 035.88	4 817.38	6 306.74	78 722.06
2014	57 083.03	3 013.34	7 963.55	4 949.67	6 432.88	79 442.47
2015	57 634.48	3 000.08	7 891.88	5 085.59	6 561.53	80 173.56
2016	58 189.78	2 986.88	7 820.86	5 225.24	6 692.76	80 915.52
2017	58 748.94	2 973.74	7 750.47	5 368.72	6 826.62	81 668.49
2018	59 311.97	2 960.65	7 680.71	5 516.15	6 963.15	82 432.63
2019	59 878.87	2 947.62	7 611.59	5 667.62	7 102.41	83 208.11
2020	60 449.66	2 934.65	7 543.08	5 823.25	7 244.46	83 995.1
2021	61 024.35	2 921.74	7 475.20	5 983.16	7 389.35	84 793.8
2022	61 602.95	2 908.89	7 407.92	6 147.46	7 537.14	85 604.36
2023	62 185.46	2 896.09	7 341.25	6 316.27	7 687.88	86 426.95
2024	62 771.89	2 883.34	7 275.18	6 489.71	7 841.64	87 261.76
2025	63 362.26	2 870.66	7 209.70	6 667.92	7 998.47	88 109.01
2026	63 956.56	2 858.03	7 144.81	6 851.02	8 158.44	88 968.86
2027	64 554.80	2 845.45	7 080.51	7 039.15	8 321.61	89 841.52
2028	65 157.00	2 832.93	7 016.78	7 232.44	8 488.04	90 727.19
2029	65 763.16	2 820.47	6 953.63	7 431.05	8 657.80	91 626.11
2030	66 373.28	2 808.06	6 891.05	7 635.10	8 830.96	92 538.45

资料来源:根据表 6－12 基础数据整理计算得到。

　　由测算结果可知,今后我国主要农作物产生的秸秆理论资源数量巨大并且将逐步上升,2015 年、2020 年、2025 年和 2030 年的理论资源总量依次可达到 8 亿吨、8.4 亿吨、8.8 亿吨和 9.26 亿吨。如果能将这些秸秆中的一半用作燃料乙醇的生产原料,则上述四个阶段性年度生产转化为燃料乙醇的最大理论潜力依次可达到 8 000 万吨、8 400 万吨、8 800 万吨和 9 260 万吨,这种产量规模可完全补充因保持适度原油对外依存度而产生的燃油供求缺口。

　　然而,必须看到,上述农作物秸秆的数量是我国每年可以加以利用的资源总数量。本文主要测算农作物秸秆中能够用于生产燃料乙醇的可行数量,因此需要扣除肥料还田、饲料生产、工业利用等方面对秸秆资源的消耗数量。这样会使农作物秸秆生产燃料乙醇的潜力打一定的折扣，但是即便如此，农作物秸秆对提高燃料乙醇的产量水平仍能起到巨大作用。

根据田宜水（2008）的测算，我国稻谷、小麦、玉米、豆类、薯类、油料和棉花七类主要农作物秸秆理论资源量约为 6.46 亿吨。其中直接还田的比重为 36%，用于饲料的比重占 20%，造纸等工业原料使用约占秸秆总量的 3%；而农村居民生活能源消耗秸秆资源的比重为 21%，因焚烧和废弃而浪费的秸秆所占比重约有 20%，这两部分是主要农作物秸秆能够用于能源化的资源量，规模约为 2.65 亿吨。

在表 6—12 的测算中若不考虑麻类秸秆的资源量，测算类别就与上述研究一致，本研究测算得到的我国 2008 年主要农作物秸秆资源量为 7.27 亿吨，略高于田宜水的测算。而麻类作物秸秆产生量占主要农作物秸秆资源量的比重很低，并且有相当一部分用于纺织业，因此在表 6—13 中没有把麻类秸秆测算在内。由此得到我国秸秆资源中可作为燃料乙醇生产原料的最大比例约为 40%。假设今后农作物秸秆中非能源利用的比重保持不变，随着农民收入水平的逐步提高，秸秆用于农村生活燃料的比重会不断下降，但是低收入农户的存在使得这种用途不会完全消失；而如果加强秸秆回收利用的力度，秸秆被焚烧或废弃的部分所占比重也会逐渐下降，但这部分浪费的秸秆资源在短期内同样不会完全消除。因此，今后我国可作为燃料乙醇原料资源的秸秆主要来自两部分：一是被焚烧和废弃秸秆资源中的大部分，二是秸秆用于农村生活能源消耗的减少量，通过这样的方式可将上述两类秸秆资源数量让出一部分用于生产燃料乙醇。

当前，农作物秸秆的焚烧和废弃仍然较为普遍，可以采取措施把这部分被浪费的秸秆利用起来作为生产燃料乙醇的原料，随着农村地区收入和生活水平的提高，用于生活能源的秸秆资源也可以置换出一部分用于生产燃料乙醇。考虑到目前秸秆作为能源利用的现实情况，故设定将 2010 年焚烧、废弃的秸秆中占秸秆总量 5% 的部分置换出来作为生产燃料乙醇的原料，从 2011 年起每年增加 1 个百分点，最后提高到 15% 并保持不变；2010 年之前农村生活燃料使用的秸秆不作为燃料乙醇的生产原料，自 2011 年起农村生活燃料的秸秆用量占秸秆总量的比重每年下调 1 个百分点，该比重由 20% 下降到 5% 后保持稳定。将这两个方面置换出的秸秆资源全部用来生产燃料乙醇，则得到我国 2011～2030 年源自农作物秸秆的燃料乙醇生产潜力，具体测算结果如表 6—14 所示。

表 6－14　　　　　　　　**2011～2030 年我国秸秆资源数量及能源转化潜力**　　　　单位:万吨

年份 / 类别	理论可用于能源转化的秸秆数量	秸秆生产燃料乙醇的理论潜力	被浪费秸秆的让出量	农村生活燃料让出的秸秆量	可用于能源转化的秸秆数量	秸秆资源生产燃料乙醇的可行潜力
2011	30 964.98	6 193.00	4 644.75	774.12	5 418.87	1 083.77
2012	31 246.89	6 249.38	5 468.21	1 562.34	7 030.55	1 406.11
2013	31 530.83	6 306.17	6 306.17	2 364.81	8 670.98	1 734.20
2014	31 818.99	6 363.80	7 159.27	3 181.90	10 341.17	2 068.23
2015	32 111.42	6 422.28	8 027.86	4 013.93	12 041.78	2 408.36
2016	32 408.21	6 481.64	8 912.26	4 861.23	13 773.49	2 754.70
2017	32 709.39	6 541.88	9 812.82	5 724.14	15 536.96	3 107.39
2018	33 015.05	6 603.01	10 729.89	6 603.01	17 332.90	3 466.58
2019	33 325.25	6 665.05	11 663.84	7 498.18	19 162.02	3 832.40
2020	33 640.05	6 728.01	12 615.02	8 410.01	21 025.03	4 205.01
2021	33 959.52	6 791.90	12 734.82	9 338.87	22 073.69	4 414.74
2022	34 283.74	6 856.75	12 856.40	10 285.12	23 141.52	4 628.30
2023	34 612.78	6 922.56	12 979.79	11 249.15	24 228.94	4 845.79
2024	34 946.71	6 989.34	13 105.01	12 231.35	25 336.36	5 067.27
2025	35 285.60	7 057.12	13 232.10	13 232.10	26 464.20	5 292.84
2026	35 629.54	7 125.91	13 361.08	13 361.08	26 722.16	5 344.43
2027	35 978.61	7 195.72	13 491.98	13 491.98	26 983.96	5 396.79
2028	36 332.88	7 266.58	13 624.83	13 624.83	27 249.66	5 449.93
2029	36 692.44	7 338.49	13 759.67	13 759.67	27 519.33	5 503.87
2030	37 057.38	7 411.48	13 896.52	13 896.52	27 793.03	5 558.61

资料来源:根据研究整理计算得到。

　　由测算结果可知,自 2011 年起,我国农作物秸秆资源可用于能源转化的理论数量在 3 亿吨以上,生产燃料乙醇的理论潜力超过了 6 200 万吨(除 2011 年外)。然而,由于各种限制因素的影响,2011 年可用于生产燃料乙醇的秸秆资源占农作物秸秆理论资源量的比重只有 7%,到 2015 年这一比重才能超过 15%,从 2025 年起该指标将达到 30% 的最高值,占可用于能源转化的秸秆理论资源量的比重则由 17.5% 逐步上升到 75%。2011 年秸秆资源生产燃料乙醇的可行数量只能达到

1 000万吨,2014～2030年基于秸秆资源的燃料乙醇产量可从2 000万吨稳步提高到5 500万吨,如果这种规模的产量水平能够全部实现,则第5章中测算的为保持合理的原油对外依存度而产生的汽油供求缺口可以完全消除。

2. 林木废弃物

根据2010年1月公布的第七次中国森林资源清查(2004～2008年)结果,我国森林面积达1.95亿公顷,活立木总蓄积量149.13亿立方米,森林蓄积量137.21亿立方米,森林覆盖率20.36%。除港、澳、台地区外,全国林地面积3.038亿公顷,森林面积1.93亿公顷,活立木总蓄积量145.54亿立方米,森林蓄积量133.63亿立方米;天然林面积1.197亿公顷,天然林蓄积量114.02亿立方米;人工林保存面积6 168.84万公顷,人工林蓄积量19.61亿立方米,人工林面积居世界首位。

森林资源是林木废弃物收集利用的基础,林木废弃物主要由森林采伐和木材加工产生。2004年我国的林业生物质资源量已达21.75亿吨,林木生物质资源总量在180亿吨以上。据有关部门的不完全统计,我国森林生长代谢和采伐过程中产生的林木废弃物每年约有9亿吨的理论可获得量,国内木材加工企业的年加工能力为9 379.85万立方米,产出剩余物约为4 200万吨,主要城市木材废弃物约为8 500万吨,林木废弃物的总产生量约为10.27亿吨,占林木生物质资源总量的46.87%。

但是由于各种限制条件,林木废弃物的实际可收集量要比理论可获得量少很多。根据王晓华(2007)的研究,我国全部林木废弃物资源中用于造纸的占42%～48%,用于工农业板材的占5%～8%,用于材料的占6%～10%,用于生产固态成型燃料或转化为气态燃料的部分占10%～15%,此外还有35%～45%的闲散资源未被利用(见表6－15)。这些闲散林木废弃物可以视为纤维素燃料乙醇理论上的原料资源,这样得到我国林木废弃物可用于燃料乙醇生产的资源量为2.054亿吨。由于林木自然代谢产生的废弃物和城市木材废弃物收集后更合适的用途是造纸和板材加工,本文不考虑这两类废弃物的能源转化,只把林木采伐与加工过程中产生的林木废弃物作为燃料乙醇的可行生产原料。

表6－15　　　　　　　目前我国林木废弃物的各种用途及其所占比重

类别	造纸	工农业板材	材料	能源化利用	闲散
用途	纸浆和纸张生产加工	加工纤维板、刨花板等各种形态的素材	制备活性炭吸附剂或生产复合材料	制备成型燃料和热化学转化(气化和碳化)等	因无明确用途而浪费
所占比重	42%～48%	5%～8%	6%～10%	10%～15%	35%～45%

资料来源:根据王晓华(2007)的研究整理得到。

林木废弃物用于能源转化的资源数量可表示为：

$$W_f = W_c + W_p \qquad (6-5)$$

其中，W_f 为可生产燃料乙醇的林木废弃物数量，W_c 为林木采伐中的废弃物产生量，W_p 为林木加工中的废弃物产生量。

第七次森林资源清查的数据显示，当前我国每年林木蓄积净生长量为 5.72 亿立方米，每年的采伐消耗量为 3.79 亿立方米（2008 年数据），林木采伐和木材加工产生的剩余物可作为能源转化的原料。据统计，商品材采伐中产生剩余物的比例占 30%～40%，非商品材剩余物的产生比例则要超过一半。由于我国森林资源稀少，目前木材采伐实行的是国家限额采伐政策。"十一五"期间我国制定的采伐限额分别为商品材 15 570 万立方米/年、非商品材 9 046 万立方米/年，两类木材的采伐量占总限额的比重分别为 63.2% 和 36.8%。如果将今后林木采伐量的基数定为 3.79 亿立方米，商品材和非商品材的比例仍保持不变，则商品材和非商品材的年采伐量分别达到 2.395 亿立方米和 1.395 亿立方米，商品材和非商品材剩余物产生率分别按照 35% 和 50% 计算，则林木采伐废弃物的总资源量为 1.536 亿立方米，这些林木废弃物可作为生产燃料乙醇的可行原料资源数量。

此外，木材加工产生的剩余物也可以收集用于生产燃料乙醇，目前木材采伐后商品材和非商品材的出材率分别约为 65% 和 50%，由上述数据可得到我国 2008 年各类林木产品产量约为 2.254 亿立方米，其中商品材 1.557 亿立方米，非商品材 6 974 万立方米。商品材中的绝大部分（80% 左右）需要进入木材厂进行加工，加工利用率可达到 70%；非商品材的加工剩余物产生率约为 70%，但加工比例很低，由于缺乏数据，本文将非商品材用于加工的比例设定为 20%。由这些数据可得到 2008 年我国木材加工剩余物的产生量为 4 713 万立方米。因此我国今后林木采伐和木材加工产生的林木废弃物资源总量将在 2.028 亿立方米以上，折合生物质资源量 1.217 亿吨。按照目前的技术水平，木质纤维素的乙醇转化率在 21%～24% 之间，本文取 22.5% 的平均值，测算得到 2008 年的上述林木废弃物资源具备 2 738 万吨的燃料乙醇生产潜力。

由于林木自然生长和人工林的培育，我国的森林资源量还会不断增加，与第六次森林资源清查的数据相比，5 年内森林蓄积量增长了 9.6%，年均增长率为 1.85%。由于林业生物质总量会不断增长，今后林木采伐和林木废弃物的数量相应地也会不断增加。但历次森林资源清查都表明，我国林木采伐量的增加速度低于森林资源量的增长率，因此本文以 2008 年的林木采伐量为基础数据，并设定今后林木采伐量年均增长率为 1%，测算得到我国今后可用于燃料乙醇生产的林木废弃物资源量及燃料乙醇转化潜力（详见表 6－16）。由测算结果可以看出，从

2011 年开始我国可用于生产燃料乙醇的林木废弃物资源量超过了 1.25 亿吨,纤维
素燃料乙醇生产潜力在 2 820 万吨以上。如果加强对林木废弃物的开发利用力
度,我国燃料乙醇的产量潜力将得到显著提高。

表 6—16　　　　我国 2011～2030 年林木废弃物资源量及燃料乙醇的生产潜力

年份 \ 类别	林木采伐剩余物（万立方米）	木材加工剩余物（万立方米）	林木废弃物总量（万立方米）	废弃林木资源量（万吨）	燃料乙醇转化潜力（万吨）
2011	15 822.41	4 855.75	20 896.83	12 538.10	2 821.08
2012	15 980.64	4 904.30	21 105.80	12 663.48	2 849.29
2013	16 140.45	4 953.35	21 316.86	12 790.12	2 877.78
2014	16 301.85	5 002.88	21 530.03	12 918.02	2 906.56
2015	16 464.87	5 052.91	21 745.33	13 047.20	2 935.62
2016	16 629.52	5 103.44	21 962.78	13 177.67	2 964.98
2017	16 795.81	5 154.47	22 182.41	13 309.45	2 994.63
2018	16 963.77	5 206.02	22 404.23	13 442.54	3 024.58
2019	17 133.41	5 258.08	22 628.28	13 576.97	3 054.82
2020	17 304.74	5 310.66	22 854.56	13 712.73	3 085.37
2021	17 477.79	5 363.77	23 083.10	13 849.86	3 116.22
2022	17 652.57	5 417.40	23 313.93	13 988.36	3 147.39
2023	17 829.09	5 471.58	23 547.07	14 128.24	3 178.86
2024	18 007.38	5 526.29	23 782.54	14 269.53	3 210.65
2025	18 187.46	5 581.56	24 020.37	14 412.22	3 242.76
2026	18 369.33	5 637.37	24 260.57	14 556.34	3 275.18
2027	18 553.03	5 693.74	24 503.18	14 701.91	3 307.94
2028	18 738.56	5 750.68	24 748.21	14 848.93	3 341.01
2029	18 925.94	5 808.19	24 995.69	14 997.42	3 374.42
2030	19 115.20	5 866.27	25 245.65	15 147.39	3 408.17

资料来源:根据第七次森林资源清查数据和上述设定整理计算。

6.3.3　我国农林废弃物资源的区域分布

我国的农作物秸秆主要分布在河北、内蒙古、辽宁、吉林、黑龙江、江苏、河南、
山东、湖北、湖南、江西、安徽、四川、云南等地区,因这些地区是我国的粮食主产区,
农作物秸秆资源数量更大,需要更好地加以利用。单位国土面积秸秆资源量按由
高到低排序依次为山东、河南、江苏、安徽、河北、上海、吉林、湖北等地区。表6—17
反映了我国各个区域 2011 年主要农作物秸秆资源数量,分析该表可得出我国今后
将秸秆资源用于燃料乙醇生产的侧重点。

表 6—17　　　　　　　　　2011 年我国主要农作物秸秆资源数量及区域分布　　　　　　　单位:万吨

区域 \ 秸秆数量	主要谷物秸秆	主要油料秸秆	豆类秸秆	薯类藤蔓	棉花秸秆	主要农作物秸秆
东北区	10 641.43	184.41	1 145.66	635.38	11.8	12 618.68
华北区	14 428.19	1 204.43	283.26	1 084.45	1 741.72	18 742.05
黄土高原区	3 262.15	127.82	166.14	848.58	190.23	4 594.91
长江中下游区	13 327.84	1 469.45	544.3	1 024.38	1 433.01	17 798.98
蒙新区	3 866.65	64.48	328.24	681.18	2 668.06	7 608.61
华南区	2 978.37	206.71	110.92	955.15	2.09	4 253.24
西南区	5 544.92	660.26	459.88	2 860.44	14.38	9 539.88
青藏区	84.44	59.36	17.36	92.25	0	253.4

资料来源:根据《2012 年中国统计年鉴》整理计算得到。

依据上述八大区域秸秆资源的分布特点,今后我国秸秆能源化开发利用的区域可分成重点开发利用区、适度开发利用区和限制开发利用区三种类型。重点开发利用区主要包括东北区、华北区和长江中下游区,华北区秸秆资源的绝对数量最高。东北区拥有丰富的秸秆资源,且单位面积集中度较高,华北区和长江中下游区秸秆资源的单位面积集中度一般,这三个区域的秸秆资源数量都超过了 1 亿吨,适合集中设立大型纤维素燃料乙醇生产企业。适度开发利用区包括西南区、蒙新区和华南区,其中西南区秸秆资源量最多。这三个区域秸秆资源数量相对略低(4 000 万吨以上),单位面积集中度一般,因此农作物秸秆资源可适度用于燃料乙醇的生产,可设立中小型纤维素乙醇生产企业。限制开发利用区包括黄土高原区和青藏区,黄土高原区秸秆资源量略多,而青藏区秸秆资源量极为贫乏,这两个地区秸秆资源的单位集中程度很低。由于地处我国的西部地区,经济发展水平不高,人均收入较低,农户生活用能对秸秆和薪柴的消耗多,秸秆收集成本很高,燃料乙醇的转化潜力有限。这两个区域的秸秆资源需要限制用于燃料乙醇生产,其中青藏区完全不适合将秸秆用于能源转化。

我国林木废弃物的区域分布与各区域森林资源的丰裕程度密切相关,我国森林资源的地理分布不均衡,主要江河流域和山地丘陵地带分布较为集中。从地域分布上看,东南部地区森林资源多于西北地区,东北、西南边远地区及东南地区的丘陵山地森林资源分布多。由于森林资源较为丰富的省区可以有更大的林木采伐量,这使得林木废弃物的产生量也较多,主要包括黑龙江、吉林、内蒙古、四川和云南等省区,在这些地区可重点发展以林木废弃物为原料的燃料乙醇产业。我国森林资源分布较少的地区主要包括三部分:一是人口稠密、经济发达的华北、华东地区;二是长江、黄河中下游地区;三是西北地区、内蒙古中西部、西藏大部分。其中,在华北、华东以及长江、黄河中下游地区可以建立规模较小的纤维素乙醇生产企业;西北地区、内蒙古中西部的水资源较为缺乏,而西藏的海拔过高,不能作为纤维素乙醇开发区域。

尽管上述农作物秸秆资源和林木废弃物具有巨大的燃料乙醇生产转化潜力,但是必须看到,农林废弃物用于生产燃料乙醇还面临很多障碍,这使得纤维素乙醇的实际生产能力比理论生产潜力缩水很多。目前我国的燃料乙醇企业有少数纤维素乙醇生产装置在建或试运行,纤维素燃料乙醇的产量非常有限。生产技术尚未取得重大突破是其中的一个限制因素,但今后更大的障碍则是如何降低农林废弃物的收集难度,比如薪柴使用量大的农民是否有秸秆资源的供给意愿、农林废弃物的运输距离是否合适、秸秆和林木废弃物的收购价格是否合理、纤维素燃料乙醇企业效益的好坏、能否招募到充足的劳动力、政府的扶持力度是否足够等方面,只有解决了这些方面的问题才能较快提高我国纤维素燃料乙醇的生产潜力。

6.4　我国非粮燃料乙醇的原料潜力与总体生产能力

综合以上分析,我国燃料乙醇的生产潜力总量可表示为:

$$E_a = E_{ac} + E_{as} + E_{aw} \tag{6-6}$$

其中,E_a 为燃料乙醇的总生产潜力,E_{ac} 为能源作物的燃料乙醇转化潜力,E_{as} 为源自糖料作物的燃料乙醇转化量,E_{aw} 为农林废弃物的燃料乙醇产量。

今后要显著提高我国的燃料乙醇生产潜力主要可从两个方面着手:一是开发宜能边际土地种植糖料及淀粉类能源作物作为燃料乙醇的原料;二是利用农作物秸秆和林木废弃物资源生产纤维素燃料乙醇。其中能源作物生产燃料乙醇的技术较为成熟,体现了目前较容易实现的燃料乙醇生产能力,只要合理开发宜能边际土地并采用单产水平高的能源作物就能获得可观的乙醇产量,利用这部分燃料乙醇混配 E10 乙醇汽油可将原油对外依存度控制在 62.5%～65% 之间。农林废弃物资源具备巨大的燃料乙醇生产潜力,却是较长时期才能实现的产能水平,目前的主要障碍包括纤维素燃料乙醇的技术成熟度不够和收集难度较大两个方面。一旦取得明显的技术突破并消除农林废弃物规模化回收利用的障碍,仅此一项就可解决我国由石油供求矛盾引致的汽油供求缺口,并可混配 E20 标准的乙醇汽油,使我国的原油对外依存度下降到 60% 以下。由于我国燃料乙醇的生产潜力较为充足,如果这种产量实现程度较高,还可以进一步提高与汽油的混配比例(超过 20%),由此可提高对能源替代、碳减排和环境改善等方面的贡献,但这必须与汽车发动机技术改造相结合。此外还应当充分利用制糖业的副产物废糖蜜生产燃料乙醇,这也是较为容易实现的产能;通过提高糖料作物的产量水平,自 2025 年起可以使我国的食糖产量超过需求量,超出的部分也可以用作燃料乙醇的生产原料。但上述两部分只能作为燃料乙醇生产的辅助原料,具备的能源转化规模并不大。

根据本研究的测算,今后我国利用上述各种宜能生物质原料资源可生产的燃料乙醇数量及总体生产潜力如表 6—18 所示。由该汇总表可知,2015 年、2020 年、2025 年和 2030 年 4 个标志年份我国燃料乙醇的总产量潜力依次可达 6 364 万吨、8 880 万吨、1.07 亿吨和 1.18 亿吨,完全可以补充因石油供求矛盾产生的汽油供求缺口。其中最主要的原料资源是能源作物、农作物秸秆和林木废弃物三类,这三类原料资源生产的燃料乙醇所占燃料乙醇总产量的比重总和达到了 97.5％以上,按生产潜力由大到小排序依次为农作物秸秆、林木废弃物和能源作物。利用废糖蜜生产燃料乙醇的潜力只从 152 万吨上升到 257 万吨,糖料作物在 2025 年之前不能用来生产燃料乙醇,2025~2030 年生产燃料乙醇的潜力可从 114 万吨增加到 329 万吨。应当注意的是,废糖蜜生产燃料乙醇数量虽少,但在防止和治理制糖企业对环境的污染方面能起到较大作用;而以甘蔗为主的糖料作物从 2025 年开始也具备生产燃料乙醇的余地,届时需要加强开发这类原料资源生产燃料乙醇的力度,以便最大限度地提高我国燃料乙醇在车用能源替代中的作用。

表 6—18　　　　　　　2015~2030 年我国非粮燃料乙醇的生产潜力汇总　　　　　　单位:万吨

年份 ＼ 原料类别	能源作物	农作物秸秆	林木废弃物	废糖蜜	燃料乙醇总产量
2015	868.19	2 408.36	2 935.62	152.18	6 364.35
2020	1 405.28	4 205.01	3 085.37	184.83	8 880.49
2025	1 955.86	5 292.84	3 242.76	217.76	10 709.22
2030	2 561.51	5 558.61	3 408.17	256.87	11 785.16

资料来源:根据上述测算结果整理得到。

上述结果表明,燃料乙醇的生产原料较为丰富,具备巨大的能源转化数量,其中主要的生产原料是能源作物、农作物秸秆和林木废弃物。我国应把全部Ⅰ等边际土地和部分Ⅱ等边际土地用于淀粉类和糖类能源作物的种植,可采用的能源作物主要包括木薯、甘薯和甜高粱;开发农作物秸秆主要应回收被焚烧或废弃的秸秆资源和用于农村生活燃料消耗的部分秸秆资源,林木废弃物主要应回收林木采伐和加工过程中产生的剩余物,此外还需要把部分糖料作物和废糖蜜用于生产燃料乙醇。

2015～2030 年上述原料资源转化为燃料乙醇的总体产量潜力可由 6 364 万吨提高到 1.18 亿吨。其中秸秆和薪柴资源具备的燃料乙醇转化潜力最大,2020 年和 2030 年以这些原料生产的纤维素燃料乙醇产量潜力分别可达到 7 290.4 万吨和 8 966.8万吨,因此今后需要把纤维素乙醇作为发展的重点。我国燃料乙醇的生产潜力比补充因保持适度的原油对外依存度而产生的汽油供求缺口所需要的燃料乙醇数量高得多,到 2020 年只需将燃料乙醇的上述生产潜力实现 25%,即可消除把原油对外依存度保持在 60% 而产生的汽油供求缺口。

第7章 我国液态生物质燃料的 发展潜力Ⅱ——生物柴油

7.1 主要能源作物选择

7.1.1 油料能源作物的选择依据

由于始终存在粮食安全的约束,我国不能把生产食用油的油料农作物大量用于生物柴油的生产,而应以非粮油料能源植物为主要原料。我国发展木本油料能源作物具备良好的基础,全球含油丰富的植物约有1.5万种,我国的数量约有上千种,现已查明的能源油料植物种类为151科697属1 554种,其中油脂植物138科1 174种,已查明的油料植物中种子含油量40%以上的植物则有154种。同时我国又有数量巨大的可种植林地,现有的木本油料树种总面积超过400万公顷,果(种)实的年产量在400万吨以上,此外还有大量的宜林荒山荒地、沙地、盐碱地等边际土地,适合培育特定的能源林。因此,油料能源作物的选用依据主要是考虑单产水平较高、作物的利用部位含油率不低于40%、可以规模化培育种植且适宜区域较广等因素,当前这类油料植物有10多种,其中比较有代表性的油料能源作物主要有麻疯树、黄连木、油桐、文冠果、光皮树和乌桕树等。

但是,我国也不能完全忽视食用油料作物的能源化利用,我国食用油料作物中的油菜和棉花的副产品棉籽都可以用来生产生物柴油。由于我国每年都有冬闲田等大量暂时闲置的耕地,用来种植油菜作为生物柴油的生产原料并不会产生与人争粮的问题;棉籽压榨出的棉籽油通常是用于生产食用调和油,但还有一部分棉籽没有得到有效的利用,因此棉花的副产品棉籽也应当作为生物柴油的一种重要的原料来源。

7.1.2 宜能油料作物的技术经济特性分析

1. 油菜籽

　　油菜是主要油料作物之一,适应范围广,发展潜力大。我国长江流域、黄淮地区、西北和东北地区都适宜油菜生长,适宜区域的耕地面积在 1 亿公顷以上。2005年我国油菜种植面积约有 733 万公顷,油菜籽的产量约为 1 300 万吨。目前我国南方水田区有冬闲田约 400 万公顷,南方丘陵耕地、北方灌区、北方旱作区域存在不同类型的季节性闲田约 550 万公顷。油菜籽的单产水平为 1.8～2 吨/公顷,平均产油率为 35%。如利用上述季节性闲田中的 30%～50%种植油菜,油菜籽的产量可达到 600 万～1 000 万吨,可生产生物柴油约 300 万吨,折合标准煤约 400 万吨。

　　2. 棉籽

　　我国是世界最大的棉花生产国,每年棉籽的平均产量在 1 200 万吨左右,可生产棉籽油 200 多万吨。棉籽油去毒后可以用来生产食用油,由于近年来我国豆油、菜籽油和花生油的消费量增长较快,棉籽油用于生产食用油的数量有逐渐下降的趋势。棉籽的出油率虽然低一些,但由于棉籽油除了用于食用和工业加工外还有剩余,生产生物柴油能够充分利用资源。用棉籽油生产生物柴油的转化率为95%,如果把利用不够充分的棉籽榨取棉籽油并转化为生物柴油,我国生物柴油的生产能力可得到一定的提高。如果把上述棉籽产量的一半用于能源转化,则可生产出生物柴油 100 万吨左右。

　　3. 麻疯树

　　麻疯树又名小桐子,生物分类为大戟科麻疯树属,是多年生落叶灌木或小乔木,树高 3 米左右,蒴果椭圆形或球形,种子椭圆状,目前在全世界的分布十分广泛。麻疯树在我国已经有 200 多年的种植历史,在云南、四川、广东、广西、贵州、福建、海南和台湾等省区均有栽培或野生,其中云南和四川的产量最多。麻疯树适合生长于海拔 1 600 米以下、年平均气温 17℃ 以上、极端气温不低于－5℃ 的地区。作为能源利用的是其籽粒,麻疯树种子(即小桐子)的含油率为 35%～40%,种仁的含油量高达 50%～60%,超过油菜和大豆等常见的食用油料作物。小桐子油的流动性好,与柴油、汽油、酒精的掺和性很好,相互掺和后在长时间内不分离,通过化学或生物学转化可以获得品质优于目前 0 号柴油的生物柴油。麻疯树干果的单产水平约为 6 吨/公顷,折合生物柴油的转化能力为 2.5 吨/公顷。

　　4. 黄连木

　　黄连木是漆树科黄连木属落叶乔木,树高可达 30 米,胸径 1.5～2 米,核果扁球形,种植 8～10 年开始挂果,盛果期 50 年左右。黄连木抗旱能力强,适合生长于年降水量 300mm 以上、极端低温－20℃ 以上、海拔 600～2 000 米的地区,微酸性、微碱性和中性的沙质土、黏质土都适合生长。根据全国普查的结果,黄连木广泛分布于我国的 24 个省区,以海拔 700 米以下的山地和丘陵分布最多。黄连木种子含油率为 35%～42.5%,种仁含油率为 56.5%,黄连木种子的单产水平为 7.5 吨/公顷,生产 1 吨生物柴油大约需要 2.5 吨黄连木种子。

5. 油桐

油桐是大戟科油桐属乔木,是典型的亚热带树种,主要有三年桐、千年桐两个种类,我国种植的油桐以三年桐为主。主要分布在我国北纬 22°～34°、东经 97°～121°的广大亚热带地区,包括湖南、湖北、贵州、重庆、四川、广西、广东、云南、陕西、河南、安徽、江苏、浙江、江西、福建、台湾等省市区,其中湖南、重庆、贵州、湖北等地栽培面积和产量最多。油桐籽的平均单产为 7.5 吨/公顷,含油率在 40%～50%之间,油桐籽压榨产生的桐油是生产生物柴油的优良原料,油桐生产生物柴油的能力约为 3 吨/公顷。我国开发利用油桐有悠久的历史,抗战期间曾把部分桐油用于汽车燃料,新中国成立后用于出口换汇;油桐的另一种用途是生产油漆,20 世纪 80 年代我国的种植面积曾达到 180 万公顷的峰值,从 90 年代起石油生产油漆的数量大增、成本明显下降,这使油桐的种植面积锐减。为了提高今后我国生物柴油的产量水平,采取措施增加油桐产量既有必要性又有可行性。

6. 其他油料作物

除了上述油料能源作物以外,我国还有文冠果、光皮树、乌桕树等木本油料作物,用以生产生物柴油也具备很大优势,目前的主要障碍是生长面积较小,今后通过培育和改造能增加其种植面积,可适度提高生物柴油的产量水平。我国的油茶树虽有一定的播种面积,近年来油茶籽产量也在 100 万吨左右,但利用压榨出的茶油制取食用油有更大的优势和更好的经济效益,本文不考虑将其作为生物柴油的生产原料。从长期来看,含油藻类生产生物柴油的效率和产量比目前的油料能源作物高得多,具备大幅提高生物柴油产量的潜力。但目前尚处于实验室制备阶段,规模化生产存在很大的技术经济障碍,预计在 2030 年以后才能逐步提高商业化生产的规模,因此本文并未将其确定为近期内可行的能源作物。

根据现有的相关资料和研究,将上述油料能源作物的技术经济指标和适宜的种植区域汇总于表 7-1 中,后面章节中测算能源作物的生物柴油生产潜力时将以此为依据。

表 7-1　　我国主要油料能源作物的生产技术指标和分布区域（单产水平为 2005 年数据）

油料作物	主要分布地区	含油率（%）	种子平均单产水平(吨/公顷)	现有种植面积（万公顷）
油菜（菜籽）	黄淮流域、长江流域、东北、西北	30～40	1.8	700 左右
棉花（棉籽）	新疆、黄淮海平原	15～18	2	≥500
麻疯树	四川、云南、贵州、重庆、广西、海南、福建	30～60	6	2.1
黄连木	北至河北、山东，南至广东、广西，东至台湾，西南至四川、云南均有分布，其中以河北、河南、山西和陕西为最多	35～40	7.5	8.7
油桐	甘肃、陕西、云南、贵州、四川、河南、湖北、湖南、广东、广西、安徽、江苏、浙江、福建和江西 15 个省区	40～50	7.5	118.8
光皮树	集中分布于长江流域至西南各地的石灰岩区，黄河流域及其以南也有分布	30～40	7.5	0.45
文冠果	宁夏、甘肃、内蒙古、陕西、东北各省及华北北部	30～40	6	0.5
乌桕树	主产于长江流域和珠江流域，浙江、湖北、四川最多	35～50	4.8	4.8

资料来源：根据左玉辉(2008)、赵勇强(2010)等人的研究整理得到。

7.2　原料作物的产量与生产潜力

7.2.1　食用油料作物

　　全球适合生产生物柴油的食用油料作物主要有大豆、油菜和棕榈油，我国每年需要大量进口大豆和棕榈油，只有油菜有作为生物柴油原料的可能。出于粮食安全目标的考量，我国生物柴油的原料资源虽然应优先考虑非粮能源作物，但是每年有大量冬闲田未被利用也形成了资源浪费，而开发部分冬闲田种植一季油菜不会影响到粮食和其他油料作物的播种面积。通过合理扩大冬油菜的种植面积既能增加食用油的产量，又可适度提高生物柴油的产量。目前我国是世界棉花生产第一大国，每年棉花收获的同时产生了数量可观的棉籽副产品，棉籽榨油后有一部分加工成食用油或作为工业生产原料，但未被有效利用的棉籽油所占比重也很大，将这部分棉籽油用于生产生物柴油可以有效防止浪费，同时又具有增强生物柴油补充车用燃油消费的作用。根据上述情况,本节分析今后在合理开发的前提下我国油菜籽和棉籽的生物柴油生产潜力。

将一部分油菜籽和棉籽作为能源转化原料可产生的生物柴油生产潜力可用下式表示:

$$E_{bo}=Q_r\eta_1+Q_{cs}\eta_2 \tag{7-1}$$

其中,E_{bo}为食用油料作物的生物柴油转化量,Q_r为用于能源转化的油菜籽产量,η_1为油菜籽的生物柴油转化率,Q_{cs}为用于能源转化的棉籽数量,η_2为棉籽的生物柴油转化率。

根据农业部的调查资料,目前我国南方地区的冬闲田约有 1.4 亿亩(933.33万公顷),其中 1 亿亩(666.67 万公顷)较容易开发利用。农业部编制的《南方冬闲田开发利用规划(2009～2015 年)》中的开发目标是 2015 年利用南方冬闲田5 000万亩,到 2020 年可再开发 5 000 万亩,其中油菜种植面积总计可增加 4 500万亩(300 万公顷)。根据我国食用油的生产水平,这 300 万公顷冬油菜增加的油菜籽产量中有一半用来生产生物柴油,其他部分用于食用油加工是比较可行的,则每年有 270 万吨油菜籽用于能源转化,可以生产生物柴油 100 万吨左右,这一产量是 2010 年生物柴油产量的两倍。按照上述开发冬闲田种植油菜每年增加 30 万公顷的速度,到 2025 年油菜的利用面积可进一步增加 150 万公顷,再加上其他农作物的种植,即可把 1.4 亿亩冬闲田全部利用起来,增加油菜籽的产量又能把生物柴油的产量提高 50 万吨。如果再考虑技术进步使油菜单产水平年均提高 1%,生物柴油的产量可进一步得到提高。

由于播种面积有一定的波动,近 10 年来我国棉花产量大致在 500 万～760万吨之间,但总体变化趋势是逐步上升的,棉籽与棉花的产量之比约为 1.8∶1,因此棉籽产量从 900 万吨逐步增加到 1 350 万吨。分析历年棉花产量数据可以计算出棉花的年均增长率为 2%,测算今后的棉籽产量可按这一增长率和上述比例为依据。根据有关分析,当前棉籽油用于生产和调配食用油的比例为40%,用于工业加工的比重在 30% 左右,但是还有另外 30% 并未得到充分利用,假定今后未充分利用的棉籽油所占比重不变,将这部分棉籽油用于生产生物柴油,则既能提高生物柴油的产量水平,又可防止资源浪费。

我国生物柴油产业的发展刚刚起步,目前的产量水平很低,提高产量需要一定的时间,而且用食用油料作物的一小部分生产生物柴油又需要合理规划才能统筹兼顾,因此估计食用油料作物的能源转化潜力最快要到 2015 年才可转变为现实的产量。由上述基础数据和相关参数设定,得到今后我国利用冬油菜和棉籽生产生物柴油的产量,具体结果如表 7-2 所示。

表 7—2 　　　　　　　　 2015～2030 年我国涉粮油料作物的生物柴油生产潜力 　　　　　　 单位：万吨

年份	棉籽产量	能源转化的可利用量	生物柴油产量Ⅰ	冬闲田利用面积①	油菜籽产量	菜籽油产量	菜籽油能源转化量	生物柴油产量Ⅱ	生物柴油生产潜力
2015	1 283.78	385.13	58.54	150	298.25	104.39	52.19	49.58	108.12
2016	1 309.45	392.84	59.71	180	361.48	126.52	63.26	60.10	119.81
2017	1 335.64	400.69	60.91	210	425.94	149.08	74.54	70.81	131.72
2018	1 362.36	408.71	62.12	240	491.66	172.08	86.04	81.74	143.86
2019	1 389.60	416.88	63.37	270	558.64	195.53	97.76	92.87	156.24
2020	1 417.39	425.22	64.63	300	626.92	219.42	109.71	104.23	168.86
2021	1 445.74	433.72	65.93	330	696.51	243.78	121.89	115.80	181.72
2022	1 474.66	442.40	67.24	360	767.43	268.60	134.30	127.59	194.83
2023	1 504.15	451.25	68.59	390	839.70	293.89	146.95	139.60	208.19
2024	1 534.23	460.27	69.96	420	913.33	319.67	159.83	151.84	221.80
2025	1 564.92	469.48	71.36	450	988.35	345.92	172.96	164.31	235.67
2026	1 596.22	478.87	72.79	450	998.24	349.38	174.69	165.96	238.74
2027	1 628.14	488.44	74.24	450	1 008.22	352.88	176.44	167.62	241.86
2028	1 660.70	498.21	75.73	450	1 018.30	356.41	178.20	169.29	245.02
2029	1 693.92	508.18	77.24	450	1 028.49	359.97	179.98	170.99	248.23
2030	1 727.80	518.34	78.79	450	1 038.77	363.57	181.78	172.70	251.48

资料来源：根据《2012 年中国统计年鉴》相关数据整理推算。

由以上测算可以看出，以开发冬闲田增产的油菜籽和棉花种植的副产品棉籽为原料生产生物柴油的潜力较为有限，开发这两种原料主要是为了充分利用资源，到 2020 年生物柴油转化量只有 169 万吨，尚未达到届时生产 200 万吨生物柴油的规划目标。这样的产量水平对弥补我国为保持相对安全的原油对外依存度而产生的柴油供求缺口来说显然是杯水车薪，因此利用边际土地开发非粮油料能源作物作为提升我国生物柴油产量的主要途径就显得格外重要。

7.2.2　油料能源作物

根据第 6 章第二节的分析，我国可利用上述Ⅱ等宜能边际土地中的 2/3 和全部Ⅲ等宜能边际土地来种植油料能源作物，本部分将以上述边际土地数量为基础来测算生物柴油的生产转化潜力。由于木本油料能源作物种植后必须经过一段生长时间后才能产果，如麻疯树和油桐需要 3～5 年、黄连木要经过 8～10 年才能挂果，在生物柴油的潜力测算中要考虑到这种生物学特性所造成的产量滞后时间。

根据目前的相关资料和一些研究，2006 年我国油料能源林的分布面积为

---

①　油菜的冬闲田利用面积单位是万公顷。

135万公顷,其中大部分为天然生长的面积;2015年和2020年我国油料能源林的种植面积分别将达到800万公顷和1 000万公顷,可实现生物柴油产量400万吨和600万吨。按照国家林业局出台的文件《全国林业生物质能发展规划(2011～2020年)》,我国制定了到2015年和2020年能源林的种植面积分别达到962.63万公顷和1 899.03万公顷的目标。由上述资料可以判断,目前我国部分地区已经开始种植油料能源林,按照油料能源作物挂果前的生长期,我国最快到2015年才可以收获能源作物种子,生物柴油的产量才能明显增加。因此,设定从2010年开始开发边际土地种植油料能源作物,测算2015～2030年利用油料能源作物生产生物柴油的潜力。为了防止某个地区长期种植单一能源作物对当地生物多样性带来破坏,将上述几种典型能源作物的种植都考虑在内,结合各种油料能源作物的适生区域和宜能边际土地的地区分布,确定各个地区能源作物的种类与种植面积。

通过比较可以发现,在第6章所采用的农作物种植区划中,东北区和蒙新区只适合种植文冠果一种能源作物,华北区适合种植黄连木、油桐和光皮树三种能源作物,黄土高原区适合开发黄连木和文冠果两种能源作物,长江中下游区适合利用光皮树和乌桕树两种能源作物,华南区适合培育麻疯树、黄连木和乌桕树三种能源作物,西南区适合开发麻疯树、黄连木和油桐三种能源作物。对一个地区同时适合两种或更多种能源作物的情况,本研究采取将边际土地平均分配用于能源作物种植的方式简化处理。

依据上述设定,油料能源作物产生的生物柴油转化潜力可由(7-2)式表示:

$$E_{bc} = \sum_{i=1}^{m} q_{2i}Q_{2i}\mu_2 + q_{3i}Q_{3i}\mu_3 \tag{7-2}$$

其中,E_{bc}为源于油料能源作物的生物柴油产量,q_{2i}为利用Ⅱ等边际土地种植第i种能源作物的单位柴油转化水平,q_{3i}为利用Ⅲ等边际土地种植第i种能源作物的单位柴油转化水平,Q_{2i}为Ⅱ等边际土地中种植第i种能源作物的面积,Q_{3i}为Ⅲ等边际土地中种植第i种能源作物的面积,μ_2为Ⅱ等边际土地的垦殖率,μ_3为Ⅲ等边际土地的垦殖率,m表示适合生产生物柴油的能源作物有m种。

与淀粉和糖料能源作物不同的是,油料能源作物一旦种植后可连续开发30年以上,进入盛果期后其单产水平基本不会发生变化;利用边际土地种植油料能源作物的面积每年会扩大一些,但占能源作物种植面积的比例不大,而且同样要经过至少几年的生长期后才能进入产果期,因此能源作物单位面积生产生物柴油的平均水平可视为保持不变。按照对能源作物起始种植时间的上述设定,能源作物的生物柴油生产潜力可按照 2010 年各种能源作物的单产水平为依据进行测算。表 7—1 中能源作物的单产水平是 2005 年的数据,考虑到技术进步的因素,按照单产水平年均提高 1‰可计算出各种能源作物 2010 年的单产水平,据此测算出黄连木、油桐和光皮树的单位面积生物柴油生产量均为 3.15 吨/公顷,麻疯树和文冠果的生物柴油单位面积产量都是 2.63 吨/公顷,乌柏树单位面积的生物柴油产量为 2.1 吨/公顷。油料能源作物在Ⅲ等边际土地种植的单产水平可按种植于Ⅱ等边际土地的 80%计算,这就能折算出利用Ⅲ等边际土地种植各种能源作物的单位面积生物柴油转化量。由上述基础数据和参数设定可得到我国 2015 年、2020 年、2025 年和 2030 年 4 个标志年份开发能源作物的生物柴油生产潜力,具体结果如表 7—3 所示。根据测算结果,2015 年我国利用能源作物生产生物柴油的潜力就能达到 687 万吨,2020 年产量规模增加至 1 460 万吨,达到了现行规划发展目标的 7 倍,到 2030 年产量水平则进一步上升到 2 556.6 万吨。

表 7—3　　　　　我国开发边际土地种植油料能源作物的生物柴油产量①　　　　单位:万吨

区域名称	边际土地利用量(万公顷)			边际土地开发率和油料能源作物生产生物柴油的潜力			
	Ⅱ等边际土地	Ⅲ等边际土地	合计	2015 年 30%Ⅱ, 20%Ⅲ	2020 年 50%Ⅱ, 35%Ⅲ	2025 年 65%Ⅱ, 50%Ⅲ	2030 年 80%Ⅱ, 65%Ⅲ
东北区	33.33	151	184.33	89.72	154.81	215.53	276.24
华北区	16.67	35	51.67	22.26	57.13	78.23	99.34
黄土高原区	16.67	127.33	144	33.32	127.03	178.38	229.73
长江中下游区	50	70	120	68.78	117.08	158.81	200.55
蒙新区	194.97	274.6	469.57	269.16	458.22	621.63	785.05
华南区	16.67	35	51.67	16.70	47.62	65.21	82.80
西南区	112.27	397.87	510.14	187.44	498.52	690.69	882.86
合计	440.58	1 090.8	1 531.38	687.37	1 460.40	2 008.48	2 556.56

资料来源:根据表 6—3 的基础数据计算。

根据各种油料能源作物的种植区域,可以得到上述 4 个标志性年份以各种能源作物为原料转化生物柴油的总体潜力,详细情况见表 7—4。按照测算结果,今后应重点开发黄连木、文冠果、麻疯树和油桐 4 种能源作物。其中文冠果生产生物柴油的潜力最大,这主要是因为蒙新区的边际土地数量很大,而且东北

---

① 表中"30%Ⅱ,20%Ⅲ"表示Ⅱ等和Ⅲ等边际土地的开发率分别为 30%和 20%,下同。

区和蒙新区的边际土地全部用于文冠果的种植,其他区域则要种植 2～3 种能源作物;黄连木由于分布的地区最广泛,需要在华北区、黄土高原区、西南区和华南区进行种植,产量潜力居第二位;油桐是我国开发历史悠久、利用较为广泛的能源作物,主要在华北区和西南区种植,其生物柴油的生产潜力处在第三位;麻疯树主要利用西南区和华南区的边际土地进行种植,生物柴油的生产潜力位居第四;光皮树和乌柏树由于适生区域的种植面积较小,生物柴油的产量潜力排在后面。

表 7—4　　　　　　　　我国各种油料能源作物生产生物柴油的总体潜力　　　　　　　单位:万吨

年份 能源作物	2015	2020	2025	2030
黄连木	未到产果期,生物柴油的产量潜力为 0	华北区 19.04 黄土高原区 69.28 华南区 19.04 西南区 175.92 共计 283.28	华北区 26.08 黄土高原区 97.28 华南区 26.08 西南区 243.73 共计 393.17	华北区 33.11 黄土高原区 125.29 华南区 33.11 西南区 311.54 共计 503.06
麻疯树	华南区 9.28 西南区 85.23 共计 94.51	华南区 15.88 西南区 146.69 共计 162.57	华南区 21.75 西南区 203.23 共计 224.98	华南区 27.62 西南区 259.77 共计 287.39
油桐	华北区 11.13 西南区 102.21 共计 113.34	华北区 19.04 西南区 175.92 共计 194.96	华北区 26.08 西南区 243.73 共计 269.81	华北区 33.11 西南区 311.54 共计 344.66
文冠果	东北区 89.72 黄土高原区 33.32 蒙新区 269.16 共计 392.2	东北区 154.81 黄土高原区 57.75 蒙新区 458.22 共计 670.78	东北区 215.53 黄土高原区 81.1 蒙新区 621.63 共计 918.26	东北区 276.24 黄土高原区 104.44 蒙新区 785.05 共计 1 165.73
光皮树	华北区 11.13 长江中下游区 41.27 共计 52.4	华北区 19.04 长江中下游区 70.25 共计 89.29	华北区 26.08 长江中下游区 95.29 共计 121.36	华北区 33.11 长江中下游区 120.33 共计 153.44
乌柏树	长江中下游区 27.51 华南区 7.42 共计 34.93	长江中下游区 46.83 华南区 12.69 共计 59.52	长江中下游区 63.53 华南区 17.38 共计 80.91	长江中下游区 80.22 华南区 22.08 共计 102.3

资料来源:同表 7—3。

　　由于西南区的边际土地在上述 7 个区域中数量最多,各种能源作物生产生物柴油的潜力总和是最大的(2015 年除外,因黄连木尚未产果,产量潜力低于蒙新区),蒙新区生物柴油的生产潜力位列第二,东北区、黄土高原区和长江中下游区生物柴油的生产潜力分列 3～5 位,华北区和华南区生物柴油的生产潜力最小。因此今后我国应把西南区、蒙新区、东北区、黄土高原区和长江中下游区作为油料能源作物重点开发区,即我国行政区划中的西南、西北、东北三省和中东部等地区需要作为生物柴油的重点产区。

虽然我国利用边际土地种植油料能源作物生产生物柴油的潜力比较大,但单独这一个方面的生物柴油产量与我国实施能源替代战略所需要的生物柴油数量相比仍有一定的差距,还需要开发其他可行的原料资源。如果能把 2015 年的生物柴油生产潜力转变为现实的产量,基本能实现将车用柴油需求全部推行使用 B5 生物柴油的目标,届时的原油对外依存度基本可保持在 60％;但随着我国保持安全的原油对外依存度所需生物柴油的快速提高,2020 年的生物柴油产量水平就只能勉强将原油对外依存度保持在 65％,届时将车用柴油全部混配成 B5 生物柴油不存在障碍,但这种产量不足以推行 B10 生物柴油的标准。要保持合理的原油对外依存度,就必须进一步增加生物柴油的产量,可行的实现途径主要有两条:一是加强利用餐饮废油和部分涉粮油料作物生产生物柴油的力度,特别是我国居民日常生活产生的餐饮废油数量巨大,用于生产生物柴油可发挥的潜力很大,下一节还将对此进行重点分析;二是扩大上述Ⅱ等边际土地和Ⅲ等边际土地开发率,在本研究测算中,Ⅱ等和Ⅲ等边际土地的垦殖率最高分别只设定了 80％和 65％,如果能通过加大投资和改造力度改善边际土地的质量或者使边际土地的垦殖率提高更快,能源作物的单产水平或播种面积会得到提高,原料资源数量增加后就能进一步扩大生物柴油的生产潜力。

7.3 餐饮废油脂原料资源的能源化开发

7.3.1 开发利用餐饮废油脂的依据及困境

1. 餐饮废油能源化利用的必要性

近年来我国对柴油的消费量较大,增长也很快,是石油对外依存度逐年提高的重要诱因。当前我国政府对发展生物柴油也比较重视,制定了一系列扶持激励政策和发展规划,对该产业的发展起到了一定的促进作用。其中《可再生能源中长期发展规划》和《可再生能源发展"十二五"规划》提出了一些具体的指导意见和目标。生物柴油的发展目标是:2010 年生物柴油的利用量达到 20 万吨,2020 年生物柴油的利用量达到 200 万吨。原料要以小桐子、黄连木、油桐、棉籽等油料作物为主加强技术研发,逐步建立餐饮废油回收体系。政策扶持方面要制定生物柴油的技术标准和使用规范,制定和落实非粮生物柴油收购制度和财政补贴办法。但是我国生物柴油的发展规模仍然很小,即便实现年产量 200 万吨的政府规划目标,也只能补充现阶段柴油需求量的 1％,基本起不到替代柴油消费的实质作用。因此生物柴油的生产能力亟须提高,而获得充足适宜的原料则是关键保障,生物柴油的原料选择必须契合我国的资源禀赋特点。

世界上多数国家生产生物柴油的原料主要是食用油,美国和欧洲分别用转基因大豆油和菜籽油为原料,南美和东南亚则是以棕榈油为主,原因是这些国家的食用油产量大大超过了生活消费量。但是我国不能将食用油作为生物柴油的原料,主要原因有两个:一方面,我国必须用足够的耕地才能保障粮食安全,导致油料作物和食用油的产量受限,我国近年来都是通过进口来弥补国内产量与消费量的差距(见表 7—5);另一方面,我国食用油的价格一直高于柴油(如表 7—6所示),而生物柴油的价格至多只能和石化柴油相同,用来生产生物柴油会导致成本与价格倒挂,生物柴油企业为避免亏损,也不会把食用油用作生产原料。

表 7—5　　　　　　　　　　近年来我国大豆和食用植物油的净进口量　　　　　　　　　　单位:万吨

年份	大豆	食用植物油	年份	大豆	食用植物油
2001	1 394	165	2006	2 824	669
2002	1 131	319	2007	3 082	838
2003	2 074	541	2008	3 744	816
2004	2 023	676	2009	4 255	816
2005	2 659	621	2010	5 480	687

资料来源:根据国务院发展研究统计数据库整理计算。

表 7—6　　　　　　　　　　近年来我国主要食用油与柴油的价格对比[①]　　　　　　　　　　单位:元/吨

年份	豆油	菜籽油	花生油	柴油
2005	6 926	7 428	10 798	4 485.4
2006	6 793	7 194	10 814	5 211.8
2007	8 814	9 770	13 564	5 835.9
2008	11 863	13 893	18 363	6 879.5
2009	8 734	11 020	14 770	6 680.7
2010	9 463	11 730	16 617	7 738.8

资料来源:根据国务院发展研究统计数据库整理计算。

很多国家把油料能源作物作为生物柴油的重要原料,我国的油料植物种类也比较多,资源开发潜力很丰富,但是为防止影响粮食安全,油料能源作物的开发也不能占用耕地。当前我国刚开始着手能源作物培育和边际土地开发,油料能源作物的产量还很小,同样不适合大规模生产生物柴油。根据上述对比分析,

---

①　食用油的价格始终高于柴油,但由于数据的可获得性,本文只选取 2005～2010 年度进行对比,每个年度价格为 12 个月的平均值;2005 年的柴油价格为 0 号柴油的价格,其余年份为 10 号柴油的价格。

我国发展生物柴油的原料资源选择必须另辟蹊径,其中餐饮废油是今后较为可行的原料资源。餐饮废油主要包括地沟油、泔水油、煎炸废油以及食品和油脂加工中产生的废油等,由于含有较多有害物质而不能食用,生产生物柴油是餐饮废油无害化处理的一条重要途径。目前日本和欧洲一些较为发达的国家对于把餐饮废油作为生物柴油的辅助原料已经有了较为成功的经验,其中日本近年来生物柴油的产量约为40万吨/年,通过这种途径基本消除了其国内餐饮废油的危害。

由于我国餐饮废油的产生量很大,如果处理不当会造成严重的危害,当前餐饮废油的主要"出路"有三种:一种是作为垃圾被处理掉,这种方式不会产生收益,而且相当于造成了资源浪费,目前餐饮废油很少通过这种方式处理;另一种是回收提炼出外观和成分与食用油相近但对健康有害的劣质油,并与食用油混合销售,这种处理方式会造成社会成本但可获得明显的利益,因此不法分子会利用这种方式牟取利益,餐饮废油回流餐桌的现象常见;第三种方式是将餐饮废油作为资源加以利用,主要是生产生物柴油,通过能源转化可获取一定的收益,同时也实现了无害化处理,是应当引导的一种处理方式,但是这种方式还存在较多障碍,其中最突出的问题是通过非法途径回流餐桌。当前我国亟须提高生物柴油的产量来缓解经济发展中的能源约束,同时又必须消除餐饮废油中相当大的部分回流餐桌造成的各种危害。而把餐饮废油转化为生物柴油既是消除其危害的一种有效方式,又能有效提高生物柴油的产量水平,因此餐饮废油是当前最适宜生产生物柴油的原料。而要顺利实现餐饮废油能源化,就必须切断其回流餐桌的途径,因此需要对餐饮废油能源化出现困境的原因进行分析。

2. 当前餐饮废油用于能源转化的困境

近年来受利益驱动,很多不法分子将餐饮废油回收后炼制成外观与食用油相似的劣质油品,并作为食用油进行销售或用于食品加工,餐饮废油回流餐桌对我国的食品安全和公共卫生造成了严重危害。根据相关的测算,近年来我国非法回流餐桌的餐饮废油数量接近300万吨/年。

现阶段餐饮废油非法炼制和销售行为猖獗,导致生物柴油产业很难得到充足的原料资源,企业的积极性也难以调动起来。即便一些用餐饮废油生产生物柴油较为成功的大城市,餐饮废油也有一半流向了非法"地沟油"加工点,而其他城市废油回流餐桌的比重更大。因此大多数生物柴油生产企业都出现了产能闲置,此外还出现了个别生物柴油企业用餐饮废油"炼制"食用油的现象。自2007年以来我国生物柴油企业的总产能水平一直保持在300万吨/年,但原料的缺乏导致生物柴油实际产量低于50万吨/年。而根据有关测算,我国城镇居民和餐饮行业产生的餐饮废油就超过了 300 万吨/年,如果这些废油能全部用于能源转化,不仅可解决我国生物柴油产能闲置问题,在一定程度上缓解能源供求矛盾,也能消除其回流餐桌对食品安全的威胁。

当前我国对餐饮废油回流餐桌的问题也很重视,采取了一些措施进行治理,执法部门也加强了对非法炼制餐饮废油的查处和打击力度,但废油炼制劣质食用油的案件仍然时有发生且屡禁不止。现阶段餐饮废油易于回流餐桌而很少流向生物柴油生产的原因主要有以下两个方面:一是废油炼制劣质食用油的各个加工环节都可获得较高利益,使不法分子甘冒风险;二是制度缺陷导致的监督成本高、餐饮废油回收办法缺失、生物柴油产品标准缺乏以及扶持政策缺失等一系列问题,产生了明显的社会成本。

3. 餐饮废油能源化困境的成因

(1)利益驱动限制餐饮废油能源化进程

餐饮废油非法回流餐桌的直接诱因是利益驱动,根据警方对一些典型"地沟油"案件的侦查,餐饮废油"食品化"要经过多层加工,各道工序都有较大获利空间,丰厚的利益使很多不法分子敢于铤而走险。2011 年重庆破获的潲水油案件揭示出了餐饮废油"食品化"的利益链,餐饮废油最终"炼制"成劣质食用油需要经过 5 个环节,每个环节都能给不法分子带来高额利润(详见表 7－7),这就是餐饮废油能对不法分子保持强大吸引力的原因。相应地,餐饮废油能源化的生产成本更高,生物柴油的价格水平又明显低于食用油,致使生物柴油企业的利润空间狭小甚至出现亏损,这使人们对餐饮废油能源化的积极性大打折扣,也是少数生物柴油企业转向非法食用油生产的重要原因。

表 7－7	潲水油回流餐桌大致的利益变化情况[①]		单位:元/吨
潲水油非法加工环节	成本	收益	利润
环节 1:收购与预处理	1 000	3 000	2 000
环节 2:毛油倒卖	3 000	4 000	1 000
环节 3:初步炼制	4 000	6 000	2 000
环节 4:精加工	6 000	8 000	2 000
环节 5:销售	8 000	9 000	1 000

资料来源:重庆最大潲水油案,《法制晚报》,2012 年 2 月 6 日。

---

① 非法食用油的销售同样经过经销商和农贸市场环节,销售利润根据消费者最终购买后折算得到。

　　而从经济学中理性选择的角度进行分析,餐饮废油是用于"食品化"还是能源化取决于各自的机会成本,餐饮废油能源化的机会成本正好是其"食品化"的收益,机会成本太高是造成当前餐饮废油能源化困境的重要原因。

　　设餐饮废油的收购价格为 P_w,生物柴油的生产成本为 C_{bd},价格为 P_{bd},石化柴油的价格为 P_d,食用油价格为 P_c;餐饮废油转化的劣质食用油价格 P_{c1} 接近于正规食用油,生物柴油的价格不高于石化柴油才有竞争优势,餐饮废油的价格低于生物柴油才能用作生产原料,因此有 $P_c \geqslant P_{c1} > P_d \geqslant P_{bd} > C_{bd} > P_w$。餐饮废油更多地回流餐桌而不是用于能源转化可由图 7—1 来表示。S 是餐饮废油作为生产原料的供给曲线,它与油品价格线的交点表示餐饮废油的回收利用量,如果用于能源转化的均衡点在 E_1,而用于非法炼制食用油的均衡点在 E_2,两种情况下餐饮废油的利用量分别为 Q_1 和 Q_2。餐饮废油"食品化"的机会成本 P_{bd} 小于其能源化的机会成本 P_{c1},造成了回流餐桌的数量 Q_2 多于能源转化的数量 Q_1,这就解释了餐饮废油能源化为何会陷入困境。

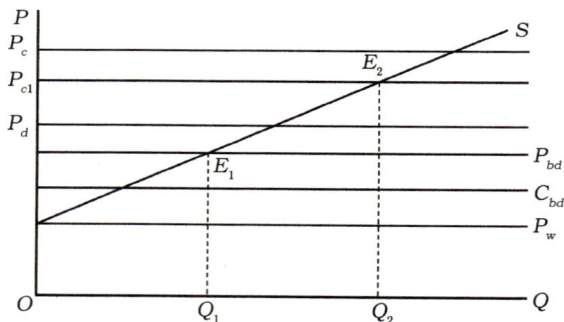

图 7—1　餐饮废油的利用量与目标"产品"价格的关系

　　近期餐饮废油、生物柴油、石化柴油与食用油的价格水平如图 7—2 所示,餐饮废油"食品化"对不法分子的吸引力由此可见一斑。随着不法分子争抢和囤积生物柴油原料的现象不断加剧,餐饮废油的价格还在逐步走高,当前用潲水油生产生物柴油的成本和产品价格基本持平,少数地区还出现了成本与价格倒挂的现象。这些现象与上述分析一致,如果没有有效的对策,今后餐饮废油能源化的困境将更加固化。

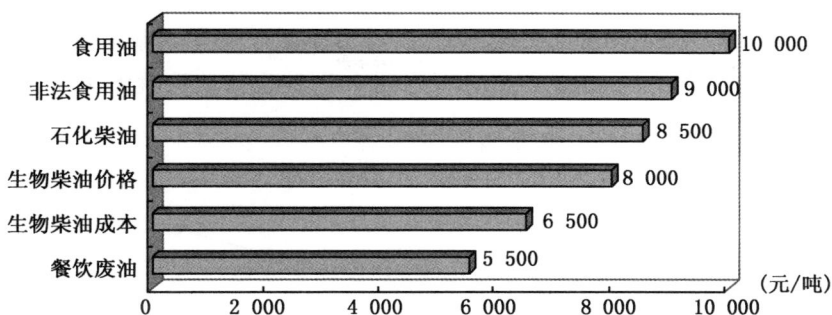

资料来源:根据相关数据整理得到。

图 7-2　餐饮废油、柴油与食用油的平均价格水平比较①

(2)外部性和不对称信息使餐饮废油能源化陷入困境

餐饮废油能源化陷入困境的另一个重要原因是,在生物柴油生产存在外部性的情况下,我国缺乏针对该产业发展的扶持和激励政策,对生物柴油也没有制定具体的产品标准。由于餐饮废油能源化的比较效益相对较低,对公众健康和环境保护有很大好处,政府理应提供补贴或给予优惠政策。而当前政府扶持不到位,使私人收益与社会收益之间的差额得不到弥补,负外部性抑制了企业用餐饮废油生产生物柴油的动机。当前生物柴油的技术也未完全成熟,产品品质还不够稳定,需要制定产品标准来引导生产和消费。我国的生物柴油产品标准不够完善产生了不对称信息,导致生物柴油市场出现逆向选择,结果使生物柴油缺乏定价权,产品销售陷入明显困境。

逆向选择造成的生物柴油销售困境可用图 7-3 来说明。S 为代表性企业生物柴油的供给曲线,生物柴油的生产成本为 C_{bd},当前技术水平的限制使其存在品质差异,品质差异产生了价格差异。高品质生物柴油的理化性质与石化柴油相同,可以以石化柴油的价格 P_d 销售,品质越差的生物柴油价格就越低,但不能低于成本,因此企业接受的生物柴油价格 P_{bd} 在 C_{bd} 和 P_d 之间。若市场上全是高品质生物柴油,企业愿意供给的生物柴油数量为 Q_0,但在缺乏产品标准的情况下,消费者无法根据生物柴油的品质判断其价格是否合理,只能认为市场上都是品质较低的生物柴油,从而不会以 P_d 的价格购买高品质的生物柴油,而愿意以低于 P_{bd} 的价格 P_1 购买品质略低的生物柴油,企业愿意提供的生物柴油数

---

①　餐饮废油、柴油和食用油的价格都在一定范围内波动,因此本文中上述价格水平取其各自范围的平均值。

量减少到 Q_1。而低品质生物柴油同样会由于不对称信息而逐步退出市场,最终消费者只愿以 C_{bd} 的价格买到品质最差的生物柴油。但生物柴油价格为 C_{bd} 时的利润为 0,企业愿意供给的产量会下降到 0,因此生物柴油就无法顺利销售出去。

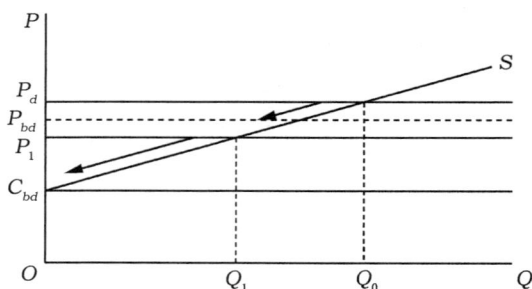

图 7-3　逆向选择导致生物柴油销售出现困境

现实的情况也验证了上述理论分析,当前石化柴油价格在 8 000~9 000 元/吨之间,生物柴油的生产成本在 6 000~7 000 元/吨之间,平均销售价格在 7 500~8 000 元/吨之间,虽比石化柴油有价格竞争力,但产品标准不够完善和人们观念上未接受生物柴油致使石油企业不生产生物柴油,加油站不收购生物柴油,大多数消费者依旧使用石化柴油。因此生物柴油企业的产品积压严重,通常只有一小部分生物柴油销售给农村的少数用户,以餐饮废油为原料的生物柴油产业陷入了生产不足和销售不畅的双重困境。

由以上分析可知,负外部性和不对称信息导致了餐饮废油能源化陷入发展困境。因此要保持当前基于餐饮废油原料的生物柴油产业持续发展,亟须加强有效的政府扶持与激励来弥补餐饮废油能源化的外部效应,并制定科学的产品标准,通过信号发送赋予生物柴油定价权。

(3)制度缺陷导致餐饮废油流向餐桌而非能源化利用

除了利益驱动这一直接原因之外,当前制度不完善是出现餐饮废油"食品化"现象的又一重要原因。虽然政府部门制定了很多治理餐饮废油回流餐桌的办法,但实际效果却不尽如人意。主要是由于对餐饮废油的回收、检测及处理办法缺乏可依据的具体标准,抑制了其向能源化方向流动,这种信息不对称使得监督成本过高,难以防止餐饮废油食品化。同时检测标准的缺失更难以防止不法分子钻法律和监管的空子,曾有记者采集地沟油样本进行检测,其中两份样本检测结果达到了食用油的现行国家标准,说明对"地沟油"的识别办法很有限。当前对餐饮废油非法炼制的惩罚力度不足降低了违法者面临的机会成本,违法成本低又助长了不法分子追逐非法利益的行为。由于劣质食用油的价格低于正规食用油而且难以鉴别,一部分消费者和食品加工商为了降低开支或成本就会有使用的动力,特别是小型食品加工作坊更倾向于使用劣质食用油。劣质食用油中含有多种致病和致癌的有毒有害物质,对人体的危害不一定会立即发生但能存在很长时间,餐饮废油"食品化"造成的社会成本主要是劣质食用油对消费者造成的各种健康损害和经济损失。可见由于制度不完善导致当前政府对餐饮废油"食品化"的治理失效,政府调控失灵造成明显的负外部性,产生了较高的社会成本。

7.3.2　餐饮废油脂"能源化"的可行资源数量测算

1. 思路、方法与数据来源

餐饮废油的产生量与食用油脂消费量存在明显的正相关关系,而食用油脂消费量与人口规模和生活水平密切相关,鉴于我国人口众多,可用于生物柴油生产的餐饮废油产生量是很可观的。据统计,2001 年日本食用油脂的消费量约为200 万吨,产生废油脂 40 万吨,废油脂产生量是食用油脂消费量的 20%;美国废油脂的产生量大约为 100 万吨/年,其中华盛顿州人均废油脂产生量为 12 千克/年(彭荫来,2001)。考虑到美国和日本的生活水平较高,食用油脂消费量基本保持稳定,近年来餐饮废油的产生量不会发生大的变化,因此上述数据可以作为估算我国当前餐饮废油规模的参考。由于我国居民生活水平正在逐步提高,食用油脂消费量还会有一定的上升空间,今后我国餐饮废油的产生量还会有所增加,但是由于我国居民的饮食结构与西方发达国家不同,对食用油的消耗量将不会提高到发达国家的水平,人均餐饮废油产生量也会低于美国的水平。图7-4显示了 2001~2010 年我国的食用油生产量,由产量变化趋势可以推断我国食用油的消费量在逐年上升,由此可见,今后一段时期内我国可用于生物柴油生产的餐饮废油数量还有一定的提升潜力。但是由于食品类商品的需求弹性较小,加上人们出于健康考虑会避免食用油过度消费,今后我国居民对食用油脂的消费水平提高到一定程度后将保持稳定。根据国内外餐饮废油的产生情况,食用油消费中废油脂的产生率约为 20%,由此可估算出 2010 年我国从食用油中产生的餐饮废油规模已经达到 776 万吨左右。而冀星(2011)把我国动物油脂的消费也考虑在内,估算出我国 2010 年餐饮废油的产生总量在 860 万~2 080 万吨之间,可收集利用的数量在 300 万~1 040 万吨之间,但是该估算结果的范围和误差较大,使其准确性受到了一定的影响。因此需要对我国今后每年的餐饮废油产生量进行合理测算,以便准确掌握生物柴油的生产转化潜力。

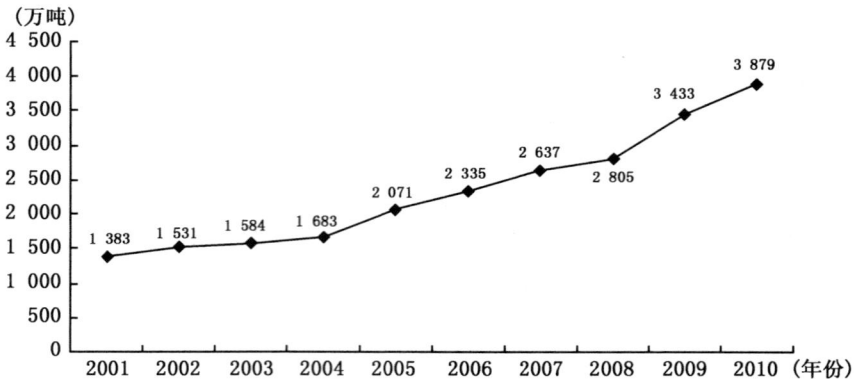

资料来源：根据国务院发展研究统计数据库整理计算。

图 7—4　我国近年来食用油的生产量

　　鉴于大中城市人们的收入水平较高，较为集中的餐饮行业和城镇居民对动植物油脂的消费是餐饮废油产生的主要源头；农村家庭的食用油消费量比餐饮行业小得多，而且这部分废油脂更难以收集，通常是作为垃圾处理掉。因此，农村居民产生的废油脂在近期内可以不考虑作为生物柴油的原料，现阶段能用于能源转化的原料资源数量只需考虑城镇地区居民和餐饮行业产生的餐饮废油。餐饮废油的产生量主要依据我国的城市人口数量和各省份大中城市的动植物油脂消费水平进行估算，从而得到餐饮废油转化为生物柴油的潜力。按照我国未来一段时期的人口数量和城市化率的变化情况，并结合城镇居民人均废油产生量，就可估算出城镇废弃动植物油脂的最大潜力，进而得到生物柴油的理论生产潜力。根据我国大中城市的人口数量和人均废油产生量测算出的就是当前较为可行的生物柴油生产潜力。

　　按照上述思路，今后我国每年能用于能源转化的餐饮废油数量可以用下列公式来表示：

$$W_t = P_0 (1+r)^t (u_{t-1} + \mu_t) o_t \qquad (7-3)$$

　　其中，W_t 为第 t 年城镇人口餐饮废油产生总量，P_0 为基期年份全国总人口数量，r 为目标年度人口年均增长率，u_{t-1} 为上一年的城镇化率，μ_t 为第 t 年城镇化率提高的百分点，o_t 为第 t 年城镇居民的人均废油产生量，t 为年份序号。

　　我国大中城市餐饮废油的生物柴油转化潜力（即目前可行的生产潜力）可表示为：

$$E_{brut} = \sum_{i=1}^{n} P_{i0} (1+\varepsilon)^t o_t \theta \qquad (i=1,2,\cdots,n) \qquad (7-4)$$

其中，E_{brut} 为餐饮废油转化为生物柴油的总潜力；P_{i0} 为基期年份第 i 个城市的市区人口数量；ε 为目标年度城市人口的年均增长率，是城市人口机械增长率（即迁入、迁出的变化）和自然增长率的总和；o_t 为第 t 年城镇居民的人均废油产生量；θ 为废油的生物柴油转化系数，目前的技术条件下为 0.9；n 表示纳入测算的城市个数。

人口数量和城镇化率选取《2011 年中国统计年鉴》中的数据，按照人口增长率和城镇化率估算目标年度的城镇人口数量，大中城市人口数量从《2011 年中国城市统计年鉴》中得到，人均废油产生量可根据人均食用油脂消费量推算得出，这样就得到 2011~2030 年城镇地区餐饮废油的资源总量和可开发数量。

2. 基于餐饮废油原料的生物柴油生产潜力

根据第六次全国人口普查的数据，2010 年我国总人口为 13.4 亿人，城镇化率为 49.68%，近年来的人口增长率在 5‰左右；假设今后人口增长率保持在这一水平，根据社会经济发展中长期规划目标及权威机构的预测，2020 年和 2030 年我国的城镇化率分别可达到 60% 和 70%。可将我国 2011~2030 年的城镇化率设定为每年提高 1 个百分点，由上述数据就得到 2011~2030 年的城镇人口数量。从《2011 年中国城市统计年鉴》中可得到省会城市人口和地级城市市区人口的数量及增长率等数据，再根据人均废油产生量就可推算出 2011~2030 年我国大中城市餐饮废油脂的产生量。

我国的油脂消费中主要包括食用植物油和从肉类烹饪与加工中产生的动物油脂。我国食用油消费水平的基数较低，进入本世纪后我国食用油人均消费量上升较快。2010 年我国人均食用油消费水平为 20 千克左右，已经接近该指标的世界平均水平 22~23 千克/年。考虑到城市餐饮业更为发达，人均食用油消费量必定高于农村，与人均食用油消费量的世界平均水平相结合，本文将 2010 年城镇和农村人均食用油消费量分别设定为 23 千克和 16 千克。相关分析指出今后食用油的消费将进入稳定增长期，年均增长率为 3% 左右。由于人均食用油消费量的世界平均水平把许多收入较低的国家包括在内，今后我国的这一指标将超过世界平均水平。随着生活水平的提高，人们会更多地考虑健康饮食，相应地，食用油消费量增加到一定程度后就会保持稳定。经济发展规律也表明，一国人均 GDP 达到 3 000 美元以上时，饮食结构会趋于稳定，而 2020 年我国的人均 GDP 预计将接近 4 000 美元，届时食用油消费量增加的速度会更慢。根据相关统计年鉴的数据，2009 年、2010 年我国城镇居民对猪肉、牛羊肉和禽类的人均消费量在 34.7 千克左右，可以预计今后将稳定在 35 千克，农村居民对肉禽制品的人均消费量为 22 千克左右，基本也将保持不变。肉类中约含脂肪 20%，这些脂肪中废油脂的产生率设定为 20%，与食用油的废油产生率相同。根据上述参数设定计算出 2010 年城镇和农村居民人均废油脂产生量分别为 6 千克和 4 千克，由此得出 2011～2030 年城镇人口的废油脂产生量、生物柴油的理论生产潜力和现阶段可行的生物柴油生产潜力，如表 7—8 和表 7—9 所示。

表 7—8　　　　　　 2011～2030 年城镇废油脂数量与生物柴油的理论生产潜力

年份	城镇人口（万人）	城镇居民人均废油产生量（千克）	城镇废油脂产生量（万吨）	城镇生物柴油理论生产潜力（万吨）	农村废油脂产生量（万吨）	全国废油脂产生量（万吨）	全国生物柴油理论生产潜力（万吨）
2011	68 667.60	6.14	421.48	379.33	267.20	688.68	619.81
2012	70 364.09	6.28	441.90	397.71	266.30	708.20	637.38
2013	72 075.83	6.43	463.20	416.88	265.25	728.45	655.61
2014	73 802.93	6.58	485.43	436.88	264.05	749.48	674.53
2015	75 545.50	6.73	508.62	457.76	262.69	771.31	694.18
2016	77 303.65	6.89	532.83	479.54	261.18	794.00	714.60
2017	79 077.49	7.06	558.08	502.27	259.50	817.58	735.82
2018	80 867.14	7.23	584.44	525.99	257.66	842.10	757.89
2019	82 672.71	7.40	611.94	550.75	255.65	867.59	780.84
2020	84 494.31	7.58	640.64	576.57	253.48	894.12	804.71
2021	86 160.26	7.67	661.26	595.13	247.89	909.15	818.23
2022	87 835.44	7.77	682.38	614.14	242.26	924.64	832.17
2023	89 519.90	7.86	704.02	633.62	236.59	940.61	846.55
2024	91 213.67	7.96	726.19	653.57	230.88	957.07	861.36
2025	92 916.80	8.06	748.89	674.00	225.14	974.03	876.63
2026	94 629.33	8.16	772.15	694.93	219.37	991.51	892.36
2027	96 351.30	8.26	795.97	716.37	213.55	1 009.52	908.57
2028	98 082.74	8.36	820.36	738.33	207.70	1 028.07	925.26
2029	99 823.71	8.47	845.35	760.82	201.82	1 047.17	942.45
2030	101 574.24	8.57	870.95	783.85	195.89	1 066.84	960.16

资料来源：根据上述基础数据整理计算得到。

表 7—9　　　　 2011～2030 年大中城市餐饮废油数量与可行的生物柴油生产潜力　　单位：万吨

年份	大中城市餐饮废油产生量	省会城市废油产生量	可行的生物柴油生产潜力	省会城市生物柴油生产潜力
2011	280.97	136.96	252.87	123.27
2012	290.27	141.61	261.24	127.45

续表

年份	大中城市餐饮废油产生量	省会城市废油产生量	可行的生物柴油生产潜力	省会城市生物柴油生产潜力
2013	299.91	146.43	269.92	131.79
2014	309.93	151.44	278.94	136.30
2015	320.33	156.64	288.29	140.98
2016	331.12	162.05	298.01	145.84
2017	342.32	167.67	308.09	150.90
2018	353.95	173.50	318.56	156.15
2019	366.03	179.56	329.43	161.61
2020	378.57	185.86	340.72	167.28
2021	386.92	190.11	348.23	171.10
2022	395.47	194.46	355.92	175.02
2023	404.21	198.92	363.79	179.03
2024	413.16	203.49	371.85	183.14
2025	422.33	208.17	380.10	187.35
2026	431.71	212.96	388.54	191.66
2027	441.32	217.87	397.18	196.08
2028	451.15	222.90	406.03	200.61
2029	461.21	228.05	415.09	205.25
2030	471.52	233.33	424.37	210.00

资料来源:同表 7—8。

根据以上测算结果,今后我国仅城镇地区每年产生的餐饮废油就达到了 421.5 万吨以上,转化为生物柴油的潜力则超过了 379 万吨。这样大规模的废油如果处理不当导致回流餐桌,对食品安全和公共卫生将会造成很大危害,产生明显的社会成本;若通过合理引导使这些废油的大部分用作能源转化的原料,则既能缓解我国面临的能源约束,又能消除食品安全的重要威胁,可谓变废为宝、一举两得。当前餐饮废油能源化的理论潜力可观,但是还存在不少障碍的制约,其中最需要解决的问题是废油非法回流餐桌对生物柴油产量的限制,要清理餐饮废油"食品化"的根源才能消除其能源化的困境。要不断提高餐饮废油能源化的比例并最终做到最大限度地能源转化,需要从政策、技术和观念等方面进行科学合理的扶持和引导。根据现在的实际情况,应该先考虑将大中城市产生的餐饮废油用于生产生物柴油,其中省会城市的餐饮废油能源化是当前最可行的措施。自 2011 年起我国 31 个省会城市(含直辖市)每年产生的餐饮废油具备 123 万吨以上的生物柴油生产潜力,而全国大中城市的市区具备每年转化生物柴油 253

万吨以上的潜力。

根据我国的人口分布和地区间经济发展水平,餐饮废油用于能源转化需要根据地区发展差异确定开发重点。本文把我国经济发展中的区域划分作了调整,将西部的 12 个省市区分成西南地区和西北地区,测算了 2011～2030 年我国不同区域城市餐饮废油转化为生物柴油的潜力(见表 7—10)[①]。

表 7—10　　2011～2030 年我国地级以上城市生物柴油生产潜力的区域分布　　单位:万吨

年份	东部地区	中部地区	东北地区	西南地区	西北地区
2011	102.46	57.16	28.91	42.73	21.45
2012	105.88	59.07	29.76	44.07	22.13
2013	109.43	61.05	30.64	45.46	22.84
2014	113.12	63.11	31.54	46.90	23.57
2015	116.95	65.25	32.48	48.39	24.34
2016	120.92	67.47	33.45	49.94	25.13
2017	125.05	69.77	34.46	51.54	25.95
2018	129.34	72.16	35.50	53.20	26.80
2019	133.80	74.65	36.58	54.92	27.68
2020	138.42	77.23	37.69	56.71	28.59
2021	141.51	78.95	38.38	57.86	29.19
2022	144.68	80.72	39.08	59.04	29.80
2023	147.93	82.53	39.80	60.25	30.42
2024	151.25	84.38	40.54	61.48	31.06
2025	154.65	86.28	41.28	62.73	31.71
2026	158.13	88.22	42.05	64.02	32.37
2027	161.70	90.21	42.82	65.33	33.05
2028	165.35	92.25	43.62	66.68	33.75
2029	169.09	94.34	44.43	68.05	34.46
2030	172.92	96.47	45.25	69.45	35.19

资料来源:同表 7—8。

从测算结果可以看出,我国东部和中部地区生物柴油生产潜力最高,西南地

[①]　本文的东部地区包括北京、天津、河北、山东、江苏、上海、浙江、福建、广东和海南 10 省市,中部地区包括山西、河南、湖北、湖南、安徽和江西 6 省,东北地区包括辽宁、吉林、黑龙江 3 省,西南地区包括四川、重庆、广西、云南、贵州和西藏 6 省市区,西北地区包括陕西、甘肃、内蒙古、新疆、宁夏和青海 6 省区。本文的西南和西北地区共 12 个省市区就是我国区域发展所划分的西部地区,东部、中部和东北地区则与我国区域发展的划分一致。

区次之,这三大区域生物柴油的生产潜力都超过了 40 万吨/年,产量总和则由 202 万吨逐年提高到 338.8 万吨,占地级市生物柴油生产潜力总量 80% 的比重。由于我国城市人口集中分布在东部和中部地区,并且这些地区经济发展水平较高,应当优先把东部和中部地区的城市餐饮废油用于生物柴油的生产。而西部地区中的四川、重庆、广西、云南、陕西和甘肃等省市区的人口相对较多,城市居民生活水平也高一些,并且对食用动植物油脂的消费量较大,生产生物柴油的原料基础也很好。根据上述分析,今后我国应把东部地区、中部地区和部分西部地区的大中城市作为餐饮废油能源转化的重点,在此基础上把东北地区和西北地区的城市餐饮废油用作生物柴油的原料。

7.3.3　促进餐饮废油能源化的政策调整与路径选择

1. 我国生物柴油政策的调整方向

我国制定的生物柴油政策和规划在一定程度上促进了该产业的发展,但是从总体上看仍然存在较多的不足之处,既不全面又缺少具体的配套政策和措施,对生物柴油产业的进一步发展会造成不利影响。生物柴油的发展目标较为保守,当前生物柴油的产量在 30 万~50 万吨之间,已经超过了规划制定的 2010 年达到 20 万吨的产量目标。根据上述测算,今后利用城市餐饮废油生产生物柴油的潜力在 379 万吨/年以上,如果再考虑油料能源作物的生产转化能力,到 2020 年我国生物柴油的生产潜力会明显超过 200 万吨的规划目标。为了防止影响粮食安全,生物柴油原料在政策导向上避开了食用油料作物,但是并没有明确、可操作的目标和政策。由于生物柴油产业的发展还处于起步阶段,相应的政策不够成熟,对生物柴油产业的扶持补贴政策仍在试验探索中。因此,今后应在科学评估测算生物柴油生产能力的基础上适度提高规划目标,对各种可行的原料资源要制定明确的开发步骤和策略,要制定更加细化的生物柴油技术和产品标准,对扶持生物柴油产业发展的政策也要具体化、合理化。

2. 可行的路径选择

上述分析表明,我国每年产生的餐饮废油若能用于生产生物柴油,可对成品油的消费起到一定替代作用,但是当前餐饮废油能源化却出现了明显的困境。一方面,生物柴油存在生产困境,多种原因导致了餐饮废油的大部分回流餐桌,而只有少数实现了能源化,这对食品安全和公共卫生形成了较大的潜在威胁;另一方面,我国的生物柴油也面临销售不畅的困境,产品标准和定价权缺失,致使生物柴油价格低于石化柴油却没有竞争优势。而与餐饮废油能源转化的潜力相比,当前制定的生物柴油发展目标显得较为保守。我国当前已经逐步提高了对餐饮废油能源转化的重视程度,中国石化等企业也将餐饮废油用于生物柴油试生产。目前餐饮废油用于生物柴油生产面临最突出的障碍是,政策激励的力度还不够大,经济补贴的方式和数量等方面尚未建立和完善,要提高我国餐饮废油脂"变废为宝"的潜力还需要更有效、更具体的扶持政策。

由于餐饮废油的产生较为分散、难以收集,再加上当前存在回流餐桌的现象,餐饮废油的可收集量势必会比实际产生量小很多,利用餐饮废油生产生物柴油的可行数量必须以收集成本和生物柴油的生产成本与价格为依据。生物柴油的销售价格要以石化柴油的价格为上限才能有竞争优势,其生产成本可以按照餐饮废油的成本乘以一定的系数得出。如果获取餐饮废油的成本较高,会使其转化为生物柴油后的成本高于石化柴油的销售价格,由此就可以确定餐饮废油能源化的经济性边界。当前餐饮废油生产生物柴油的转化率为 90% 左右,用于生产生物柴油的餐饮废油成本上限可以由此确定。为了促进餐饮废油能源化,需要政府提供补贴,补贴的额度也是影响经济性的重要参数,有无补贴及补贴额的高低直接影响到餐饮废油能否"能源化"及转化数量的多少。根据餐饮废油产生的特点,本研究认为,餐饮废油能源化的发展路径可分为三步走:第一步是2011～2020 年,先在直辖市和省会城市开展餐饮废油收集和能源化试点;第二步是在 2020 年废油能源化技术和模式趋于成熟后,2021～2030 年把全国地级以上城市的餐饮废油开发涵盖在内;第三步是在技术完全成熟后从 2030 年开始在所有城镇和农村地区推广餐饮废油生产生物柴油的成功模式,把餐饮废油最大限度地用于能源转化。

7.4　我国生物柴油的原料潜力与生产能力总体估计

通过上述分析可知,我国生物柴油的总体生产潜力可表示为:

$$E_{bd} = E_{bo} + E_{bc} + E_{brw} \tag{7-5}$$

其中,E_{bd} 为生物柴油的总体产量,E_{bo} 为利用部分食用油料作物转化的生物柴油数量,E_{bc} 为种植油料能源作物所具备的生物柴油转化量,E_{brw} 为开发餐饮废油可产生的生物柴油产量。

因此,今后提高生物柴油的产量潜力主要有三条途径:一是利用边际土地资源种植非粮油料能源作物;二是开发餐饮废油脂用于能源转化;三是利用一部分棉籽和种植于冬闲田的油菜。其中油料能源作物的生物柴油产量潜力最大,种植油料作物还能起到逐步改善我国宜能边际土地质量的作用,今后需要重点开发利用;餐饮废油生产生物柴油的潜力次之,对其进行能源开发利用不仅能提高生物柴油的产量,更重要的是可消除对食品安全的威胁,因此需要加大开发力度。上述两类生物质原料资源具备的生物柴油产量占全部生产潜力的比重超过了 91.7％。利用棉籽和冬油菜生产生物柴油的潜力较为有限,而且占生物柴油总产量的份额从 8.29％逐步降低到 6.84％,但能够充分利用资源、防止浪费。上述各种宜能生物质原料资源的生物柴油产量水平和生物柴油的总体生产潜力如表 7—11 所示。

表 7—11　　　　我国各种生物质原料的生物柴油产量和总体产量　　　　单位:万吨

年份 原料类别	油料能源作物	餐饮废油	冬油菜	棉籽	生物柴油总产量
2015	687.37	508.62	49.58	58.54	1 304.12
2020	1 460.40	640.64	104.23	64.63	2 269.90
2025	2 008.48	748.89	164.31	71.36	2 993.05
2030	2 556.56	870.95	172.70	78.79	3 678.99

资料来源:根据研究整理计算得到。

通过分析生物柴油的总体生产潜力还可以发现,2020 年,我国生物柴油的总产量为 2 270 万吨,若将这种产量潜力全部实现并用于补充柴油消费,基本能把原油对外依存度保持在 62.5％左右,但与将原油对外依存度控制在 60％所需要的生物柴油数量相比则还有 1 000 万吨的差距。上述产量比混配使用 B10 标准调合柴油所需要的生物柴油数量多出 450 万吨左右,这使我国部分发达地区有使用 B20 标准生物调合柴油的余地,但全部推行 B20 生物调合柴油则既不可能也无必要。到 2020 年我国把各种可行的生物质原料生产的生物柴油全部混配成 B10 调合柴油用于交通燃料对节能减排会起到一定作用,也能将原油对外依存度控制在 62.5％～65％的合理范围内,但与燃料乙醇补充汽油消费相比,调控程度不够理想。而如果由于一些因素导致出现生物柴油的实际产量低于生产潜力的情况,单纯依靠生物柴油很可能无法完全消除柴油的供求缺口。因此,为补充我国石化柴油消费量的不足,除了提高生物柴油的产量水平,还要把加强能源节约和发展新能源汽车等举措结合起来。

上述测算表明,如果我国采取以油料能源作物、城镇餐饮废油为主要原料,以部分食用油料作物为辅助原料生产生物柴油,油料能源作物具备的生物柴油生产潜力最大,城镇地区餐饮废油转化为生物柴油的潜力稍小一些。利用我国部分Ⅱ等边际土地和全部Ⅲ等边际土地种植能源作物,可生产出数量可观的生物柴油,目前可供选择的油料能源作物主要包括麻疯树、黄连木、油桐、文冠果、光皮树和乌桕树 6 种,今后应当培育出更多品种的油料能源作物。餐饮废油用于能源转化需要解决的最关键问题是切断废油非法回流餐桌的路径,今后主要应通过经济利益的引导解决这一问题。开发利用冬油菜和部分棉籽,也能使生物柴油增加一定的产量。

2015～2020 年,我国生物柴油的总体生产潜力可由 1 304.1 万吨逐步提高到 3 679 万吨,其中油料能源作物的开发利用必须作为开发重点,餐饮废油的生产潜力也不小,而且将其用于能源转化还能消除对食品安全的威胁,也应当引起重视。上述各种生物质原料具备的生物柴油生产潜力对消除因保持适度的原油对外依存度产生的能源缺口能起到巨大作用。如果生物柴油的总体生产潜力全部转变为现实的产量,基本可以消除将原油对外依存度保持在 62.5% 产生的柴油供求缺口,而如果把原油对外依存度调高到 65%,将生物柴油的生产潜力实现 80% 就能消除柴油供求缺口。

第8章 液态生物质燃料原料
资源的经济性开发边界

8.1 液态生物质燃料的需求与生产潜力

8.1.1 液态生物质燃料的生产潜力估计

根据颜良正(2008)的研究,我国集中连片的宜能边际土地有700万公顷适合发展燃料乙醇,具备2 170万吨的生产潜力,大于弥补石油供求缺口所需要的燃料乙醇数量,如果开发得当可以有效补充车用汽油的消费。赵立欣和张艳丽(2010)分析了我国利用集中连片的边际土地种植木薯、甘薯和甜高粱的潜力,把能源作物单产提高因素考虑在内,得到2020年燃料乙醇的生产潜力可达到1 688万吨。根据本研究的测算,在合理开发边际土地的情况下,2020年我国种植木薯、甘薯和甜高粱三种能源作物可生产燃料乙醇的潜力依次为197万吨、307万吨和901万吨,总产量达到1 405万吨。扩大燃料乙醇的发展规模需要提高对宜能边际土地的开发率,除了优先开发集中连片的边际土地外,分散分布的边际土地也要加强开发力度。目前纤维素燃料乙醇技术正在逐步成熟,今后要加强农林废弃物的开发利用,可以大幅提高燃料乙醇的产能规模。按照宋安东(2010)的研究,如果我国纤维素燃料乙醇技术取得突破,在考虑技术进步的情况下,2020年我国以农作物秸秆和林木废弃物为原料的燃料乙醇产量潜力分别可达到7 941万吨和4 478万吨。本研究把农林废弃物非能源化用途排除之后的测算结果也表明,2020年农作物秸秆和林木废弃物的燃料乙醇转化潜力分别可达到4 205万吨和3 085万吨,总体生产潜力为7 290万吨。由此可见,今后纤维素燃料乙醇最具有开发潜力,对替代汽油消费所起的作用最大;但在目前的技术水平下尚不能实现大规模生产,因此,以农林废弃物为原料生产燃料乙醇的实际产量水平将比其理论生产潜力小很多,需要不断挖掘其生产潜力。

当前生物柴油的生产原料主要是酸化油和部分餐饮废油,但多种原因使餐饮废油用于能源转化的比例很低;而油料能源作物的种植数量还很小,短期内不可能用于生物柴油的规模化生产。因此,提高生物柴油的生产潜力比燃料乙醇有更大的难度。近年来我国生物柴油的年产量刚达到 50 万吨,与交通运输对柴油的消费量之间有很大差距,但由于我国今后对柴油的需求更多,发展生物柴油对破解石油供求约束则显得更有必要。据有关测算,如果国家对液态生物质燃料发展的扶持政策得以落实,并采取节能降耗的举措相配合,生物柴油在车用燃料中替代石化柴油的比例到 2020 年可提高到 6%,规模大约为 670 万吨(庄幸,2007)。本研究的分析表明,2020 年我国用餐饮废油和油料能源作物生产生物柴油的潜力分别可达到 576.6 万吨和 1 460.4 万吨,生物柴油总规模则有 2 037 万吨。因此,今后生物柴油的发展策略是扩大餐饮废油和油料能源作物能源转化的规模,这就需要加大对生物柴油的扶持力度。从长期来看还要加强技术研发,如果微藻生物柴油技术能取得突破,将大幅提高对石化柴油的替代能力。

8.1.2 液态生物质燃料的需求

根据第 5 章的测算,我国保持合理的原油对外依存度所需要的液态生物质燃料数量,比当前多数研究测算出的液态生物质燃料生产潜力规模要大很多。今后如果将原油对外依存度控制在 60%,燃料乙醇和生物柴油替代成品油的需要量分别将达到 2 296.6 万吨和 3 273.5 万吨;原油对外依存度上调到 62.5% 时,需要的燃料乙醇和生物柴油分别也会达到 1 685 万吨和 2 402 万吨。如果将液态生物质燃料的需要量与目前生物质调合燃油的混配比例相联系,我国可全面推行 E15 乙醇汽油和 B10 生物柴油。而根据第 6 和第 7 两章的测算以及现有的一些研究与资料,我国能源作物和农林废弃物有巨大的开发规模,以这些原料生产燃料乙醇的潜力可远远超过补充能源缺口需要的数量;生物柴油的可行原料主要是能源作物和餐饮废油,这些原料的可开发规模也很大,生物柴油产量水平同样有很大的提高潜力,但与保持较低原油对外依存度的需要量相比还有一些差距。

我国液态生物质燃料的产量潜力与能源替代需要量之间的对比如图 8-1 和图 8-2 所示,图中三种情景依次为 60%、62.5% 和 65% 原油对外依存度下所需要的液态生物质燃料数量。由图中的对比可以看出,2015 年燃料乙醇和生物柴油的生产潜力都超过了相应的需要量,但随着我国石油消费水平的增加,液态生物质燃料的需要量提高很快。2020 年燃料乙醇弥补汽油供求缺口完全不存在问题;但生物柴油的生产潜力不足以弥补情景 1(原油对外依存度为 60%)所需要的生物柴油数量,只能与情景 2(原油对外依存度为 62.5%)所需要的生物柴油数量勉强持平。因此,今后增加燃料乙醇的产量水平能够在较大程度上替代汽油消费,并增加在节能减排方面的贡献;而要弥补柴油消费量的不足并且将原油对外依存度保持在较低的水平(60%),则不能单纯寄希望于提高生物柴油的产量水平,必须多措并举加以解决。

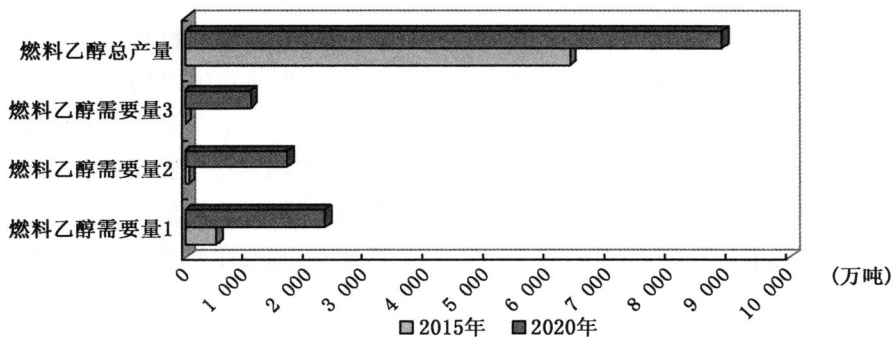

资料来源:根据研究计算整理得到。

图 8-1 我国今后燃料乙醇产量潜力与需要量对比

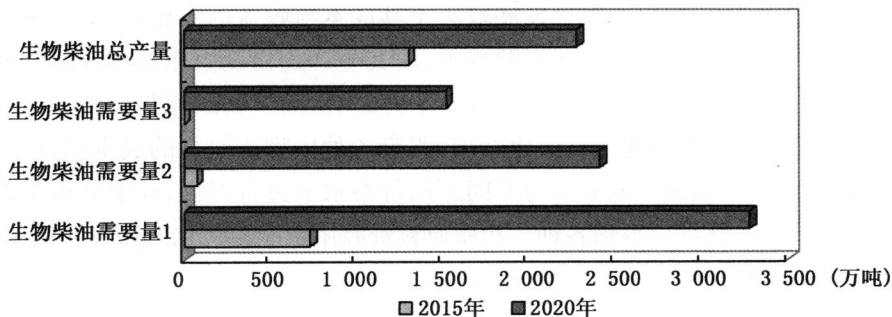

资料来源:根据研究计算整理得到。

图 8-2 我国今后生物柴油产量潜力与需要量对比

今后,如果能把我国液态生物质燃料理论生产潜力的大部分转变为现实的生产能力,则可以达到补充石油供求缺口所需要的规模,因此今后利用各种可行的生物质原料资源提升我国液态生物质燃料生产能力的重要性不言而喻。同时这也说明今后液态生物质燃料的发展目标还需要在科学评估原料资源的基础上作出较大提高,以便增强在弥补石油供求缺口、缓解能源矛盾中所起的作用。

根据上述分析,我国适合发展液态生物质燃料的原料有很大的理论资源潜力。但是，必须看到，液态生物质燃料的实际发展潜力却受到技术和成本等多种因素的制约，其发展潜力将低于理论数量，而且这种开发也将是分阶段进行的。提高生物质原料的可开发潜力必须考虑经济性的问题，在原料资源开发及液态生物质燃料生产中需要进行成本收益分析。当前原料成本占液态生物质燃料生产成本的大部分，如果原料开发成本过高，液态生物质燃料的生产成本会相应提高，会制约其经济性生产能力的提升。在当前液态生物质燃料与石油相比缺乏价格优势的情况下，还必须提供适度的补贴。此外当前我国对用能源作物生产液态生物质燃料的选择评价标准与政策也不明确，今后还需要加强对液态生物质燃料非粮原料资源的评估和试验工作。因此要提高液态生物质燃料的经济性供给水平，增强其在补充能源供求缺口中所起到的作用，必须制定科学的发展规划和扶持政策，最大限度降低原料开发和生产成本，提高生物质原料资源的经济性供给潜力，才能有效促进液态生物质燃料产业的发展。

8.2　我国液态生物质燃料的经济性开发边界

8.2.1　原油价格对液态生物质燃料开发边界的影响

液态生物质燃料能否顺利发展取决于其成本与收益的对比，目前液态生物质燃料的生产成本取决于原料资源成本，而其生产价格则由原油和成品油的价格决定。近年来国际原油价格存在波动上升趋势，而生物质原料价格的上升速度则相对较为缓慢，因此如果简化处理，假定各种生物质原料的成本保持不变，将生产液态生物质燃料的成本与不同原油价格水平进行对比，就能分析是否具备经济可行性，就可以得到各种生物质原料资源用于能源转化的经济性边界。

液态生物质燃料的生产成本可表示为：

$$C_{bf} = C_{fs}/\tau u \qquad\qquad (8-1)$$

与原油价格相联系的汽油或柴油价格可表示为：

$$P_{ro} = \rho P_{co} \qquad\qquad (8-2)$$

由以上两式就可得到以原油价格表示的生物质原料资源用于能源转化的经济性边界：

$$P_{fr} = C_{fs}/\rho\tau u \qquad\qquad (8-3)$$

上述各式中，C_{bf} 为液态生物质燃料的生产成本，C_{fs} 为生物质原料资源的价格，u 为液态生物质燃料成本中原料成本所占比重，τ 为液态生物质燃料与成品油的热值换算系数；P_{ro} 为成品油价格水平，P_{co} 为原油价格水平，ρ 为成品油价格与原油价格的换算比例；P_{fr} 为液态生物质燃料的经济性生产边界。

我国 2005 年开始试点推广使用 E10 乙醇汽油,目前对燃料乙醇的定价是以国内 90 号汽油价格乘以 0.911;而生物柴油由于并未大规模使用,没有制定与柴油价格挂钩的系数,目前自发形成的价格比石化柴油低了近 1 000 元/吨。因此本文把液态生物质燃料价格与生产成本进行对比时,按照汽油价格和上述系数计算燃料乙醇的价格,而把生物柴油的价格设定为比石化柴油低一定水平。

在液态生物质燃料生产成本的各种影响因素中,原料成本所占比重最高。相关资料显示,木薯、甘薯和甜高粱的原料成本占总成本的比重依次为 73%、66% 和 60%;纤维素乙醇的原料成本占总成本的比重为 40%;麻疯树和黄连木生产生物柴油的原料成本比重均为 83% 左右。生产液态生物质燃料的用途是替代石化燃料,而燃料乙醇和生物柴油的热值都小于汽油和柴油,因此有必要区分其直接生产成本和油当量生产成本。据此来测算出基于各种原料的液态生物质燃料的生产成本、销售价格及其与成品油价格的对比,如图 8—3 和图 8—4 所示。

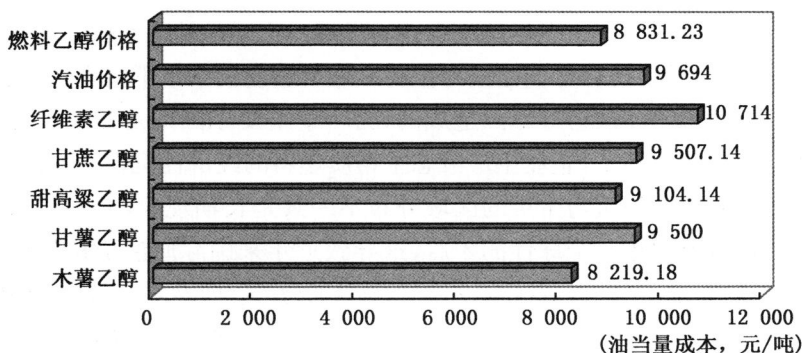

资料来源:根据研究所得参数和王仲颖、赵勇强(2010)的研究整理计算。

图 8—3　我国燃料乙醇的生产成本及与汽油的经济性比较

通过上述对比可知,在现行技术经济条件下,多数液态生物质燃料的油当量生产成本较高,比成品油的价格略低一些。但利用纤维素生产乙醇的技术难度还比较大,生产成本高于目前的汽油价格和燃料乙醇的定价,光皮树原料成本较高致使生产生物柴油的成本显著高于石化柴油和生物柴油的现行价格。液态生物质燃料的生产似乎有利可图,但液态生物质燃料企业需要适度盈利才能生存下去,如果再考虑企业的财务费用、营业税等其他成本,大部分液态生物质燃料的生产成本会高于目前定价模式下的价格水平,甚至可能高于汽油和柴油的价格水平。

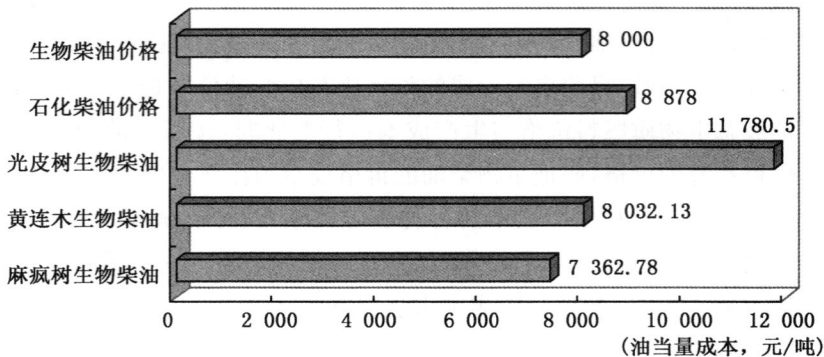

生物柴油价格　　8 000
石化柴油价格　　8 878
光皮树生物柴油　11 780.5
黄连木生物柴油　8 032.13
麻疯树生物柴油　7 362.78

（油当量成本，元/吨）

资料来源:同图8-3。

图8-4　我国生物柴油的生产成本及与柴油的经济性比较

　　通过分析液态生物质燃料产业过去10年的发展过程还可以发现,燃料乙醇定点企业生产1吨燃料乙醇通常会亏损1 000~2 000元,政府每年都会提供与之基本对等的补贴来维持燃料乙醇企业的发展。但财政补贴额度的变化趋势是逐年下降的,这种情况一方面是液态生物质燃料企业技术水平提高、盈利能力提高以及补贴效果不断改善等原因造成的;另一个重要原因则是在原油价格不断上升的长期趋势作用下,企业生产液态生物质燃料的经济性也得到提高。

　　由于世界原油消费与生产的区域分布不一致是长期现象,原油需求不断增长和供给数量有限也是全球性的矛盾,这导致近年来国际原油价格保持在较高水平。2011年原油的全年平均价格保持在100美元/桶左右,2012年国际油价在每桶90~110美元之间波动,2012年12月原油的国际市场价格约为105美元/桶。液态生物质燃料的生产经济性与原油价格有正向关系,根据近两年的国际原油价格情况,故把石油价格设定为110美元/桶、120美元/桶和130美元/桶,分析这三种不同的情景下发展液态生物质燃料的经济性。

　　根据测算(详见表8-1),原油价格为110美元/桶时,木薯乙醇的毛盈利率约为12.4%,甜高粱乙醇的毛盈利率为1.4%,甘薯和甘蔗生产燃料乙醇会产生2.8%左右的亏损,纤维素生产燃料乙醇则会亏损约14%,麻疯树和黄连木生产生物柴油的毛盈利率分别为12.7%和3.3%,餐饮废油生产生物柴油可盈利6.7%,开发光皮树生产生物柴油会亏损29.5%;原油价格为120美元/桶时,木薯乙醇和甜高粱乙醇的毛盈利率分别为22.6%和10.7%,甘薯和甘蔗生产燃料乙醇的毛盈利率均为6%,纤维素乙醇仍然会亏损约6%,麻疯树和黄连木生产生物柴油的盈利率分别达到了25%和14.5%,餐饮废油生产生物柴油的毛盈利率提高到 18.3%,光皮树生产生物柴油大约会亏损 22%;如果原油价格达到 130 美元/桶,能源作物生产燃料乙醇的毛盈利率都能达到或超过 15%,纤维素乙醇也可盈利 2%左右,麻疯树和黄连木生产生物柴油的毛盈利率分别可达到 35.8%和 24.5%,餐饮废油转化为生物柴油可盈利 28.6%,但光皮树生产生物柴油仍亏损 15%。

表 8—1　　　　　　　　液态生物质燃料生产经济性的情景分析①

燃料类别	油当量生产成本（元/吨）	毛盈利率（%）		
		情景 1	情景 2	情景 3
木薯乙醇	8 219.18	12.40	22.62	32.84
甘薯乙醇	9 500.00	−2.76	6.08	14.93
甜高粱乙醇	9 107.14	1.44	10.66	19.88
甘蔗乙醇	9 507.14	−2.83	6.00	14.84
纤维素乙醇	10 714	−13.78	−5.94	1.90
餐饮废油转化的生物柴油	7 778	6.71	18.28	28.57
麻疯树柴油	7 362.78	12.73	24.95	35.82
黄连木柴油	8 032.13	3.34	14.54	24.50
光皮树柴油	11 780.5	−29.54	−21.90	−15.11

资料来源:根据研究整理计算得到。

利用(8—3)式对各种生物质原料用于能源转化的经济性边界进行测算后可以得到,在现行生物质原料资源价格水平下,使用能源作物类原料生产燃料乙醇和生物柴油具备经济性的条件分别是石油价格不低于 113.19 美元/桶和 95.1 美元/桶,因此石油价格在 113.19 美元/桶以上时燃料乙醇和生物柴油都具备生产的经济性。在其他原料资源中,石油价格不低于 92.1 美元/桶时,餐饮废油转化为生物柴油具有经济性,纤维素生产燃料乙醇具备经济性需要石油价格在 127.6 美元/桶以上,而石油价格高于 139.5 美元/桶时,利用光皮树生产生物柴油才具备经济性。如果今后石油价格不断上升,而生物质原料价格保持不变或增长较为缓慢,则生产液态生物质燃料的经济性和盈利能力会有所好转。

然而,还应该看到,如果石油价格上升比较明显,生产液态生物质燃料的比

---

① 原油的计量单位按 1 吨=7.3 桶进行换算,汇率按 1 美元=6.5 元人民币进行换算。根据测算,近几年汽油和柴油的价格水平可按原油价格(单位转化为元/吨)分别乘以 1.77 和 1.78 进行换算。各种燃料的热值按燃料乙醇/汽油=0.7、生物柴油/柴油=0.9 进行换算。

较效益提高会促进更多经济主体进入液态生物质燃料产业,对生物质原料开发需求量的增加很可能引起液态生物质燃料的生产成本也大幅提高,这样会导致生产液态生物质燃料的盈利空间也随之下降。而从长期来看,油价的上涨必然引起生物质原料价格较快提高,因此液态生物质燃料的实际生产效益可能会低于上述计算。

8.2.2　能源作物种植收益对液态生物质燃料开发边界的影响

我国生产液态生物质燃料所使用的一类重要原料是各种非粮能源作物,主要是利用边际土地进行种植,能源作物能否得以种植取决于能否获得一定的预期收益,同时还要考虑机会成本。农民将一定数量的土地是用来种植农作物还是能源作物,取决于何者可获取更高的经济效益。如果种植农作物的效益高于非粮能源作物的情况出现,即便是开发利用边际土地,人们的理性选择也会是种植农作物;反之,人们不仅会利用边际土地生产能源作物,甚至可能产生利用耕地种植非粮能源作物、弃种农作物的动机,这些也会影响到液态生物质燃料的经济性开发边界。因此,将主要农作物的生产效益与能源作物种植的效益进行对比,有助于分析液态生物质燃料的原料开发边界。

根据目前我国粮食作物的单产水平,近几年谷物的单位产量为 5.5～5.7 吨/公顷,平均价格水平为 1 600 元/吨,种植小麦和玉米等作物的成本为 3 000～4 000元/公顷,则得到种植粮食作物的平均净收益约为 5 500 元/公顷。而种植木薯和甘薯的单产水平分别为 25 吨/公顷和 24 吨/公顷,目前这两种生物质原料的收购价格分别为 600 元/吨和 550 元/吨,人工、肥料、地租等方面的成本分别为 7 500元/公顷和 7 000 元/公顷,由此算出这两种能源作物的种植净收益分别为 7 500元/公顷和 6 200 元/公顷。通过对比分析可以发现,种植非粮能源作物的净收益略高于粮食作物,这可以使农民种植能源作物比粮食作物的积极性更高,但是液态生物质燃料产业对能源作物的原料需求量比人们对粮食的需求量小得多,能源作物的种植面积不可能大幅增加。同时,粮食作物用于液态生物质燃料生产的净收益小于 0,而且现阶段的政策已经引导利用边际土地种植木薯、甘薯等非粮能源作物,这样耕地就不会被占用,粮食作物的种植面积不会受到影响。但由于种植能源作物的效益较容易受到自然条件和市场波动等因素的影响,这些风险会显著影响到农民参与液态生物质燃料生产的积极性,因此在我国今后生产液态生物质燃料的过程中应采取有效措施降低或消除农民种植能源作物面临的风险。

各种能源作物的种植效益也会影响到原料开发种类的选择,如果一个地区可以种植多种能源作物但可获得的收益不同,则人们的理性选择必定是种植预期收益最高的能源作物。比如甘蔗在我国主要用于制糖,除了国内糖产量小于需求量及由此造成制糖的收益更高之外,另一个重要原因就是生产燃料乙醇会产生更高的成本。目前的资料显示,甜高粱的种植成本低于木薯和甘薯,在燃料乙醇价格相同的情况下前者对人们的经济驱动力更高;生物柴油原料中麻疯树的种植成本最低,生产生物柴油的经济效益更好。因此,今后能源作物的种类及种植区域的选择还需要考虑生产收益高低的影响。

但是必须指出,能源作物种植产生的收益并不是越高越好,因为农民获得能源作物的种植收益正好是液态生物质燃料的原料成本,而目前原料成本通常占液态生物质燃料生产成本的一半以上。如果能源作物的种植收益过高,农民种植能源作物的积极性虽能被调动起来,却会过度提升液态生物质燃料的生产成本,这样就影响到液态生物质燃料的生产经济性。因此如果能适度调节能源作物的种植收益,产生既调动农民的生产积极性又不影响液态生物质燃料生产经济性的效果,这种情况对液态生物质燃料产业的发展最为有利。

根据以上分析,由生物质原料种植(或回收)收益决定的液态生物质燃料经济性生产边界可表示为:

$$R_{fs} = P_{bf} \rho \tau u \qquad (8-4)$$

其中,R_{fs} 为生物质原料的种植(回收)收益上限,P_{bf} 为液态生物质燃料的现行价格水平,u 为液态生物质燃料成本中原料成本所占比重,τ 为液态生物质燃料与成品油的热值换算系数,ρ 为成品油价格与原油价格的换算比例。

目前,我国燃料乙醇和生物柴油的价格水平分别约为 8 831 元/吨和 8 000 元/吨,按照主要生物质原料成本占液态生物质燃料生产成本的比重,可大致测算出各种能源作物的单位原料成本上限,能源作物的种植收益不超过这一上限才能使液态生物质燃料生产具备经济性。利用(8-4)式测算得出木薯、甘薯、甜高粱和甘蔗的单位产量收益上限依次为 948 元/吨、730.4 元/吨、346.3 元/吨和498 元/吨,纤维素资源的收购价格上限为 706.5 元/吨时,按照现行价格可以使燃料乙醇的生产具备经济性;麻疯树、黄连木和油桐的单位产量收益上限依次为2 656元/吨、2 213.3 元/吨和 2 560 元/吨时,目前价格水平下利用这些原料可以使生物柴油的生产具备经济性(具体结果见表 8-2)。因此,今后对主要生物质原料的生产种植收益需要利用市场机制进行合理调节,以便将原料成本控制在液态生物质燃料生产的经济性边界以内。

表 8－2　　液态生物质燃料生产具备经济性的各种原料成本上限(2010 年价格水平)

原料资源种类	木薯	甘薯	甜高粱	甘蔗	纤维素①	麻疯树果	黄连木籽	油桐籽
原料成本上限 (元/吨燃料)	6 446.63	5 828.46	5 298.60	6 623.25	3 532.40	6 640	6 640	6 400
单位产量收益 (元/吨)	948.03	730.38	346.31	497.99	706.48	2 656.00	2 213.33	2 560.00

资料来源:根据研究整理计算得到。

8.2.3　废弃资源的收集运输成本与液态生物质燃料的开发边界

我国农林废弃物和餐饮废油的产生量较大,具备相当可观的液态生物质燃料生产潜力。目前这些原料资源用于能源转化的主要问题在于生产成本较高,其中一个因素是生产技术不够成熟,另一主要原因是收集运输成本占生产成本的比重较高。尽管农林废弃物自身的成本不高,但都存在体积偏大和分布分散等方面的特征,这就造成了收集难度大、运输存储不方便等一系列问题;餐饮废油能源化的收集难度大,主要是由于废油非法炼制食用油对其形成竞争,而且这一原因也导致废油脂的回收价格不断上升。这些情况抬高了农林废弃物和餐饮废油能源转化的成本,因此确定液态生物质燃料的开发边界还需要分析各种废弃生物质资源的收集和运输成本。

农林废弃物生产燃料乙醇具备经济性的运输成本边界可表示为:

$$C_{tr} = R_{fs}\delta \qquad\qquad (8-5)$$

其中,C_{tr} 为农林废弃物的运输成本,R_{fs} 为生物质原料的种植(回收)收益上限,δ 为运输成本占农林废弃物原料成本的比重。

根据现有的一些资料,目前以秸秆为主的农林废弃物主要是用于发电,收集运输成本占原料成本的比重通常为 15％～20％,收集半径控制在 100 公里以内,运输成本约为 50 元/吨,收集和储存成本在 50～60 元/吨,由此可计算出原料收集运输总成本在 100 元/吨左右,秸秆发电的原料成本约为 500 元/吨。现阶段纤维素资源用于生产燃料乙醇的数量还很少,很难得到原料成本的精确数据,但秸秆发电的原料成本与之接近,可以参照上述参数进行分析。

相关的研究表明,目前利用纤维素资源生产燃料乙醇的收集半径更小,通常为 30～50 公里,其中一个重要原因是现阶段纤维素乙醇企业的生产规模较小,导致农林废弃物的收集运输成本比秸秆发电略低。随着今后纤维素燃料乙醇企

---

　　①　纤维素资源的回收收益是生产液态生物质燃料的原料成本,其他原料的种植收益是能源转化的原料成本。

业数量和规模的扩大、生产技术的逐步成熟以及产业链的延长,原料的运输半径会增加到 50～100 公里,因此收集运输成本会和秸秆发电相同。根据前文的测算,目前纤维素生产燃料乙醇的原料成本上限为 706.5 元/吨,按照上述收集运输成本占原料成本 20％的比重,农林废弃物的收集运输成本不超过 140 元/吨才能使纤维素乙醇的生产具备经济性,运输成本可通过提高运输效率和扩大液态生物质燃料企业的生产规模等途径进行调节。

8.3　我国液态生物质燃料产量水平的提升潜力

8.3.1　边际土地资源开发潜力的提高

1. 边际土地质量改善的潜力

本研究在第 6 章和第 7 章测算能源作物生产液态生物质燃料的潜力时暗含了一个前提,即边际土地的生产力不发生变化。实际上在利用边际土地种植能源作物的过程中,如果水肥、田间管理和农艺过程等环节科学合理,很有可能产生适度提高边际土地的质量和生产能力的效果,而边际土地质量的改善反过来又能在一定程度上提高能源作物的产量,从而增加液态生物质燃料的生产转化量。此外如果采取专门的措施对边际土地进行治理,可以显著提高边际土地的质量。因此液态生物质燃料的产量因边际土地质量改善还能产生一定的提高潜力,这部分提高的产量也可以增强对石油能源的替代作用。

根据国务院制定的《全国土地整治规划(2011～2015 年)》中的相关目标,预期经过 5 年时间的整治可使基本农田的质量提高 1 个等级。如果在宜能边际土地利用中也进行类似的整治,经过一定的时期也能提高边际土地的质量和生产能力。但由于改善边际土地质量的难度高于耕地,需要的时间也会更长。根据目前的技术条件,将前述 II 等边际土地的质量提高到相当于目前的 I 等边际土地需要 10 年时间,将 III 等边际土地的质量提高到与现在的 II 等边际土地接近需要的时间同样为 10 年左右。因此在加强边际土地治理的情况下,2020～2030年利用 II 等和 III 等边际土地种植能源作物生产液态生物质燃料的潜力将在现在的基础上各提高 20％。但是如果要达到这样的效果,需要投入更多生产要素,相应地就会产生更高的成本。

2. 宜能边际土地开发面积扩大的潜力

我国边际土地的总数量很大,但当前技术条件下可用于能源化开发的数量相对较少,而对宜能边际土地的实际开发数量则更少。因此今后扩大宜能边际土地开发数量的途径,主要包括提高现有边际土地的开发率和拓展潜在的边际土地用于能源作物种植两个方面,其中较为容易实现的是边际土地开发率的提高,这种方式在今后较长时期内对提高液态生物质燃料的产量都会起到重要作用,但适度扩大其他边际土地用于种植能源作物的方式同样不可忽视。

根据我国 2002～2006 年开展的后备耕地资源调查评价,目前各种荒地资源总量为 8 874 万公顷,其中适合种植能源作物的有 2 680 万公顷。根据前文设定的较为可行的情景,这些土地资源中的 I 等边际土地到 2030 年可完全得到开发利用,但 II 等和 III 等边际土地并未得到完全开发,土地垦殖率分别只提高到 80% 和 65%。如果将 2030 年 II 等和 III 等边际土地的垦殖率分别提高到 100% 和 80%,届时利用这两种边际土地生产液态生物质燃料的潜力又能提高 20% 左右。但这就必须提高 2021～2030 年两种边际土地垦殖率的增长率,并投入更多资源和资金才能实现。由于其他类型的荒地资源数量更大而目前并未得到有效利用,如果加强资源评估和改造力度,这些荒地资源会成为远期液态生物质燃料产量潜力提升的一条重要来源。

8.3.2　我国各种宜能生物质原料产量提升的潜力

在目前的技术经济条件下,生物质原料资源往往只有一部分用于能源转化,如果加强用于能源化开发的力度,液态生物质燃料的生产潜力仍有一定的提高余地。但是需要注意,实现这部分产量潜力的提升会比正常开发生物质原料所实现的生产潜力有更大的难度,这也是前文测算液态生物质燃料生产潜力时未将其考虑在内的原因。如果上述液态生物质燃料产量的提升潜力也能得到实现,则能进一步缓解或破解今后经济发展面临的石油"瓶颈"约束。

1. 主要能源作物单产水平提高的潜力

能源作物单产水平提高的潜力来源于两个方面:一是技术进步使产量更高的能源作物品种被培育出来;二是边际土地质量改善使原来的能源作物产量提高。根据不同类别能源作物生长特性的差异,培育出高产新品种是提升淀粉和糖类能源作物单产水平的主要途径,可增加燃料乙醇的产量水平;而改善边际土地质量则是提高油料能源作物单产水平的主要方式,由此可使生物柴油的产量潜力得到提高。

由于新品种能源作物的技术参数较难获得,本文暂不考虑对于淀粉和糖类能源作物采用高产新品种使燃料乙醇提高产量。根据本节第一部分的分析,经过 10 年左右的治理,我国 II 等和 III 等边际土地的质量可提高 1 个等级,这可以使燃料乙醇和生物柴油的产量水平得到部分提高。根据各种能源作物种植于不同边际土地的燃料转化水平,测算出 2020～2030 年因边际土地质量提高使液态生物质燃料产量提高的潜力(见表 8－3)。分析结果表明,2020 年、2025 年和

2030年三个年份由边际土地质量提高使燃料乙醇和生物柴油增加的产量依次为92.92万吨和214.92万吨、126.94万吨和307.02万吨，以及164.34万吨和399.13万吨。由此对汽油和柴油的替代数量将分别从65.04万吨和193.43万吨增加到115.04万吨和359.22万吨。

表8—3　　　　　因提高我国边际土地质量而提高的液态生物质燃料产量　　　　单位:万吨

年份	燃料乙醇增产数量	生物柴油增产数量	Ⅱ等边际土地质量改善增加的汽油替代量	Ⅲ等边际土地质量改善增加的柴油替代量
2020	92.92	214.92	65.04	193.43
2025	126.94	307.02	88.86	276.32
2030	164.34	399.13	115.04	359.22

资料来源:根据研究整理计算得到。

2. 农林废弃物可利用量的增加潜力

农林废弃物可用于生产液态生物质燃料的理论数量较多,但目前尚未大规模开发。根据前面章节的分析,今后可逐步提高用于液态生物质燃料转化的比重,主要是将目前作为生活燃料使用的农林废弃物和被浪费的纤维素资源(以秸秆为主)加以利用。今后除了这两部分原料资源以外,其他用途的秸秆和林木废弃物也有用于液态生物质燃料生产的可能,这是利用农林废弃物资源提高液态生物质燃料生产潜力的一条途径。

根据第6章对秸秆和林木废弃物可用于能源转化的数量进行的分析,今后利用林木废弃物基本没有纤维素乙醇的增产潜力,只能通过秸秆资源的挖掘才能使燃料乙醇产量提高。如果扩大秸秆回收利用的力度,被焚烧和废弃的秸秆资源可完全用于纤维素乙醇的生产,用于生产饲料的秸秆可让出一部分作为燃料乙醇的原料,这样自2021年起增加用于燃料乙醇生产的秸秆数量可占到秸秆资源总量的10%。通过计算可以看出,2021～2030年通过合理增加秸秆用于能源转化的数量,可使燃料乙醇的增产量由1 697.98万吨逐渐提高到1 852.87万吨(见表8—4)。由第6章的数据和本节的分析,今后回收利用农林废弃物能产生数量巨大的燃料乙醇产量,对弥补我国石油供求缺口有重大作用。

3. 粮油生物质原料资源开发量的提升潜力

利用冬闲田等耕地资源增加粮油作物的种植面积和产量,并将产量的一部分用于能源转化是提高我国液态生物质燃料产量的一条辅助途径,如果这部分增产的粮油作物用于能源转化的比例能够得以提高,则我国液态生物质燃料的产量潜力又能得到一定程度的提升。

表8—4		合理提高秸秆回收利用量增加的燃料乙醇产量			单位:万吨
年份	秸秆生产燃料 乙醇的增加量	纤维素燃料 乙醇的增产量	年份	秸秆生产燃料 乙醇的增加量	纤维素燃料 乙醇的增产量
2021	8 489.88	1 697.98	2026	8 907.39	1 781.48
2022	8 570.93	1 714.19	2027	8 994.65	1 798.93
2023	8 653.19	1 730.64	2028	9 083.22	1 816.64
2024	8 736.68	1 747.34	2029	9 173.11	1 834.62
2025	8 821.40	1 764.28	2030	9 264.34	1 852.87

资料来源:根据研究整理计算得到。

　　根据第7章的分析,我国利用冬闲田种植的油菜中可以有一半用于生物柴油的生产。根据农业部编制的《南方冬闲田开发利用规划》,在对冬闲田的开发速度保持不变的情况下,如果将上述油菜用于能源转化的比重提高到80%,生物柴油的生产潜力可扩大一部分。目前棉籽的总产量中有30%未被利用,可以作为生物柴油的原料,如果减少棉籽用于工业加工的数量,使棉籽产量中用于能源转化的比例上升到50%,也可以使生物柴油的生产潜力提高一部分。按照上述思路测算出利用粮油作物使生物柴油产量提高的潜力如表8—5所示。测算结果表明,通过适度扩大粮油作物用于能源转化的数量,2015~2030年我国生物柴油的产量提升潜力可从69.83万吨增加到160.91万吨。

表8—5	开发粮油作物进一步提升生物柴油产量的潜力		单位:万吨
年份	开发冬油菜增加的 生物柴油产量潜力	利用棉籽增加的 生物柴油产量潜力	生物柴油产量 提升的总潜力
2015	31.32	38.51	69.83
2016	37.96	39.28	77.24
2017	44.72	40.07	84.79
2018	51.62	40.87	92.49
2019	58.66	41.69	100.35
2020	65.83	42.52	108.35
2021	73.13	43.37	116.51
2022	80.58	44.24	124.82
2023	88.17	45.12	133.29
2024	95.90	46.03	141.93
2025	103.78	46.95	150.72
2026	104.81	47.89	152.70
2027	105.86	48.84	154.71
2028	106.92	49.82	156.74
2029	107.99	50.82	158.81
2030	109.07	51.83	160.91

资料来源:根据研究整理计算得到。

　　不同的生物质原料资源具备的经济性能源转化边界会有所不同。按照目前的技术经济条件和原油价格水平,大多数生物质原料资源用于能源转化都会出现亏损。通过分析液态生物质燃料的生产经济性可以发现,原油价格不低于113.19 美元/桶时,利用木薯、甘薯和甜高粱生产燃料乙醇具备经济性;原油价格超过 95.1 美元/桶时,利用麻疯树和黄连木生产生物柴油具备经济性;原油价格不低于 92.1 美元/桶时,餐饮废油用于生物柴油生产的经济性边界出现;纤维素原料生产燃料乙醇出现经济性边界要求原油价格在 127.6 美元/桶以上;而原油价格高于 139.5 美元/桶时,光皮树生产生物柴油才具备经济性。由于原油价格的长期变化趋势是逐步上升的,今后开发利用各种原料资源生产液态生物质燃料的经济性会不断好转,同时还有技术进步因素的作用,液态生物质燃料产业的盈利空间将不断扩大,发展动力也将得到加强。因此,今后液态生物质燃料生产经济性的变化趋势对将上述较为可观的生产潜力转变为现实的产量可以起到较为有利的作用。

　　通过逐步改善边际土地的质量、采用更高产的能源作物品种、提高农林废弃物回收利用数量、增加部分食用粮油作物能源转化数量等途径,燃料乙醇和生物柴油的生产潜力能够得到一定程度的提高,对今后促进液态生物质燃料产业的进一步发展可起到积极作用。

第 9 章　原料资源挖潜的社会经济影响：情景模拟与优化策略

　　发展液态生物质燃料能够缓解我国的能源供求矛盾，对弥补可能产生的石油供求缺口能起到重要作用，给相关生产企业带来可观的收益，并产生一定的社会收益，但是提高液态生物质燃料的生产潜力也会产生社会成本和私人成本。因此，要促进我国液态生物质燃料产业持续较好地发展，最重要的是需要对提升液态生物质燃料生产潜力所产生的社会收益和社会成本作出全面科学的分析评价。而液态生物质燃料的生产潜力与原料资源的开发数量是紧密联系的，本章主要对开发液态生物质燃料的各种原料资源所带来的各种可预见到的和潜在的社会经济影响进行测度和分析。

　　由于液态生物质燃料生产潜力的实现程度不同会产生不同的社会收益和社会成本，本章将设定如下三种情景进行分析：

　　情景Ⅰ：目前我国关于液态生物质燃料发展制定的规划目标是，2020 年燃料乙醇和生物柴油的产量分别达到 1 000 万吨和 200 万吨。假设届时实现这种产量目标，按照这种发展速度，2030 年燃料乙醇和生物柴油的产量分别可提高到 2 000 万吨和 500 万吨。

　　情景Ⅱ：第 5 章的测算表明，随着我国汽车产业和交通运输业的快速发展，到 2015 年就会产生石油供求缺口，为保持经济平稳发展就需要通过液态生物质燃料的生产和使用来消除这种能源缺口。根据第 8 章对补充能源缺口所需要的液态生物质燃料数量和理论生产潜力之间的比较，2020 年我国燃料乙醇生产潜力只需实现 25％就能弥补 60％原油对外依存度下的汽油供求缺口；生物柴油生产潜力的实现程度达到 80％则可以消除 65％原油对外依存度下的柴油供求缺口。因此设定燃料乙醇和生物柴油生产潜力的实现程度分别达到 25％和 80％，以测算消除石油供求缺口产生的社会收益和所需要的社会成本。

　　情景Ⅲ：如果将液态生物质燃料的生产潜力全部转化为现实的产量，这种情景下测算得到的是液态生物质燃料产业发展产生的最大社会收益和社会成本。

在把上述三种液态生物质燃料产量情景下产生的社会收益与社会成本进行对比分析的基础上，本章将对促进液态生物质燃料产业进一步发展的优化路径进行分析。

9.1　提高液态生物质燃料产量水平产生的社会收益

今后将液态生物质燃料的产量水平提高到能够消除石油供求缺口的规模会产生多方面的收益，主要包括抵消经济产出下降、能源作物种植、农林废弃物回收、吸纳劳动力就业等方面产生的收益，总收益可表示为：

$$R_T = R_{pd} + R_{ec} + R_{rw} + R_{la} \qquad (9-1)$$

其中，R_{pd} 为抵消产出下降的收益，R_{ec} 为能源作物种植收益，R_{rw} 为农林废弃物回收收益，R_{la} 为液态生物质燃料产业就业吸纳收益。

9.1.1　消除能源供求缺口产生的收益

目前我国的石油供求矛盾日益尖锐，如果出现国内石油产量和原油进口量小于石油需求量的情况，国民经济产出会由于出现能源供求缺口而发生下降，人们的日常生活也会因经济运行出现问题而受到较大影响。如果将潜在的石油供求缺口用液态生物质燃料加以弥补，经济产出的下降就能得以减少或消除，这可以视为液态生物质燃料弥补能源供求缺口而产生的社会收益。在液态生物质燃料产量水平较低的情况下，能源缺口不能被全部消除，产生的收益无法完全抵消产出下降。我国目前燃料乙醇和生物柴油的发展目标都低于消除石油供求缺口的需要量，而且生物柴油的差距更大，因此情景Ⅰ中产生的社会收益更多的是由燃料乙醇的产量所决定。但是需要注意的是，如果液态生物质燃料的产量水平超过了补充石油供求缺口所需要的数量，超出的产量则不能起到增加经济产出水平的作用，这部分产量用于能源替代将不会产生收益，因此上述情景Ⅱ和情景Ⅲ中利用液态生物质燃料抵消经济产出下降所产生的收益相同。

根据第 5 章对 2011～2020 年石油供求缺口引致的产出变化进行的分析，利用液态生物质燃料消除石油供求缺口就可以防止国民经济产出下降，这相当于发展液态生物质燃料带来的收益抵消了能源缺口导致的产出下降。由于节能技术和经济结构的调整，2021～2030 年石油需求的增长速度将更加缓慢，每年只增加 3% 左右；根据国内外的权威机构预测，这个时期我国的经济增长率将下降到年均 5%。随着我国国力的增强，原油对外依存度可上调到 65% 或更高，但国内石油产量因不断开采而不再增加，届时发展液态生物质燃料产业的意义更为重要。根据上述数据和第 5 章中(5—7)式就可以测算出这个时期用液态生物质燃料弥补能源缺口、抵消产出下降所产生的收益。在 2020 年之前原油对外依存度的上限为 62.5％时,2015 年开始出现能源供求缺口,2021～2030 年将原油对外依存度控制在 65％时,液态生物质燃料的生产潜力大于补充能源缺口的需要量,但如果产量水平只达到规划目标,产生的社会收益会更低一些。这样得到上述三种情景下 2015～2030 年液态生物质燃料补充能源缺口产生的社会收益 R_{pd}(详见表 9—1)。

表 9—1　　　　　　液态生物质燃料补充我国能源缺口产生的收益①　　　　单位:亿元

年份	补充能源缺口产生的收益			年份	补充能源缺口产生的收益		
	情景Ⅰ	情景Ⅱ	情景Ⅲ		情景Ⅰ	情景Ⅱ	情景Ⅲ
2015	97.05	97.05	97.05	2023	2 533.19	2 745.81	2 745.81
2016	770.02	770.02	770.02	2024	2 744	3 000.47	3 000.47
2017	1 400.5	1 462.77	1 462.77	2025	2 964.42	3 276.34	3 276.34
2018	1 614.37	2 196.22	2 196.22	2026	3 193.3	3 572.99	3 572.99
2019	1 842.64	2 933.74	2 933.74	2027	3 437.16	3 898.71	3 898.71
2020	2 085.57	3 514.38	3 514.38	2028	3 668.65	4 223.31	4 223.31
2021	2 118.4	2 273.69	2 273.69	2029	3 909.58	4 572.23	4 572.23
2022	2 328.56	2 507.92	2 507.92	2030	4 160.93	4 947.74	4 947.74

资料来源:根据研究整理计算得到。

　　根据上述测算结果,2015～2020 年将原油对外依存度设定在 62.5％时,补充能源缺口产生的收益可逐步上升至 3 514.4 亿元;2021～2030 年将原油对外依存度上调到 65％后,利用液态生物质燃料弥补能源缺口产生的收益可从 2 273.7 亿元逐步提高到 4 947.7 亿元。如果实现目前规划制定的液态生物质燃料产量目标,原油供求缺口只能得到部分消除,2020 年和 2030 年产生的收益分别达到 2 085 亿元和 4 160 亿元。可见,为弥补石油供求缺口以便消除由此导致的产出下降,需要生产出足够数量的液态生物质燃料,由此能产生较为可观的收益,从这个角度上说,提高液态生物质燃料的产量水平对今后促进我国经济的正常运转将起到较为重大的作用。

9.1.2　生物质原料资源开发的收益

1. 能源作物种植产生的收益

---

　　① 2015～2020 年按照 62.5％的原油对外依存度进行测算,自 2021 年起按照 65％的原油对外依存度进行测算。

　　根据第 8 章分析的能源作物开发边界,种植各种能源作物获取的单位收益正是液态生物质燃料的单位原料成本。按照液态生物质燃料的现行价格,原料成本必须控制在一定限度内才能使液态生物质燃料的生产具有经济性,根据这些数据和能源作物的产量就能得到种植能源作物所产生的收益,可按照(9—2)式进行计算:

$$R_{ec} = \sum_{i=1}^{k} r_{eci} \cdot Q_{eci} \qquad (9—2)$$

　　其中,R_{ec} 为各种能源作物的种植总收益,r_{eci} 为第 i 种能源作物的单位种植收益,Q_{eci} 为第 i 种能源作物的生产量,k 表示用于液态生物质燃料生产的能源作物共有 k 种。

　　根据前文对燃料乙醇和生物柴油生产潜力所做的分析,2020 年醇类和柴油类能源作物所带来的产量分别占燃料乙醇和生物柴油总产量的 15.8% 和 64.3%。由于目前液态生物质燃料的规划产量目标显著低于其生产潜力,如果液态生物质燃料的产量水平只达到这种规模,则占总产量比重很低(2%~3%)的糖料和食用油料作物就不再需要作为生产原料,而是通过能源作物开发来代替。因此这种情景下,液态生物质燃料产量中源于能源作物的比重需要比前述相应比重略高一些才能准确测算出收益和成本。

　　由于缺乏相关数据,前文并未计算出所有能源作物生产液态生物质燃料的原料成本上限,只能按照已知的能源作物的原料成本上限进行计算。假设技术水平没有根本性地变化,原料成本占液态生物质燃料生产成本的比重不发生变化,今后液态生物质燃料的价格变化趋势和石油价格年均升高 1% 的设定相同。故可得到上述三种情景下,2015 年、2020 年、2025 年和 2030 年种植能源作物产生的最大收益依次为 973.58 亿元、1 910.02 亿元、2 775.76 亿元和 3 762.66 亿元,其中用于生产燃料乙醇的能源作物的最大种植收益将从 2015 年的 508.83 亿元提高到 2030 年的 1 743.03 亿元,用于生产生物柴油的能源作物给农民带来的最大种植收益可从 464.75 亿元上升至 2 019.63 亿元(见表 9—2)。

表 9—2　　　　　　　　不同情景下我国能源作物种植产生的收益　　　　　　　单位:亿元

年份	醇类能源作物的种植收益			油料能源作物的种植收益			能源作物种植的总收益		
	情景Ⅰ	情景Ⅱ	情景Ⅲ	情景Ⅰ	情景Ⅱ	情景Ⅲ	情景Ⅰ	情景Ⅱ	情景Ⅲ
2015	55.97	127.21	508.83	46.47	371.80	464.75	102.45	499.01	973.58
2020	112.55	216.44	865.75	93.98	835.41	1 044.27	206.53	1 051.85	1 910.02
2025	202.59	316.55	1 266.19	181.15	1 207.66	1 509.57	383.74	1 524.20	2 775.76

年份	醇类能源作物的种植收益			油料能源作物的种植收益			能源作物种植的总收益		
	情景Ⅰ	情景Ⅱ	情景Ⅲ	情景Ⅰ	情景Ⅱ	情景Ⅲ	情景Ⅰ	情景Ⅱ	情景Ⅲ
2030	348.61	435.76	1 743.03	282.75	1 615.70	2 019.63	631.35	2 051.46	3 762.66

资料来源：根据研究整理计算得到。

在上述四个标志性年份中，液态生物质燃料的产量达到目前规划产量目标和足以消除石油供求缺口两种情景下产生的能源作物种植总收益分别由102.45亿元和499.01亿元增加到631.35亿元和2 051.46亿元。通过比较可以发现，实现目前规划产量目标所产生的能源作物种植收益仅为消除能源缺口时的20%～30%，因此要提高开发能源作物产生的社会收益，应把液态生物质燃料的产量目标提高到能够消除石油供求缺口的水平。

2. 农林废弃物回收利用产生的收益

目前农林废弃物资源主要有还田、农村生活燃料、工业加工等多种用途，还有一部分因焚烧或废弃而被浪费。今后可用于燃料乙醇生产的资源主要是将当前用于农村生活燃料和被浪费的秸秆与薪柴中的一部分或全部置换出来，目前相关资料显示，这两部分农林废弃物的数量占农林废弃物产生总量的比重均为20%左右。回收这两种去向的农林废弃物需要向拥有这些资源的农民支付一定的购买费用，通过有偿收购的方式可让当地农民产生收集农林废弃物并向企业销售的动力，从而适度降低企业的收集成本，农民由此获取的收益就是农林废弃物回收利用产生的收益，这种收益可由(9－3)式来表示。

$$R_{rw} = p_{far} \cdot Q_{far} + p_{for} \cdot Q_{for} \qquad (9－3)$$

其中，R_{rw} 为农林废弃物回收利用产生的收益，p_{far} 为单位数量农作物秸秆的回收价格，p_{for} 为单位数量林木废弃物的回收价格，Q_{far} 为农作物秸秆的回收数量，Q_{for} 为林木废弃物的回收数量。

根据第8章测算的主要生物质原料资源用于能源转化的经济性边界，秸秆和林木废弃物等纤维素资源的原料成本不能超过706.5元/吨，因此纤维素资源的收购价格上限可以按照700元/吨计算。按照上述情景设定，为了实现目前液态生物质燃料规划目标，2015～2030年农林废弃物可回收资源总量的开发率只需要从9.3%逐渐提高到17%；如果利用液态生物质燃料消除石油供求缺口，农林废弃物可回收总量中需要开发25%；农林废弃物回收总量全部用于转化为燃料乙醇产生的收益最高。由此得到上述三种情景下纤维素资源回收利用产生的收益(见表9－3)。测算结果显示，实现目前规划目标产生的农林废弃物回收收益不到完全开发所产生收益的 20%;燃料乙醇产量扩大到可消除石油供求缺口的水平时,2015～2030 年纤维素资源回收利用产生的收益将从 461.45 亿元(以2010 年价格水平计)上升至 916.92 亿元;农林废弃物的可回收量全部用于生产燃料乙醇产生的收益将从 1 845.81 亿元提高到 3 667.68 亿元。

表 9—3 利用农林废弃物生产燃料乙醇产生的回收收益

年份	农林废弃物回收总量(万吨)	农林废弃物回收收益(亿元)			年份	农林废弃物回收总量(万吨)	农林废弃物回收收益(亿元)		
		情景Ⅰ	情景Ⅱ	情景Ⅲ			情景Ⅰ	情景Ⅱ	情景Ⅲ
2015	25 088.98	171.66	461.45	1 845.81	2023	38 357.19	391.14	763.95	3 055.78
2016	26 951.16	192.25	500.66	2 002.64	2024	39 605.89	430.22	796.70	3 186.82
2017	28 846.41	212.16	541.23	2 164.91	2025	40 876.42	465.07	830.48	3 321.94
2018	30 775.44	233.28	583.19	2 332.78	2026	41 278.5	494.67	847.04	3 388.16
2019	32 738.98	263.18	626.61	2 506.43	2027	41 685.87	525.28	863.95	3 455.81
2020	34 737.76	303.52	671.51	2 686.05	2028	42 098.59	556.94	881.23	3 524.93
2021	35 923.55	331.05	701.38	2 805.51	2029	42 516.75	593.26	898.89	3 595.54
2022	37 129.89	357.30	732.18	2 928.72	2030	42 940.43	623.51	916.92	3 667.68

资料来源:根据研究整理计算得到。

3. 农村劳动力就业与增收的收益

生产液态生物质燃料需要开发利用与农业生产有关的原料资源,这些生物质原料资源的种植、收集、加工以及液态生物质燃料的生产都具有劳动密集的特征,液态生物质燃料的整个产业链条需要吸收较多的劳动力才能正常运行。如果能让一部分农村居民参与液态生物质燃料生产,农村劳动力必须可以获得比进行农业生产更高的收入水平才能实现。根据液态生物质燃料产业吸收农村劳动力就业的数量和液态生物质燃料从业人员收入水平,通过下式就得到液态生物质燃料产业吸纳就业所产生的收益:

$$R_{la} = w_{la} \cdot L_{bf} \qquad (9-4)$$

其中,R_{la} 为液态生物质燃料产业吸纳劳动力产生的收益,w_{la} 为液态生物质燃料企业职工的工资水平,L_{bf} 为液态生物质燃料产业吸纳的劳动力数量。

由于难以得到液态生物质燃料企业职工工资的数据,目前城镇分行业从业人员平均工资中"农林牧渔业"的工资数据可近似作为液态生物质燃料产业职工工资收入的参数。据有关的液态生物质燃料行业报告,目前以木薯、甘薯和甜高粱等原料生产每万吨燃料乙醇可增加的就业人数约为 100～200 人(本研究按下限进行计算),由于该产业的劳动密集特征决定了该参数今后基本也不会发生大的变化。目前虽然缺乏以木质纤维素、木本油料植物及废弃动植物油脂等原料生产液态生物质燃料的就业吸纳能力的数据,但液态生物质燃料的生产工艺、工序和技术水平都比较接近,因此,基于这些原料的液态生物质燃料企业吸纳就业的能力也可按照这一参数计算。

根据相关的统计资料,2010 年农林牧渔业从业人员的平均工资为 16 717元,分析 2003～2011 年该行业的平均工资走势[①],剔除价格因素后得到该工资水平年均上升速度为 4.2%,据此可测算出今后年份液态生物质燃料行业职工的平均工资水平。根据今后液态生物质燃料可能达到的产量水平和以上参数,得出在上述三种情景下 2015～2030 年我国发展液态生物质燃料吸纳就业的人数和由此产生的收益,具体情况如表 9—4 所示。

表 9—4　　我国发展液态生物质燃料产业吸纳的就业人数和产生的收益(2010 年价格水平)

年份	液态生物质燃料产业的最大就业吸纳量（万人）	燃料乙醇的最大就业吸纳量（万人）	生物柴油的最大就业吸纳量（万人）	发展液态生物质燃料产业产生的就业吸纳收益(亿元)		
				情景Ⅰ	情景Ⅱ	情景Ⅲ
2015	76.68	63.64	13.04	15.14	55.77	162.34
2020	111.50	88.80	22.70	31.20	104.94	289.91
2025	137.02	107.09	29.93	59.11	162.04	437.79
2030	154.64	117.85	36.79	98.10	231.10	606.81

资料来源:根据研究整理计算得到。

由测算可以发现,如果将我国液态生物质燃料的生产潜力全部转变为现实的产量,2015～2030 年产生的就业吸纳人数可从 76.68 万人上升到 154.64 万人,由此产生的收益可由 162.34 亿元提高到 606.81 亿元。即便液态生物质燃料的生产规模只提高到足够消除石油供求缺口的水平,通过吸纳劳动力就业产生的收益仍比较可观,将从 55.77 亿元扩大到 231.10 亿元。但液态生物质燃料产量水平只达到目前的规划目标时,对吸纳劳动力就业所起的作用不够明显,由此产生的社会收益只能从 15.14 亿元上升到 98.10 亿元。

9.2　提高液态生物质燃料产能潜力所需要的成本

促进液态生物质燃料产业发展、提高其产量水平同样会产生很多方面的成本,具体而言,主要包括财政补贴成本、税收减免成本、研发补贴成本、边际土地开发成本、能源作物生产转化成本、农林废弃物回收利用成本以及粮油作物能源

---

① 资料来源:《2012 年中国统计年鉴》。

化开发成本等。开发利用液态生物质燃料产生的总成本可表示为:

$$C_T = C_s + C_{ml} + C_{ec} + C_{rw} + C_{go} \qquad (9-5)$$

其中,C_T 为促进液态生物质燃料产业发展产生的总成本,C_s 为政府扶持成本,C_{ml} 为边际土地开发成本,C_{ec} 为能源作物的生产转化成本,C_{rw} 为农林废弃物的回收利用成本,C_{go} 为粮油作物能源化开发成本。

9.2.1　政府扶持液态生物质燃料产业产生的成本

目前政府对液态生物质燃料产业发展提供扶持产生的成本主要包括生产补贴成本、税收减免成本和研发补贴成本三种,可表示为:

$$C_s = C_{sp} + C_{te} + C_{sr} = (s + t + r)Q_p \qquad (9-6)$$

其中,C_s 为政府扶持液态生物质燃料产业产生的成本,C_{sp} 为对企业生产提供补贴产生的成本,C_{te} 为减免税收产生的成本,C_{sr} 为对企业技术研发提供补贴产生的成本,s 为单位产量燃料的生产补贴额度,t 为单位产量燃料的税收减免额度,r 为单位产量燃料的技术研发补贴额度,Q_p 为液态生物质燃料的产量水平。

1. 促进液态生物质燃料生产的补贴成本

由于目前液态生物质燃料的生产经济性与汽油、柴油相比不具备竞争优势,为了扶持该产业的发展,政府对液态生物质燃料的生产提供了一定的补贴,目前的补贴额度为 1 375 元/吨。随着液态生物质燃料产量的不断扩大,政府提供补贴产生的总成本也会随之提高,如果今后政府对液态生物质燃料企业提供的补贴额度保持不变,根据液态生物质燃料的产量水平就可测算出由提供补贴而产生的成本。计算表明,在补贴力度不变的情况下,我国液态生物质燃料的生产潜力全部转变为现实产量所产生的补贴成本将从 2015 年的 1 054.41 亿元增加到2030 年的 2 126.32 亿元;如果液态生物质燃料的产量达到能够弥补石油供求缺口的水平,扶持该产业产生的补贴成本也将从 362.23 亿元逐渐上升到 809.80 亿元;实现规划制定的 2020 年产量目标并延续这种增长速度产生的补贴成本最低,从 98.31 亿元逐步提高到 343.75 亿元(见表 9-5)。

表 9-5　　　　对液态生物质燃料产业提供补贴产生的社会成本

年份	燃料乙醇的最大生产潜力(万吨)	生物柴油的最大生产潜力(万吨)	补贴产生的社会成本(亿元)		
			情景Ⅰ	情景Ⅱ	情景Ⅲ
2015	6 364.35	1 304.12	98.31	362.23	1 054.41
2020	8 880.48	2 269.9	165.00	554.96	1 533.18

续表

年份	燃料乙醇的最大生产潜力(万吨)	生物柴油的最大生产潜力(万吨)	补贴产生的社会成本(亿元)		
			情景Ⅰ	情景Ⅱ	情景Ⅲ
2025	10 709.22	2 993.05	254.38	697.36	1 884.06
2030	11 785.16	3 678.99	343.75	809.80	2 126.32

资料来源:根据研究整理计算得到。

需要注意的是,我国自 2008 年起已经对液态生物质燃料产业制定了弹性补贴制,今后只有在生产成本高于收益时才会提供补贴。随着能源作物种植技术的改进、企业生产规模的扩大和副产品回收技术的发展,液态生物质燃料生产成本的下降还有较大的空间。而石油资源量的不断消耗和石油价格的逐渐攀升也能逐步增加液态生物质燃料生产的盈利空间,政府提供的补贴势必会随之减少。在这些因素的作用下,今后生产液态生物质燃料的盈利空间会有较大的提升,经过一段时期后政府对该产业提供的补贴额度会下降到 0,届时该产业将不再产生补贴成本,同时也会走上持续发展的轨道。但是由于缺乏液态生物质燃料生产成本与收益的精确数据,无法对弹性补贴机制下液态生物质燃料企业所获得补贴额度的变化趋势以及补贴成本的变动进行测算。

2. 液态生物质燃料产业税收减免产生的成本

液态生物质燃料产品进入流通和消费环节后,为了促进销售和提高人们使用的积极性,需要以较优惠的价格销售液态生物质燃料,与之相配套的措施是向企业提供税收减免。目前我国也出台了对液态生物质燃料企业提供税收减免的相关政策,政策生效后液态生物质燃料的产量越大,所产生的税收减免数额就会越大,这部分减少的税收收入构成了促进液态生物质燃料产业发展所产生成本的一部分。

2008 年 12 月我国对成品油征收消费税进行了改革,将汽油和柴油消费税的单位税额分别提高到 1 元/升和 0.8 元/升,这相当于每吨汽油和柴油分别需要缴纳消费税 1 353 元和 964 元。目前国税总局出台的新政策规定,自 2013 年起石油液体产品全部按照这一标准征收消费税,强化了税收对成品油价格的调节作用。而燃料乙醇和生物柴油用于替代汽油和柴油消费可以免缴消费税,根据热值换算得到生产燃料乙醇和生物柴油所减免消费税的额度分别为 947 元/吨和 867.5 元/吨。如果今后成品油消费税征收标准保持不变,由液态生物质燃料的产量潜力可测算出对该产业实行税收减免所产生的成本,如表 9—6 所示。

表 9－6　　　　　　　我国对液态生物质燃料减免税收产生的成本　　　　　　单位:亿元

年份	燃料乙醇的税收减免成本			生物柴油的税收减免成本			税收减免总成本		
	情景 I	情景 II	情景 III	情景 I	情景 II	情景 III	情景 I	情景 II	情景 III
2015	55.87	150.68	602.70	10.84	90.51	113.13	66.72	241.18	715.84
2020	94.70	210.25	840.98	17.35	157.53	196.91	112.05	367.78	1 037.90
2025	142.05	253.54	1 014.16	30.36	207.72	259.65	172.41	461.26	1 273.81
2030	189.40	279.01	1 116.05	43.38	255.32	319.15	232.78	534.34	1 435.21

资料来源:根据研究整理计算得到。

由测算结果可知,如果自 2015 年起我国液态生物质燃料的生产潜力全部转变为现实的产量,则今后提供税收减免产生的总成本可达到 715.84 亿元以上,其中对燃料乙醇和生物柴油两个产业减免税收的成本分别在 602.70 亿元和 113.13 亿元以上。但保持 60% 的原油对外依存度所需要的燃料乙醇数量只占其生产潜力的 25% 左右,而生物柴油的生产潜力全部实现只能把原油对外依存度保持在略高于 62.5% 的水平,因此今后液态生物质燃料的实际产量很可能小于上述潜力,对液态生物质燃料产业减免税收产生的成本相应地也会小于上述成本。

由于目前我国燃料乙醇和生物柴油的实际产量还很低,与本文测算的生产潜力还有较大差距,今后液态生物质燃料能实现的产量很可能只达到生产潜力的一定百分比。根据本章第一节中的分析,到 2020 年我国保持相对安全的原油对外依存度要求燃料乙醇生产潜力的实现程度在 25% 左右、生物柴油生产潜力的实现程度不能低于 80%,在这样的条件下对液态生物质燃料产业提供税收减免产生的总成本在 2015 年、2020 年、2025 年和 2030 年四个年份依次将达到 241.2 亿元、367.8 亿元、461.3 亿元和 534.3 亿元。如果实现目前规划中的产量目标,液态生物质燃料的产量较低,相应地税收减免成本也更小,只从 66.7 亿元逐渐升高到 232.8 亿元。

3. 液态生物质燃料技术研发的资助成本

为了降低液态生物质燃料的生产成本以提高获利能力,企业会加强技术方面的革新,政府为促进液态生物质燃料产业的发展会对企业技术研发提供一定额度的专项资助,这也是液态生物质燃料产业的发展成本中较为重要的一部分。目前我国已经出台政策将生物产业作为国家支柱产业,而液态生物质燃料产业是其中的重要组成部分,因此有必要测算今后液态生物质燃料技术研发所产生的成本。

2012 年 7 月国务院发布的《"十二五"国家战略性新兴产业发展规划》把包括液态生物质燃料产业在内的生物产业纳入战略性新兴产业范畴,明确提出为促进这些产业的持续健康发展,技术研发投入应占销售收入的 5% 以上。2012 年 12 月底国务院发布《生物产业发展规划》,进一步明确了到 2020 年使生物产业成为国民经济的支柱产业,对包括液态生物质燃料在内的生物产业将加大支持力度。因此今后液态生物质燃料企业的技术研发投入可以按照销售收入的 5% 计算,这部分研发投资本应由企业自身承担,但政府为扶持该产业的发展会提供一定的资助。设定资助额度占企业研发支出的一半,结合液态生物质燃料的产量和价格水平就可以测算出政府为促进液态生物质燃料产业技术研发所支付的成本。

我国液态生物质燃料产业的理论生产潜力如果能全部实现,政府对其给予研发资助产生的成本最大。为了消除因保持安全的原油对外依存度而产生的能源供求缺口,燃料乙醇和生物柴油生产潜力的实现率分别需要达到 25% 和 80%。按照目前的液态生物质燃料产量规划目标,需要的研发资助成本最小。据此测算出上述三种情景下今后对液态生物质燃料企业提供研发资助所产生的最大成本和实际成本,具体结果如表 9—7 所示。

表 9—7   政府向液态生物质燃料企业提供技术研发资助产生的成本   单位:亿元

年份	燃料乙醇的研发资助成本			生物柴油的研发资助成本			研发资助总成本		
	情景Ⅰ	情景Ⅱ	情景Ⅲ	情景Ⅰ	情景Ⅱ	情景Ⅲ	情景Ⅰ	情景Ⅱ	情景Ⅲ
2015	12.98	35.00	140.02	2.50	20.87	26.08	15.48	55.87	166.10
2020	22.00	48.84	195.37	4.00	36.32	45.40	26.00	85.16	240.77
2025	33.00	58.90	235.60	7.00	47.89	59.86	40.00	106.79	295.46
2030	44.00	64.82	259.27	10.00	58.86	73.58	54.00	123.68	332.85

资料来源:根据研究整理计算得到。

通过分析测算结果可以发现,如果今后我国液态生物质燃料的生产潜力能够全部转变为实际产量,2015~2030 年对燃料乙醇和生物柴油提供技术研发资助产生的成本可分别从 140 亿元和 26.1 亿元上升到 259.3 亿元和 73.6 亿元,对液态生物质燃料产业的资助成本将从 166.1 亿元提高到 332.9 亿元。但是如果保持相对安全的原油对外依存度,只需要将液态生物质燃料生产潜力的一定百分比转化为现实的产量,对液态生物质燃料企业技术研发提供的资助成本则从 2015 年的 55.9 亿元增加到 2030 年的 123.7 亿元;实现目前规划产量目标所产生的技术研发资助成本只由 15.5 亿元逐渐上升到 54 亿元。

9.2.2　生物质原料开发产生的成本

1. 宜能边际土地的开发成本

我国今后利用边际土地种植能源作物虽能获得可观的液态生物质燃料生产潜力,但与耕地的开发利用相比,边际土地资源的开发利用成本更高,这会对其开发数量形成限制。如果利用边际土地资源生产液态生物质燃料有较高的收益,通过对比成本与收益后能产生一定的盈利,则相关经济主体会产生发展液态生物质燃料的动力;但如果液态生物质燃料生产的经济性不够好会导致收益小于成本,为了提高生产液态生物质燃料的经济吸引力,政府必须提供财政补贴或税收减免等扶持政策。同时这也是液态生物质燃料产业发展所产生成本中的一部分,因此需要对边际土地的开发成本进行测算,以便评估种植能源作物生产液态生物质燃料的经济性。

目前我国利用边际土地种植能源作物的时间还不长,边际土地的开发成本又明显高于耕地,因此已经开发的面积很有限。现有的研究将我国宜能边际土地分为三种等级,不同等级的开发成本有较大差异。国土资源部(2002)以 2000 年的价格水平为基期制定了我国不同地区后备耕地资源的开发预算标准,按这个标准测算边际土地开发成本需要考虑通货膨胀和生产资料间接投入成本上升等因素。按不变价计算,我国 2001~2010 年的物价水平年均上升 2.1%,据此可将上述成本调整到 2010 年的价格水平。整理出当前开发Ⅰ等、Ⅱ等和Ⅲ等边际土地的单位成本如表 9-8 所示,由该表可测算出今后开发宜能边际土地产生的成本。

表 9-8　　　　　　目前我国各区域宜能边际土地的单位开发成本　　　　单位:元/公顷

区域名称	Ⅰ等边际土地	Ⅱ等边际土地	Ⅲ等边际土地
东北区	21 321	22 433.4	31 332.6
华北区	33 186.6	39 304.8	47 277
黄土高原区	32 630.4	55 249.2	118 841.4
长江中下游区	38 377.8	53 395.2	64 519.2
蒙新区	24 102	52 653.6	114 948
华南区	38 377.8	41 715	109 756.8
西南区	33 928.2	51 541.2	109 756.8

资料来源:根据研究整理计算得到。

将上述三种宜能边际土地用于液态生物质燃料开发产生的成本可由下式

表示:

$$C_{ml} = \sum_{i=1}^{3} c_{mli} \cdot W_{rci} \qquad\qquad (9-7)$$

其中,C_{ml} 为宜能边际土地的总体开发成本,c_{mli} 为第 i 种宜能边际土地的单位开发成本,W_{rci} 为第 i 种宜能边际土地的开发面积。

根据第 6 章和第 7 章中的设定,2015 年、2020 年、2025 年和 2030 年我国 I 等边际土地的开发率依次是 40%、60%、80% 和 100%,II 等边际土地在上述 4 个年份的开发率依次达到 30%、50%、65% 和 80%,III 等边际土地的开发率在 4 个年份依次为 20%、35%、50%、65%。由于根据这种设定测算的是液态生物质燃料最大可能的生产潜力,由各区域边际土地的实际开发数量和上述边际土地的单位开发成本,利用(9-7)式就可测算出今后我国边际土地的最高累计开发成本和每年平均的最大开发成本,具体结果如表 9-9 和表 9-10 所示。

表 9-9　　　　我国各区域开发宜能边际土地累计产生的最大成本[①]　　　单位:亿元

区域名称	各年份边际土地开发的累计成本			
	2015 年	2020 年	2025 年	2030 年
东北区	146.41	248.85	345.68	442.52
华北区	87.82	144.92	197.10	249.29
黄土高原区	406.45	692.21	971.07	1 249.93
长江中下游区	262.09	435.74	589.36	742.99
蒙新区	1 279.65	2 154.30	2 951.95	3 749.61
华南区	131.14	221.12	305.90	390.67
西南区	1 235.28	2 114.64	2 950.63	3 786.62
总计	3 548.85	6 011.78	8 311.70	10 611.62

资料来源:根据研究整理计算得到。

表 9-10　　　　　　　我国宜能边际土地的年均最大开发成本　　　　　单位:亿元

区域名称	2011～2015 年			2016～2020 年			2021～2030 年		
	I 等地	II 等地	III 等地	I 等地	II 等地	III 等地	I 等地	II 等地	III 等地
东北区	3.66	6.72	18.91	1.83	4.48	14.18	1.83	3.36	14.18

---

① 这里的累计开发成本从 2015 年开始计算,将每年产生的边际土地开发成本进行加总,最终测算到 2030 年。

区域名称	2011～2015 年			2016～2020 年			2021～2030 年		
	Ⅰ 等地	Ⅱ 等地	Ⅲ 等地	Ⅰ 等地	Ⅱ 等地	Ⅲ 等地	Ⅰ 等地	Ⅱ 等地	Ⅲ 等地
华北区	5.05	5.90	6.62	2.53	3.93	4.96	2.52	2.95	4.96
黄土高原区	12.49	8.29	60.51	6.25	5.52	45.38	6.25	4.14	45.38
长江中下游区	10.33	24.03	18.06	5.17	16.02	13.55	5.16	12.02	13.54
蒙新区	37.28	92.39	126.26	18.64	61.59	94.69	18.64	46.19	94.70
华南区	4.61	6.26	15.37	2.30	4.17	11.53	2.30	3.13	11.52
西南区	20.34	52.04	174.68	10.17	34.69	131.01	10.17	26.02	131.01
合计	93.76	195.61	420.40	46.88	130.41	315.30	46.88	97.81	315.30

资料来源:根据研究整理计算得到。

　　由表 9—9 和表 9—10 可知,从目前到 2015 年开发宜能边际土地需要的成本累计为 3 548.85 亿元(2010 年价格水平),到 2030 年这一成本累计将增加到 1.06 万亿元。其中,蒙新区和西南区开发边际土地的成本最高,到 2030 年这两个区域的累计开发成本依次可达到 3 749.61 亿元和 3 786.62 亿元,前面的分析表明这两个区域液态生物质燃料的生产潜力是上述七个区域中最大的,因此以这种规模的开发成本提高液态生物质燃料的产量水平是值得投入的。从每年的开发成本看,2011～2015 年开发边际土地所需要的成本最高,三种边际土地的年均开发成本依次为 93.8 亿元、195.6 亿元和 420.4 亿元;2016～2020 年的年均开发成本有所下降,依次为 46.9 亿元、130.4 亿元和 315.3 亿元;而 2021～2030 年三类边际土地的年均开发成本进一步下降到 46.9 亿元、97.8 亿元和 315.3 亿元;宜能边际土地的年均开发总成本在上述三个时间段中依次为 709.8 亿元、492.6 亿元和 460 亿元。我国边际土地年均单位开发成本最低的三个区域依次是东北区、华北区和华南区,其中开发东北区的边际土地种植能源作物需要更加重视,原因是该区域的边际土地单位开发成本较低而液态生物质燃料的生产潜力相对更高。

　　由于不同的液态生物质燃料产量目标会产生不同的边际土地开发成本,按照本章的情景设定,把相应年份被开发利用的边际土地全部用于种植能源作物产生的成本最高,消除石油供求缺口产生的开发成本是前述成本的一定比例,只实现目前规划产量目标产生的边际土地开发成本最低,由此可得到上述三种情景下由生产液态生物质燃料产生的年均边际土地开发成本(见表 9—11)。

表 9—11　　　　　　　不同情景下边际土地的年均开发成本　　　　　　单位:亿元

年份	边际土地开发的最大累计成本	边际土地年均开发成本		
		情景Ⅰ	情景Ⅱ	情景Ⅲ
2015	3 548.85	74.22	481.04	709.77
2020	6 011.78	52.83	344.81	492.59
2025	8 311.70	58.35	324.60	459.99
2030	10 611.62	73.01	324.60	459.99

　　资料来源:根据研究整理计算得到。

　　测算结果显示,如果液态生物质燃料的产量水平只达到当前规划制定的目标,2015 年种植能源作物产生的边际土地年均开发成本仅为 74.2 亿元,2030 年的年均开发成本也只有 73 亿元;如果液态生物质燃料的产量达到消除石油供求缺口的规模,则 2015 年边际土地开发成本可达到 481 亿元,2030 年产生的开发成本则下降到 324.6 亿元。为了降低或消除能源供求缺口,应当尽量提高能源作物及其他原料资源的开发利用量,边际土地的开发成本由此而提高将不可避免。

　　2. 非粮能源作物生产转化产生的成本

　　非粮能源作物用于液态生物质燃料生产所产生的成本主要包括种植成本、能源转化成本(主要是加工费用和人工成本)等方面,这两部分成本分别由种植能源作物的农户和液态生物质燃料企业承担。由于各种能源作物的开发难度有一定差别,所需要的成本也有高低之分。如果利用能源作物生产液态生物质燃料的单位成本高于价格,弥补差价需要提供的补贴也构成能源作物开发成本的一部分,但这一部分属于政府扶持该产业所产生的成本,前文对此已经做过分析,因此本部分只分析利用能源作物生产液态生物质燃料所产生的成本。

　　将能源作物用于燃料转化产生的成本可表示为:

$$C_{ec} = \sum_{i=1}^{k} c_{eci} \cdot Q_{eci} \qquad (9—8)$$

　　其中,C_{ec} 为能源作物开发利用成本,c_{eci} 为第 i 种能源作物单位产量的种植成本,Q_{eci} 为第 i 种能源作物的产量,k 为生产液态生物质燃料的能源作物有 k 种。

　　根据有关的资料,近年来木薯和甘薯的种植成本约为 700 元/亩,甜高粱的种植成本与高粱接近,为 300 元/亩左右,麻疯树和黄连木的种植成本大致为 600 元/亩。将这些参数折算成每吨燃料转化量的能源作物种植成本依次为木薯 2 706 元、甘薯 3 301 元、甜高粱(茎秆)1 092 元、麻疯树 3 600 元、黄连木 3 000元。目前燃料乙醇和生物柴油的生产成本中原料成本的比重分别约为

75%和80%,根据原料成本可估算出其他的生产成本,得到能源作物转化1吨燃料产生的成本依次为木薯1 550元、甘薯2 260元、甜高粱(茎秆)2 550元、麻疯树1 220元、黄连木1 230元。根据上述参数和基于能源作物的燃料转化潜力,就能测算出能源作物开发利用产生的成本,测算结果见表9—12。

表9—12　　　　　　　　开发能源作物用于能源转化产生的成本　　　　　　　　单位:亿元

年份	醇类能源作物的开发成本			油料能源作物的开发成本			能源作物开发的总成本		
	情景Ⅰ	情景Ⅱ	情景Ⅲ	情景Ⅰ	情景Ⅱ	情景Ⅲ	情景Ⅰ	情景Ⅱ	情景Ⅲ
2015	44.65	93.02	372.06	30.82	246.54	308.18	75.47	339.56	680.24
2020	84.35	150.62	602.47	64.76	518.1	647.63	149.11	668.72	1 250.1
2025	134.13	209.58	838.31	106.89	712.57	890.72	241.02	922.15	1 729.03
2030	219.59	274.48	1 097.94	170.07	907.05	1 133.81	389.66	1 181.53	2 231.75

资料来源:根据整理计算得到。

根据表9—12的数据,如果今后能源作物的种植和能源转化两项单位成本大致保持不变,2015~2030年能源作物开发利用所产生的总成本将从680.24亿元上升到2 231.75亿元(2010年价格水平);其中燃料乙醇产业对能源作物的开发成本从372.06亿元提高到1 097.94亿元,生物柴油产业对能源作物的开发成本从308.18亿元增加到1 133.81亿元。

3. 农林废弃物回收利用产生的成本

由于用来生产燃料乙醇的农林废弃物主要是来自作为农村生活燃料和被废弃的秸秆与薪柴,其中将作为生活燃料的农林废弃物置换出来,需要农民使用煤、沼气、液化气等其他形式的生活能源对其替代才能实现,使用这些能源的热效率和价格水平更高,相应地也需要支付更高的成本,这就是农林废弃物用于液态生物质燃料转化产生的成本。为了支持液态生物质燃料产业的发展,农民出让秸秆和薪柴并使用替代性能源产生的这种成本并不完全是私人成本,而且部分低收入的农民也无力承担。可以考虑按相同热效率当量的能源替代量进行价格折算,向农民支付一定额度的补贴,而如果液态生物质燃料企业有偿收购农林废弃物也能起到相同的效果。因此要顺利回收农林废弃物用于液态生物质燃料转化,就需要向农民支付合理的补偿,政府或液态生物质燃料生产企业承担的这些支付就构成了液态生物质燃料开发利用所产生社会成本的一部分。

此外,目前农村地区对农林废弃物的处理还存在较多的焚烧和废弃现象,主要原因是农民对其进行处理的难度较大、代价较高,提供补贴或有偿收购可对农民产生经济吸引力,能减少秸秆等资源露天焚烧或浪费的数量。通过补偿的方式还能让农民主动收集秸秆和薪柴并提供给液态生物质燃料企业,从而降低农林废弃物的收集难度和运输成本。理论上这部分资源的回收成本会比农民出让生活燃料消耗产生的成本低一些,但如果通过补贴或有偿收购使农民出让生活燃料消耗的秸秆,市场原则必然使原本被焚烧或废弃的秸秆和薪柴也达到相同的支付标准才能得以顺利回收。按照这样的分析逻辑,将以相同的支付标准计算用其他能源替代秸秆和薪柴所产生的成本。

回收农林废弃物用于生产纤维素燃料乙醇带来的成本可由(9-9)式表示:

$$C_{rw} = c_{far} \cdot Q_{far} + c_{for} \cdot Q_{for} \tag{9-9}$$

其中,C_{rw}为农林废弃物回收利用产生的成本,c_{far}为用其他能源替代农作物秸秆产生的单位成本,c_{for}为用其他能源替代林木废弃物产生的单位成本,Q_{far}为农作物秸秆的回收数量,Q_{for}为林木废弃物的回收数量。

按照前面章节的分析,农林废弃物最快要到 2015 年才能用于燃料乙醇的生产,届时对其回收利用会产生成本。农民使用薪柴和秸秆作为生活燃料所支出的费用接近于 0,为获得一定量的农林废弃物用于液态生物质燃料的转化,需要其他能源对其进行替代,这样就会增加农村居民能源消费支出。把替代性能源的价格考虑在内可计算出用这些能源替代秸秆、薪柴所需要支付的费用,这就是回收农林废弃物生产纤维素燃料乙醇所产生的一部分成本,这种成本需要由政府或液态生物质燃料企业分担一部分。目前可替代秸秆和薪柴作为农村生活燃料消费(以炊事用能为主)的其他能源主要包括煤、液化气和沼气等,广大农村往往将电作为动力、照明等方面的能源消耗而不是炊事用能,因此通过计算上述三种能源替代农村对秸秆和薪柴的生活燃料消耗,就能得到农林废弃物回收利用产生的成本,具体的测算结果如表 9-13 所示。

表 9-13　　　将农林废弃物置换出用于燃料乙醇生产所产生的最大成本[①]　　　单位:亿元

年份	可生产燃料乙醇的农林废弃物总量(万吨)	相同热效率当量替代所需的其他能源数量及产生的成本(2010 年价格水平)					
		商品煤(万吨)	成本	液化气(万吨)	成本	沼气(亿立方米)	成本
2015	25 088.98	17 562.29	1 462.03	4 390.57	3 655.08	878.11	1 827.54

①　薪柴和商品煤作为生活燃料的热效率在 20%~25% 之间,沼气和液化气的燃烧热效率在 50% 左右。1 吨薪柴的热值依次相当于 0.7 吨商品煤、0.35 吨液化气、700 立方米沼气。本测算将各种能源的热值换算和热效率转化都考虑在内。替代薪柴消费的各种能源按照现阶段价格水平测算所需增加的支出,其中商品煤价格大致为 830 元/吨,液化气价格为 8 325 元/吨左右,沼气的价格(包含沼气自身的成本和沼气池建设、维护等方面的成本)约折合 2.1 元/立方米。考虑到长期内石油、煤炭等能源价格会逐步提高,笔者设定上述三种能源的价格(剔除通货膨胀因素)年均上升 1%。

续表

类别 / 年份	可生产燃料乙醇的农林废弃物总量(万吨)	相同热效率当量替代所需的其他能源数量及产生的成本(2010 年价格水平)					
		商品煤(万吨)	成本	液化气(万吨)	成本	沼气(亿立方米)	成本
2016	26 951.16	18 865.81	1 586.25	4 716.45	3 965.63	943.29	1 982.82
2017	28 846.41	20 192.49	1 714.78	5 048.12	4 286.95	1 009.62	2 143.47
2018	30 775.44	21 542.81	1 847.74	5 385.70	4 619.36	1 077.14	2 309.68
2019	32 738.98	22 917.29	1 985.29	5 729.32	4 963.23	1 145.86	2 481.61
2020	34 737.76	24 316.43	2 127.56	6 079.11	5 318.91	1 215.82	2 659.45
2021	35 923.55	25 146.49	2 222.19	6 286.62	5 555.47	1 257.32	2 777.74
2022	37 129.89	25 990.92	2 319.78	6 497.73	5 799.45	1 299.55	2 899.72
2023	38 357.19	26 850.03	2 420.42	6 712.51	6 051.06	1 342.50	3 025.53
2024	39 605.89	27 724.12	2 524.21	6 931.03	6 310.53	1 386.21	3 155.26
2025	40 876.42	28 613.50	2 631.24	7 153.37	6 578.10	1 430.67	3 289.05
2026	41 278.50	28 894.95	2 683.69	7 223.74	6 709.23	1 444.75	3 354.61
2027	41 685.87	29 180.11	2 737.94	7 295.03	6 843.19	1 459.01	3 421.60
2028	42 098.59	29 469.01	2 792.04	7 367.25	6 980.06	1 473.45	3 490.03
2029	42 516.75	29 761.20	2 847.95	7 440.43	7 119.88	1 488.09	3 559.94
2030	42 940.43	30 058.30	2 905.10	7 514.57	7 262.74	1 502.91	3 631.37

资料来源:根据研究整理计算得到。

为使农民用煤、液化气和沼气等能源替代秸秆和薪柴,以便出让农林废弃物生产燃料乙醇,所需要的补偿额度会有一定的差别。如果全部用煤替代薪柴的使用,需要增加的支出将从 2015 年的 1 462.03 亿元(按 2010 年价格水平计)提高到 2030 年的 2 905.10 亿元;若全部用沼气进行替代,需要增加的支出会从 1 827.54 亿元逐年增加到 3 631.37 亿元;而农村生活燃料全部用液化气替代所需增加的支出额度最高,将从 3 655.08 亿元逐步上升至 7 262.74 亿元。

由于广大农村的经济发展程度有很大的差距,农民的收入水平也有显著差异,则农村居民生活燃料消费的种类随收入水平高低会出现分化,高收入农户会更多地使用液化气作为生活燃料,中低收入农户则较多使用沼气和煤球。因此替代薪柴作为农村生活燃料必然是上述三种能源的组合,本研究取三种成本的平均值计算回收农林废弃物用于生产燃料乙醇产生的成本。按照本章设定的三种情景,2015~2030 年用替代性能源将秸秆和薪柴全部置换出来所增加的支出将从 2 314.88 亿元逐渐增长到 4 599.74 亿元;燃料乙醇生产规模提高到能消除石油供求缺口产生的农林废弃物回收成本将由 578.72 亿元上升至 1 149.94 亿元;在实现规划产量目标情况下回收农林废弃物产生的成本则从 231.49 亿元提高到 804.95 亿元(见表 9—14)。

表 9—14 回收农林废弃物用于燃料乙醇转化产生的成本

年份	农林废弃物可回收利用总量(万吨)	农林废弃物的回收成本(亿元)		
		情景 I	情景 II	情景 III
2015	25 088.98	231.49	578.72	2 314.88
2020	34 737.76	404.24	842.16	3 368.64
2025	40 876.42	604.09	1 041.53	4 166.13
2030	42 940.43	804.95	1 149.94	4 599.74

资料来源:根据研究整理计算得到。

为了回收农林废弃物用于燃料乙醇生产,需要农民使用商品能源替代其作为生活燃料。若完全补偿由此增加的支出,则 2015~2030 年的农林废弃物单位回收成本将从 923 元/吨逐渐上升至 1 071 元/吨,这使得回收利用农林废弃物的成本比前文测算出的回收价格上限高出很多,势必会抬高纤维素燃料乙醇的生产成本,降低纤维素燃料乙醇的生产经济性。同时,农民向液态生物质燃料企业提供纤维素资源虽然承担了部分社会成本,但农村生活能源支出仍属于私人商品消费的范畴,因此政府或企业给农民提供部分补偿更加合适。即便液态生物质燃料企业回收秸秆和薪柴的收购价格略低一些(如 500 元/吨左右,这与目前秸秆发电对原料的收购价相同),对农民仍能产生明显的激励作用。因此,企业在回收利用纤维素资源生产燃料乙醇时,可考虑将商品煤价格的一定比例作为秸秆和薪柴的收购价,目前的收购价不宜超过 706.5 元/吨,以后可以根据商品能源价格的上涨情况和纤维素乙醇的生产经济性将其调高。

4. 食用粮油作物能源化利用的成本

利用冬闲田种植一部分食用粮油作物(主要是冬油菜)可作为我国生产液态生物质燃料的一种辅助原料资源,粮油作物被能源化利用产生的成本主要由冬油菜的种植成本、菜籽油能源化的生产成本等部分构成。由于菜籽油原料成本在能源转化的总成本中的比重超过 90%,将冬油菜用于能源转化产生的成本可根据油菜的单位种植成本等数据计算得到,可由(9—10)式来表示。

$$C_{go} = c_{et}Q_{go} \qquad (9-10)$$

其中,C_{go} 为粮油作物能源转化成本,c_{et} 为油菜籽生产单位产量生物柴油产生的成本,Q_{go} 为冬油菜生产转化的生物柴油数量。

目前,我国油菜主产区的亩均种植成本约为 600 元,冬油菜的种植成本可视为与此相同，结合油菜籽的单产水平和生物柴油转化率等参数可测算出利用冬油菜生产生物柴油的单位成本为 1.62 万元/吨。第 7 章测算了适度开发粮油作物产生的生物柴油产量，这是粮油作物的最大能源转化量。在当前液态生物质燃料规划产量目标下不需要将食用油料用于能源转化，因此情景Ⅰ中产生的成本为 0。消除石油供求缺口需要生物柴油生产潜力的 80% 转变为现实产量，这种情况下冬油菜能源转化潜力的开发率也定为 80%。由此可以得到上述三种情景下将一部分冬油菜用于生物柴油转化产生的成本（见表 9-15）。

表 9-15　　　　　　　将部分冬油菜用于能源转化产生的成本

年份	冬油菜生产生物柴油的最大数量（万吨）	冬油菜能源转化产生的成本（亿元）		
		情景Ⅰ	情景Ⅱ	情景Ⅲ
2015	49.58	0	64.26	80.33
2016	60.10	0	77.88	97.35
2017	70.81	0	91.77	114.72
2018	81.74	0	105.93	132.42
2019	92.87	0	120.37	150.46
2020	104.23	0	135.08	168.85
2021	115.80	0	150.07	187.59
2022	127.59	0	165.35	206.69
2023	139.60	0	180.92	226.15
2024	151.84	0	196.79	245.98
2025	164.31	0	212.95	266.19
2026	165.96	0	215.08	268.85
2027	167.62	0	217.23	271.54
2028	169.29	0	219.40	274.25
2029	170.99	0	221.60	277.00
2030	172.70	0	223.81	279.77

资料来源：根据研究整理计算得到。

根据测算，2015 年源自冬油菜的生物柴油最大产量为 49.58 万吨，产生的成本为 80.33 亿元，在消除石油供求缺口的情景下产生的成本也达到 64.26 亿元；到 2030 年这一产量扩大为 172.7 万吨，情景Ⅱ和情景Ⅲ中产生的成本分别提高到 223.81 亿元和 279.77 亿元。2030 年的这部分生物柴油产量是当前产量水平的 3.5 倍，所以冬油菜生产生物柴油的途径也不可忽视。但是需要注意的是，目前生物柴油价格仅为 8 000 元/吨左右，而冬油菜生产 1 吨生物柴油的成本是该价格的两倍，因此种植冬油菜生产生物柴油必须有较高额度的补贴作支撑，可以考虑对冬闲田开发利用和冬油菜种植两个方面提供补贴。

9.3 提升液态生物质燃料生产潜力产生的收益与成本对比

液态生物质燃料产业的发展既产生收益也产生成本,这些收益和成本中既包括私人收益和私人成本,又包括社会收益和社会成本。由于今后液态生物质燃料产业将形成完整的产业链,下游原料生产环节获得的收益会转变为上游燃料生产环节的成本,部分收益和成本会相互抵消,将不能相互抵消的成本与收益进行对比可以得到净收益,据此可判断液态生物质燃料产业是否值得发展。

液态生物质燃料产业发展产生的净收益可表示为:

$$NR = R_T - C_T \qquad\qquad (9-11)$$

通过本章第一节和第二节的分析,剔除收益和成本相互抵消的部分之后,液态生物质燃料产业产生的社会收益主要包括抵消产出下降的收益、能源作物种植收益、农林废弃物回收收益和就业吸纳收益四个部分;液态生物质燃料产业产生的社会成本主要有财政补贴成本、税收减免成本、技术研发资助成本、能源作物种植成本、边际土地开发成本、农林废弃物回收成本和食用油料作物能源转化成本七个方面。其中能源作物种植产生的收益超过了成本,净收益为正;回收农林废弃物资源用于液态生物质燃料生产产生的收益小于成本,净收益为负。液态生物质燃料产量的提高通过消除能源供求缺口能够抑制产出下降,同时又能吸纳一部分劳动力就业,从而促进社会经济的发展。财政补贴、税收减免和研发资助三方面的成本由政府承担。农林废弃物回收利用产生的收益主要由农民获得,农民出让秸秆和薪柴需要使用商品能源,由此产生的成本虽是私人成本,却是因支持液态生物质燃料产业的发展而产生,应当给予适度补偿。开发边际土地用于种植能源作物能够促进液态生物质燃料产业的发展,会产生明显的正外部性,而且这种开发风险较大、成本回收期限长,也需要政府提供部分补贴。利用部分粮油作物生产液态生物质燃料获取的收益小于产生的成本,但可以充分利用资源,并适度增加液态生物质燃料的产量,私人经济主体需要获得足够的补偿才会有积极性参与这项经济活动。

将发展液态生物质燃料产业的上述收益和成本进行加总对比可以发现,提高液态生物质燃料产量水平产生的净收益在近期小于0而在长期则是大于0的(见表9—16)。2015年三种情景下产生的总收益都小于总成本,净收益为负,这主要是因为液态生物质燃料产业处在起步发展阶段,产生的社会收益还不能完全弥补社会成本;这同时也解释了为何目前液态生物质燃料产业的发展中还存在不少困境和问题。根据本研究的测算,若保持消除石油供求缺口所需要两种燃料的产量配比不变[①],燃料乙醇和生物柴油的产量分别需要达到745.27万吨和1 063.5万吨(总产量超过1 808.77万吨)才能使社会收益与社会成本相抵消,即液态生物质燃料的产量水平超过图9-1中所示的Q_0时才能产生正的净社会收益。因此今后必须提高燃料乙醇和生物柴油的产量水平,特别是后者应更快地提高,这是因为我国柴油消费量更大,而目前的生物柴油产量与今后替代柴油消费的需要量差距更大。2020年和2030年三种情景下的总收益大于总成本,净收益大于0;情景Ⅲ中的净收益反而更低,则是由于产量超过了消除石油供求缺口所需要的水平,但对抑制经济产出下降却不会起到更大作用,这部分社会收益不会进一步增加。2025年情景Ⅱ中的净收益小于2020年的水平,情景Ⅲ中的净收益甚至为负,主要原因则是2020年之后的原油对外依存度上调到了65%,使消除石油供求缺口产生的社会收益有所下降。

表 9-16　　　　　**不同液态生物质燃料产量情景下产生的总收益和总成本对比**　　　　　单位:亿元

年份	液态生物质燃料产量提升产生的总收益			液态生物质燃料产量提升产生的总成本			液态生物质燃料产量提升产生的净收益		
	情景Ⅰ	情景Ⅱ	情景Ⅲ	情景Ⅰ	情景Ⅱ	情景Ⅲ	情景Ⅰ	情景Ⅱ	情景Ⅲ
2015	386.30	1 113.28	3 078.78	561.69	2 122.86	5 721.57	−175.39	−1 009.58	−2 642.79
2020	2 626.82	5 342.68	8 400.36	909.23	2 998.67	8 092.03	1 717.59	2 344.01	308.33
2025	3 872.34	5 793.06	9 811.83	1 370.25	3 766.64	10 074.67	2 502.09	2 026.42	−262.84
2030	5 513.89	8 147.22	12 984.89	1 898.15	4 347.70	11 465.63	3 615.74	3 799.52	1 519.26

资料来源:根据研究整理计算得到。

将上述三种情景下的净社会收益对比还可以发现,液态生物质燃料的产量水平并非越大越好,液态生物质燃料产量达到正好能消除石油供求缺口的规模(情景Ⅱ,图9-1所示的Q^*)时产生的净社会收益最大,2020~2030年的净社会收益可从2 344亿元上升到3 799.5亿元,如果液态生物质燃料产量继续增加又会使净社会收益降低。这表明将液态生物质燃料的生产潜力全部实现虽能产生较大的社会收益,但由于超过了消除石油供求缺口的需要量,其中的一部分社会收益不会进一步增加,更高的社会成本导致净社会收益反而下降了。因此提高液态生物质燃料的产量水平对补充能源供求缺口、带动相关产业发展和促进国民经济持续发展都具有重要意义,今后把液态生物质燃料的产量规模提高到

---

①　根据前文的测算,消除石油供求缺口所需要的生物柴油数量(Q_B)大致为燃料乙醇(Q_A)的1.427倍,即$Q_B=1.427Q_A$。如果这种燃料乙醇和生物柴油的产量比例保持不变,液态生物质燃料开发产生的社会收益和社会成本可以近似表示为(收益、成本和液态生物质燃料产量的单位分别取亿元和万吨):$R_T=4.47Q_A-1\ 971.98$,$C_T=1.824Q_A$。当$R_T=C_T$时,可得到$Q_A=745.27$万吨,$Q_B=1\ 063.5$万吨。

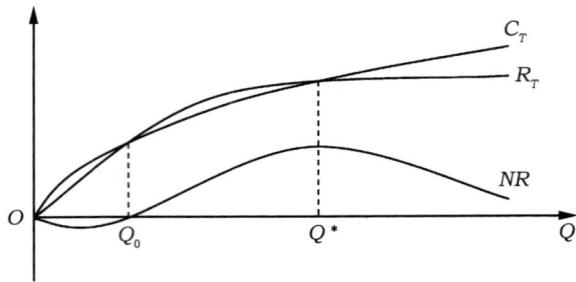

图9—1　液态生物质燃料产量与净社会收益的变化关系

足够消除石油供求缺口的水平,对缓解我国面临的能源供求矛盾、促进社会经济发展可起到最有利的作用。

9.4　宜能生物质原料资源开发的优化策略

根据前文的测算,我国开发各种生物质原料资源具备巨大的液态生物质燃料转化潜力,这表明目前相关规划中制定的今后一定时期内液态生物质燃料的产量目标仍然比较保守。为消除因保持相对安全的原油对外依存度而产生的石油供求缺口,只需要把液态生物质燃料产量潜力的一定百分比转变为现实的产量水平。但是现阶段我国液态生物质燃料的实际产量与保障能源安全所需要的数量还有较大差距,为了消除今后出现的能源供求缺口,需要采取多种途径对液态生物质燃料的产量水平进行优化。能源作物、农林废弃物和餐饮废油是提升我国液态生物质燃料产量水平的主要原料资源,因此应采取有效举措加强这三类原料资源的开发利用。

9.4.1　提高边际土地开发和能源作物种植的规模

1. 加强对宜能边际土地资源的评估和开发

我国宜能边际土地数量较为充足,但目前用于液态生物质燃料开发利用的面积很少,本文的研究将其全部视为可直接用来种植能源作物的土地,而实际上边际土地往往是荒山、荒坡、荒草地和滩涂等开发类型,开发利用的难度大、成本高。因此今后首先要做好边际土地资源的数量、类型、区域分布、适生能源作物、开发成本等技术经济参数的分析评估,以便为边际土地的经济性开发打下良好的基础。

由于利用边际土地种植能源作物可缓解我国能源供求矛盾,因此开发和改造边际土地有很重要的意义。能源作物生产液态生物质燃料会产生一定的收益，但边际土地开发也会产生较高的成本。边际土地的开发利用需要企业或个人的参与，如果经济利益较低就不能调动相关经济主体的积极性，因此开发边际土地需要有明显的经济驱动力作保障，这种经济驱动主要可通过政府提供开发补贴和将边际土地提供给能源作物种植者等途径实现。在科学评估边际土地技术经济参数的基础上，必须使相关经济主体获取合理的经济利益才能促进边际土地的能源化开发利用，边际土地才可以支撑较高的液态生物质燃料产量。

2. 采取有效措施强化能源作物的规模化利用

在目前的技术条件下种植能源作物能够比开发其他原料资源更容易提高液态生物质燃料的产量水平，而且采取规模化种植具备较好的比较效益。促进能源作物规模化种植需要将适宜的高产品种与相对较高的土地生产力结合起来，因此今后可以采取三种途径促进能源作物的规模化种植来提高我国液态生物质燃料的产量水平：一是在科学分析评估的基础上不断扩大种植能源作物的边际土地面积；二是通过良种选育等技术攻关措施提高能源作物的单产水平和其他方面的品质；三是通过土地改良、水肥保持等农业技术或设施改善边际土地的质量。为了提高农民种植能源作物的积极性，政府部门应考虑对能源作物种植提供一定额度的补贴；液态生物质燃料生产企业应当与种植能源作物的农户形成利益共同体，让农民分享能源作物开发的经济利益。

9.4.2　采取有效措施引导纤维素资源用于液态生物质燃料转化

1. 通过经济利益抑制秸秆焚烧与废弃

目前秸秆资源难以得到有效利用的主要原因是，收集、运输和处理较为费时、费工，而比较效益却较为低下，这使秸秆回收利用的交易成本明显提高，因此在我国反复禁止秸秆焚烧的情况下，秸秆焚烧和废弃在广大农村仍然大量存在就不足为奇了。为了促进农作物秸秆资源用于燃料乙醇的生产，今后应当通过经济利益引导农民，使其有出让秸秆资源的积极性。主要措施是，液态生物质燃料企业向农民有偿收购秸秆资源。根据前文的分析，向农民收购秸秆的价格可以与目前秸秆发电对原料的收购价相同。农民出售秸秆有利可图就不会将其焚烧或废弃，获取的收入还可以用于购买其他能源替代作为生活燃料的秸秆。有条件的农户在收集秸秆后还能主动提供给液态生物质燃料企业，可在一定程度上降低企业对秸秆资源的收集运输成本。

由于目前燃料乙醇企业对秸秆资源难以有效利用的主要障碍也是收集、运输和存储等环节，可行的解决方案是设立秸秆处理和存储站点，将体积偏大的秸秆压缩处理成固体颗粒物，既能降低运输存储成本，又可提高秸秆用于生产燃料乙醇的转化效率。因此政府应当通过经济补贴或税费减免促进燃料乙醇企业消除秸秆能源化利用障碍的各种举措,以提高纤维素燃料乙醇的产量水平。

2. 延长林木采伐加工的产业链,使之与纤维素乙醇产业发展相结合

目前我国的林木采伐和加工过程中产生了大量废弃物,这些废弃物往往被用作农村生活能源或被浪费掉,对今后提高纤维素燃料乙醇产量水平将产生不利影响。如果也采用有偿收购的办法可以使其转化为燃料乙醇的生产,但是目前林木采伐加工的综合利用较少,产业链较短,这样使得林木废弃物回收利用的成本较高,即便对其进行有偿收购也很难调动相关经济主体的积极性,因此难以对纤维素乙醇产业的发展起到促进作用。同时纤维素乙醇企业获取充足原料资源的难度也很大,如果能延长林木采伐加工的产业链,并与纤维素乙醇的生产相对接,则既可提高林木加工的经济效益,又能增强林木废弃物回收利用的经济效益,还能促进纤维素乙醇生产企业有效获取原料资源。

3. 在农村地区发展沼气、太阳能等新型能源替代薪柴

目前农林废弃物主要是用于农村生活燃料,为了把这些资源置换出来用于纤维素燃料乙醇的生产,需要让农民使用其他能源来替代薪柴,主要的替代性燃料包括煤、液化气、沼气、太阳能等,这样就会提高农民用于生活燃料消费的成本。由于煤、液化气等商品能源的价格较高,通常较为发达的农村地区或高收入农户才有能力消费这些能源。在目前农民收入增长速度相对缓慢的情况下,应当考虑对农民使用商品能源给予适度的补偿才能较好地调动农民出让纤维素资源的积极性。目前沼气在我国很多农村地区得到了较好的利用,由于比其他商品能源的使用成本更低,中低收入农户使用沼气来替代薪柴可以不受收入水平的约束,因此今后农村沼气的使用和推广需要更加重视。目前我国对农村沼气利用也提供了一系列扶持优惠政策,这对低收入农户也会产生较好的经济驱动力。今后可以进一步提高对农村地区沼气利用的扶持力度,以便更有效地提高纤维素乙醇的产量水平。随着农村生活水平的提高,部分农户已经开始使用太阳能来替代部分商品能源消费,这也可以有效降低农民在日常能源消费中对薪柴的依赖。因此通过发展农户用沼气、增加太阳能设备利用、提高农民收入以增强其对商品能源的消费能力等途径,都可以增加农林废弃物用于生产纤维素燃料乙醇的资源量。

9.4.3　多措并举促进餐饮废油用于能源转化

与上述两类原料资源相比,餐饮废油用于能源转化有更为重要的意义,这不仅是因为它可以有效提高生物柴油产量水平,还因为它消除了对食品安全和公共卫生的重要威胁。为使餐饮废油摆脱当前用于能源转化的困境,必须切断其

回流餐桌的途径,才能适度扩大生物柴油的生产能力来缓解我国的能源矛盾,并消除餐饮废油"食品化"产生的社会成本。因此今后需要采取多种有效举措进行治理,可行的应对措施主要有以下四个方面:

1. 制定并细化对生物柴油生产销售环节的扶持补贴政策与实施细则

目前液态生物质燃料发展比较好的国家都制定了一系列从生产到销售的明确且具体的扶持和补贴办法。实践表明,对生物柴油进行补贴对于财政而言将出现收大于支的效果。例如美国对生物柴油给予 0.5~1 美元/加仑的减税,2008 年减税总支出 6.21 亿美元,而生物柴油产业为美国创造的新增税收则达9.15 亿美元,两者相抵使联邦财政收入增加 2.94 亿美元。德国政府对农民种植为生物柴油提供原料的油菜籽提供 1 000 马克/公顷的补贴额度,并对生物柴油生产提供税收减免等。要使今后我国以餐饮废油利用为基础的生物柴油产业得到健康发展,迫切需要政府出台一系列从收集、生产到销售全产业链环节的具体扶持补贴政策,来扶持和激励从事餐饮废油能源转化的企业。一是要制定对用于生物柴油产业的餐饮废油收集者的直接补贴政策和投资优惠政策并明确实施细则;二是要制定生物柴油销售环节的税收减免与鼓励政策并明确实施细则;三是要制定生物柴油生产环节的投资优惠政策、科技项目扶持政策、税收减免与鼓励政策以及贴息政策等并明确实施细则。

2. 完善制度保障,实行餐饮废油能源化产业特别资助政策

食用油的价格高于石化柴油和生物柴油是导致餐饮废油"食品化"的比较利益比用于能源转化更高的原因。由于生物柴油的理化性质与石化柴油相同,若再考虑使用中的环境效益,其价格应该与石化柴油相同甚至略高一些,因此今后要将生物柴油的产品价格提高到与石化柴油一致的水平。要采用以经济引导为主的方式,制定餐饮废油能源化产业的特别资助政策,提高餐饮废油能源化的比较利益,促进餐饮废油用于能源转化。要建立对生物柴油企业经济引导的长效机制,将餐饮废油能源转化的数量与补贴额度或税费减免额度相挂钩,吸引更多人参与到餐饮废油能源化的产业中获取合法利益,有效消除餐饮废油回流餐桌造成的社会成本。

3. 建立回收处理产业链和监管系统,加强餐饮废油能源化的政府规制

要推进餐饮废油能源化利用,就必须建立完整的餐饮废油回收处理产业链和监管系统,具体措施有三方面:首先,相关部门要制定严格的餐厨垃圾管理办法,从源头上建立和落实监管跟踪制度;其次,强化餐饮废油回收制度与体系,应有效监督并落实餐饮行业中油水分离设备的安装与正常运行,逐步试点并普及在集中的大型居民小区配备油水分离装置,以有效利用资源并利于环保,同时建

立法定餐饮废油回收利用流程和专业废油回收企业、生物柴油加工企业,以保证餐饮废油的能源化;第三,加强餐饮废油能源化的科普教育与公众参与,让这一事业得到全社会的支持。

4. 对基于餐饮废油原料的生物柴油企业进行技术研发要加强激励力度

目前我国的生物柴油生产技术与国外相比仍有一定的差距,生产成本高于欧美发达国家,产品品质的稳定性比发达国家同类产品低一些,而欧洲已经有航空公司收购我国以餐饮废油为原料生产出的初级生物柴油,将其进一步裂解加工成生物航空煤油,既拓宽了生物柴油的用途,又提高了经济效益。如果国内生物柴油企业通过技术引进或研发降低生产成本,提高产品的稳定性,并掌握更高层次的生产技术,不仅能增强产品的竞争力、扩大生物柴油的使用范围,还能提高生物柴油的生产效益。因此应考虑对生物柴油企业的技术研发项目增加资金扶持力度,使其提高产品附加值,增强企业的发展活力。

9.5　扩大液态生物质燃料产能的潜在不利影响及应对策略

根据前文的分析,我国具备巨大的液态生物质燃料生产潜力,而且发展该产业对缓解能源压力、节能减排和环境保护都能起到较为重要的作用,并能产生较为明显的社会收益。但如果对生态环境与生物多样性等方面潜在的不利影响缺乏预见或者应对不当,则液态生物质燃料产业的快速发展很有可能带来灾难性后果。2011 年世界自然基金会(WWF)发布的《生物能源的潜在风险和潜在效益并存》报告已经指出,如无适当的行动、政策和目标保障,发展生物能源就可能演变成在“环保”的名义下继续破坏地球环境和生态的恶果。

9.5.1　开发边际土地对自然环境的不利影响

生产液态生物质燃料需要大量种植能源作物作为原料,而能源作物的生长离不开土地。由于地球上耕地资源数量有限,如果能源作物的开发需求增加,就可能挤占掉本来用于生产粮食的耕地,令液态生物质燃料产业过多地占用耕地。即便是利用边际土地种植能源作物可以做到不占用耕地,但由于边际土地本身就处在较为脆弱的生态环境中,如果对其利用不当必定会造成水土流失、植被破坏等环境问题。同时,能源作物的大量种植也可能使人们砍伐森林以便让出土地,但原本生长森林的土地肥力有限且得不到补充,能源作物生长有限的几年之后就不再适合生长,被改变用途的林地在很短时间内就会退化成沙漠。因此如果缺乏合理的政策和保障措施,能源作物种植会与日益紧张的农业生产用地产生竞争,并可能导致森林和其他具备天然生态功能的土地转变为农业用地,这样就会使自然环境的破坏成为液态生物质燃料产业发展中的副产物。当前越来越多的自然灾害（如洪水、泥石流和沙尘暴等）也被证明主要是环境和生态破坏造成的，目前较为突出的是热带雨林的破坏，其中比较典型的是南美的巴西和东南亚的印度尼西亚，这两国分别由于甘蔗和油棕种植面积扩张过快使本国的森林面积不断减少，结果加剧了当地自然灾害的发生率和破坏程度。

　　而对我国来说，粮食安全始终是必须解决的头等大事，发展液态生物质燃料不能以占用耕地为代价，这就要求必须开发较多的边际土地种植能源作物。我国虽然有充足数量的边际土地，本研究第6和第7两章的测算表明利用宜能边际土地能生产出大量的液态生物质燃料，但由于存在环境脆弱性的因素，如果处理不当，即便发展液态生物质燃料产业没有影响到粮食安全，也可能造成发展该产业以环境破坏为代价的恶果。比如我国黄土高原区的环境恶劣、水土流失严重，蒙新区属于风沙大、干旱缺水的地带，西南的部分省区有特殊的地貌特征，能源作物的种植也存在破坏当地自然环境的风险，但恰恰是这几个区域有较多的边际土地资源。其他边际土地分布区的环境条件稍好，但边际土地数量有限（东北区除外）。因此今后在开发边际土地种植能源作物的过程中，必须同时注重防范和治理水土流失、荒漠化等环境退化问题。

9.5.2　能源作物种植对生物多样性的影响

　　随着全球液态生物质燃料产业的蓬勃发展，作为液态生物质燃料重要原料的能源作物种植面积迅速扩大。在扩大能源作物种植面积的过程中，一些国家把部分野生动物栖息地开垦出来用于增加液态生物质燃料的原料来源，野生动物栖息地的缩减甚至丧失会使部分野生物种发生灭绝的风险大大增加。《生物多样性公约》（2008年）中认为，很多液态生物质燃料的原料作物适合在热带地区种植，在经济利益的驱动下，液态生物质燃料生产潜力较高的国家很可能将自然生态系统转变为液态生物质燃料的原料种植场，将直接导致这些国家野生生物多样性的丧失。仍以南美亚马逊流域和东南亚热带雨林为例，南美国家为了发展以甘蔗为代表的生物质原料，大量砍伐森林扩大甘蔗种植面积；东南亚的印度尼西亚、马来西亚等国盛产用于生产生物柴油的原料棕榈油，为了增加棕榈油的出口量，该区域的热带雨林被大量砍伐以扩大棕榈树的种植面积。由于热带雨林是多种野生物种的天然栖息地，热带雨林的破坏会导致本来稳定的食物链发生断裂，这些区域的物种多样性必然受到破坏。

　　我国大陆地区虽没有热带雨林，但能源作物的大量种植对生物多样性的不利影响同样不可忽视。威胁主要来自能源作物长期单一的种植，这会导致能源作物生长区域的食物链受到破坏，同样会使本地区的物种多样性受到破坏。此外,如果种植能源作物采用的是在我国未见有野生分布的国外新品种,由于缺乏天敌的抑制作用,很有可能造成物种入侵,如果由此导致某一种植物大面积疯长,则会彻底摧毁当地的物种多样性。因此,我们在测算主要能源作物的生产潜力时,选取的能源作物都是目前我国广泛分布的作物类别,种植这些种类的能源作物没有物种入侵的风险;并且考虑了能源作物的多样化种植,生产燃料乙醇的能源作物选出了 3 种类别,而生产生物柴油的能源作物则选择了 6 种类别。但是即便如此,在今后的能源作物种植中也不能忽视对生物多样性的保护,能源作物的合理开发必须考虑选用更多合适的品种,目前适合生产燃料乙醇的能源作物种类还比较单一,今后必须增加可供选择的能源作物类别。除了多样化种植以外,在种植某种能源作物较长时间后(例如 15 年或 20 年),还应当改种其他合适的能源作物以对当地的植被和生态加以调节。

9.5.3　发展液态生物质燃料产业与环境生态保护的合理权衡

为了解决我国日益紧张的能源供求矛盾,发展液态生物质燃料是其中一条重要的解决途径。但国外发展液态生物质燃料产业的经验教训表明,用液态生物质燃料替代石油消费对环境和生态产生的影响不可避免,如果处理不当会造成较严重的后果,而如果能把对生态环境的影响降到最低,则液态生物质燃料产业也能实现人与自然的协调发展。因此必须合理协调发展液态生物质燃料产业带来的益处和由此产生的负面影响,为此就要做好液态生物质燃料产业的环境与生态影响评估。

在处理好能源作物种植和环境生态影响的关系中,需要借助环境经济学中的生态价值评估方法。能源作物的种植和能源转化产生的收益可以利用技术经济手段测算出来,而环境影响和生态影响造成的成本往往不能通过直接的方法进行测算,必须通过环境价值评估和生态价值发现等间接途径加以估算,把各地区发展液态生物质燃料产业带来的收益和造成的环境成本估算值进行对比。如果某地区的上述收益明显高于成本,则能源作物种植和液态生物质燃料生产就是可行的;如果前者明显低于后者,则该地区就不能以环境质量下降或生态破坏为代价发展液态生物质燃料产业;如果两者接近,则可以先试验推行液态生物质燃料产业的小规模发展,使对当地环境生态的影响最小化。

在促进液态生物质燃料产业持续协调发展的过程中,仅仅进行环境与生态价值评估和收益与成本对比也不一定能作出完全科学的决策。主要原因是,很多生态和环境方面的影响不可逆转,不确定性的影响会使一些实际情况和预计的情景不一致。所以除了上述方式以外,还需要通过德尔菲法征求专业学者的意见,或者利用专门的计算机模拟系统进行仿真分析,才能作出尽可能合理的决策方案,同时还必须吸取国内外同类或类似案例中的经验教训,避免或减少不必要的失误。必须对液态生物质燃料产业的发展进行系统、全面的综合分析以作出最科学的决策,并对相应的环境破坏加以治理或复原,这样才能使该产业对环境和生态造成的不利影响达到最小化。

第 10 章　结论与政策建议

10.1　主要研究结论

提高液态生物质燃料的产量水平对我国实行能源替代、解决不断加剧的能源矛盾问题能起到重要作用。我国具备较大的液态生物质燃料生产潜力,开发利用液态生物质燃料对我国经济发挥上述作用,需要以其生产潜力转变为现实的产量为支撑。通过测算今后一定时期内原油和成品油的需求量、评估各种宜能生物质原料资源的开发潜力以及液态生物质燃料生产潜力挖掘产生的社会经济影响,得到了以下十个方面的主要研究结论:

第一,我国能源供求矛盾尖锐,需要采取多种途径加以应对。

我国经济发展对能源的需求量越来越大,但由于资源禀赋的限制使国内能源产量的增加速度缓慢,总体上能源供求处于紧平衡状态。由于今后经济发展对石油的需求量将出现刚性增长,但石油赋存量却比其他各种能源更为薄弱,这使得我国的能源供求矛盾主要表现为石油"瓶颈"约束。为了缓解我国今后日趋严峻的能源供求形势,需要采取多种应对措施加以解决,其中把以液态生物质燃料为代表的可再生能源用于能源替代需要引起重视。

第二,发展液态生物质燃料是补充我国石油消费的重要途径。

当前和今后较长时期内,以石油为主的能源供求矛盾是全球性的普遍问题,世界各国为保障本国的能源安全采取的对策主要是实行能源替代战略。液态生物质燃料可直接替代汽油和柴油等车用燃料,今后对补充石油消费将起到较为重要的作用,目前全球经济发达国家和一些新兴经济体都很重视液态生物质燃料产业的发展。今后我国经济的持续增长会加快交通运输业的发展,这将继续使原油和成品油的消费量快速提高,而我国能源禀赋与消费的特殊矛盾决定了开发利用液态生物质燃料对石油需求进行替代更有必要性和紧迫性。

第三,交通运输业的发展会产生明显的石油供求缺口,对液态生物质燃料的需要量较大。

根据我国目前汽车和交通运输业的发展态势,成品油的消费量会急剧增长。到 2020 年交通运输对汽油和柴油的需求量将分别增加到 1.54 亿吨和 1.82 亿吨,国民经济对汽油和柴油的总需求量可达到 4.43 亿吨,由此产生的原油需求量可达到 7.96 亿吨。而届时国内的原油产量仅有 2.4 亿吨左右,这将使我国原油对外依存度上升到接近 70%,对我国防范石油过度进口的风险、提高石油供求安全程度会产生不利影响。

为了降低我国保持能源安全所面临的风险,今后需要把原油对外依存度控制在 60%~65% 之间,但这样就会产生较为明显的能源缺口。根据本研究的测算,2020 年的石油供求缺口最大可达到 7 477 万吨,由此可使经济产出水平下降 4 800 亿元。如果将能源缺口消除可防止国民经济产出的下降,这就需要大量的液态生物质燃料对石油消费进行替代,2020 年对燃料乙醇和生物柴油的最大需求数量可分别达到 2 296.6 万吨和 3 273.5 万吨。

第四,目前我国液态生物质燃料的产量亟须提高,产业发展有待完善。

弥补我国的能源供求缺口需要大量的燃料乙醇和生物柴油,但目前液态生物质燃料的产量水平太低,对补充成品油消费所起的作用有限。2010 年燃料乙醇和生物柴油的产量分别只有 180 万吨和 50 万吨,相关规划制定的 2020 年两种液态生物质燃料发展目标分别仅为 1 000 万吨和 200 万吨,这两方面的指标与缓解能源矛盾需要的液态生物质燃料数量相去甚远。为了消除石油供求缺口,燃料乙醇和生物柴油较为合理的产量水平分别需要达到目前规划制定目标的 1.6 倍和 7.5 倍,因此液态生物质燃料的产量亟待提高,发展目标也需要合理调高。近年来我国的液态生物质燃料产业虽然发展较快,但与发达国家相比还有很多不成熟、不完善的地方,这些问题和不足需要今后尽快加以解决。

第五,我国非粮生物质原料资源丰富,液态生物质燃料的发展潜力巨大。

要提高我国液态生物质燃料的产量水平,获取大量适宜的原料资源至关重要。基于粮食安全的考虑,我国不能把粮食作物和食用油料作物用于生产液态生物质燃料。今后我国发展液态生物质燃料产业必须立足于非粮原料资源,主要包括各种能源作物、农林废弃物、餐饮废油脂等,从 2015 年起液态生物质燃料开始具备较大的产量潜力。能源作物的种植需要开发宜能边际土地,我国有 2 680 万公顷不同等级的边际土地,可支撑数量可观的液态生物质燃料生产;目前农村地区把大量农林废弃物用于生活燃料或焚烧浪费,将其回收并用于纤维素乙醇的生产,需要将其他能源替代其作为农村生活燃料;我国每年产生大量的餐饮废油,若将其用于生产生物柴油,就必须切断回流餐桌的路径。此外,还可以利用少部分糖料、食用油料作物作为生产液态生物质燃料的辅助原料。2015～2030年这些非粮生物质原料资源具备的液态生物质燃料总体生产潜力将从7 668.4万吨增加到1.546亿吨,其中燃料乙醇的产量潜力从6 364.4万吨增加到1.178亿吨,生物柴油的产量潜力从1 304万吨提高到3 679万吨。

第六,我国燃料乙醇的产量潜力可超过弥补汽油供求缺口的需求量。

我国燃料乙醇的产量潜力主要来自能源作物和农林废弃物两类,2020年的总体生产潜力为8 880.5万吨,其中来自能源作物的产量为1 405.3万吨,来自农作物秸秆的产量为4 205万吨,源于林木废弃物的产量为3 085.4万吨,后两者的总和为7 290.4万吨。这表明以农林废弃物为原料的纤维素燃料乙醇有巨大的生产潜力,因此今后应当加大纤维素燃料乙醇产量潜力挖掘的力度。如果用燃料乙醇弥补2020年为保持60%原油对外依存度产生的汽油供求缺口,只需要把届时燃料乙醇生产潜力的25%左右转变为现实的产量。如果将燃料乙醇产业产量潜力的实现比率进一步调高,则对缓解我国能源供求矛盾所起的作用更大。

第七,我国生物柴油的发展潜力可消除中等情景下的柴油供求缺口。

由于我国柴油消费量更大,而且柴汽比还在不断上升,提高生物柴油的产量水平具有更重要的作用。今后生物柴油的产量潜力主要包括非食用油料能源作物和餐饮废油两部分,2020年总产量潜力可达到2 269.9万吨,其中油料能源作物具备1 460.4万吨的产量潜力,餐饮废油具有604.6万吨的产量潜力。这两部分产量潜力的挖掘都不可忽视,其中餐饮废油用于能源转化的潜力虽比油料作物低,但可以消除废油回流餐桌对食品安全的威胁,会产生更好的社会收益。如果把2020年生物柴油的生产潜力完全转变为现实的产量,将这种产量用于弥补石油供求缺口可将原油对外依存度控制在62.5%左右。如果将原油对外依存度提高到65%,为了消除柴油供求缺口,生物柴油生产潜力的实现程度需要达到80%。

第八,各种生物质原料资源用于能源转化存在经济性边界,可将其作为政策调控的依据。

开发可行的生物质原料资源用于液态生物质燃料的生产,需要将成本与收益进行对比,看能源转化是否合算,不同的原料资源具备的经济性生产边界也会有所不同。按照目前的原油价格水平,大多数生物质原料资源用于能源转化都会出现亏损。通过分析液态生物质燃料的生产经济性可以发现,石油价格不低于113.19美元/桶时,利用木薯、甘薯和甜高粱生产燃料乙醇具备经济性;石油价格超过 95.1 美元/桶时,利用麻疯树和黄连木生产生物柴油具备经济性;石油价格不低于 92.1 美元/桶时,餐饮废油用于生物柴油生产的经济性边界出现;纤维素原料生产燃料乙醇出现经济性边界需要石油价格在 127.6 美元/桶以上;而石油价格高于 139.5 美元/桶时,光皮树生产生物柴油才具备经济性。因此根据不同的原料资源生产液态生物质燃料的经济性边界,政府有关部门可制定针对性更强、效果更好的扶持标准和调控政策。

第九,液态生物质燃料的产量提升将产生多种社会收益和社会成本,该产量达到能消除石油供求缺口的规模时产生的净社会收益最大。

对液态生物质燃料生产潜力进行挖掘产生的社会收益主要包括抵消产出下降的收益、能源作物种植收益、农林废弃物回收收益和就业吸纳收益;产生的社会成本主要有财政补贴成本、税收减免成本、技术研发资助成本、能源作物种植成本、边际土地开发成本、农林废弃物回收成本和食用油料作物能源化成本。不同的液态生物质燃料产量规模会产生不同的社会收益和社会成本,燃料乙醇和生物柴油的产量分别需要超过 745.27 万吨和 1 063.5 万吨(总产量超过 1 808.77 万吨)才能产生正的净社会收益,但其产量水平并非越高越好。随着液态生物质燃料产量的提高,产生的社会收益逐渐增加,但其中一部分增加到一定程度后就保持不变,而产生的社会成本则会一直增加,这样将使净社会收益呈现先增后减的趋势。通过不同情景的对比分析可知,液态生物质燃料产量达到足够消除石油供求缺口的水平时才会产生最大的净社会收益,2020~2030 年的净社会收益可从 2 344 亿元上升到 3 799.5 亿元。今后把液态生物质燃料产量提高到能消除石油供求缺口的水平,对解决我国面临的能源供求矛盾、促进社会经济发展可起到最有利的作用。

第十,液态生物质燃料产业的持续发展需要更加合理有效的政策扶持。

现阶段液态生物质燃料产业还处在发展的初期,液态生物质燃料的生产经济性还有所欠缺,该产业发展中还存在较多的问题与不足,政府针对该产业制定的扶持政策还有待进一步完善,发展目标还需要进行合理调整。由于液态生物质燃料属于新兴产业,该产业发展中会产生较多的外部性,除了该产业自身需要加大各方面的资源投入力度以外,政府提供更科学、更有效的扶持政策和措施也是必不可少的。目前我国已经将液态生物质燃料产业作为国民经济的支柱产业之一,制定了一些新的扶持政策,今后还需要进一步增强扶持政策的效果,才能使该产业走上持续健康发展的轨道。

10.2　合理提高液态生物质燃料产量水平的对策建议

开发利用液态生物质燃料对缓解我国能源供求矛盾、带动相关产业发展和促进经济持续协调发展都能起到积极作用,但现阶段该产业的发展还存在较多问题和不足,液态生物质燃料的产量水平较低,在能源替代中起到的作用还很有限。今后为了促进该产业持续健康发展、提高液态生物质燃料的产量水平、缓解我国的能源供求矛盾,除了采取上述促进生物质原料资源开发的举措以外,还需要从以下两个方面完善液态生物质燃料产业发展的外部环境:

10.2.1　不断完善液态生物质燃料产业的发展模式

1. 延长液态生物质燃料的产业链,加强对相关产业的带动作用

液态生物质燃料的生产环节主要包括原料的种植、收集、预处理,液态生物质燃料的生产,副产品的回收利用等方面,这些生产环节形成了产业链。这些产业链条越长表明液态生物质燃料产业越完善,拉动的其他产业数量越多,对这些产业发展的带动作用就越强。由于发展液态生物质燃料产业与推进农业产业化和循环经济的发展密切相关,通过尽量拉长液态生物质燃料的产业链不仅能使该产业更加完善,而且可带动能源作物种植、粮食作物种植(有助于秸秆资源利用)、生物质原料加工等产业的发展,液态生物质燃料与汽油和柴油混配还有助于成品油流通,并促进交通运输业发展。因此今后采取有效举措不断延长液态生物质燃料的产业链可以产生一举数得的效果,不仅促进液态生物质燃料产业健康发展,还能促进其他一些相关产业更好地发展。

2. 采用新的产业化形式,使液态生物质燃料产业的各方经济主体受益

目前液态生物质燃料产业的比较效益还较低,在产业链上企业、原料供应商、农户中的任何一个环节出现问题都会影响到该产业的发展。如果企业生产液态生物质燃料出现亏损就会减少产量甚至停产,液态生物质燃料供给可能会出现中断,对就业的吸纳能力也会发生缩减;如果原料供应获取的比较效益低下,原料供应商就没有大量收购生物质原料的动力,从而使液态生物质燃料产量受到限制;农户种植能源作物如果得不到充足的收益,也会减少或放弃能源作物种植,液态生物质燃料的正常生产必定受到影响。因此在液态生物质燃料的生产过程中应该采用多种产业化发展模式,主要可以考虑"公司+基地+农户"、购销合同和专业合作社等模式,形成"利益分享、风险共担"的机制,使各个经济主体都能获取充分的利益、降低面临的风险,才能使液态生物质燃料产业走上良性发展轨道。

3. 健全液态生物质燃料的市场准入体系和产品流通体系

目前液态生物质燃料进入市场流通还有一定的障碍,燃料乙醇可以通过与汽油混配进入市场流通环节,并且其价格能够与成品油相挂钩;但生物柴油并没有形成进入市场的机制,还没有形成正规的市场销售渠道,一定程度上影响到液态生物质燃料产业的顺利发展。目前我国政府对液态生物质燃料的市场流通只制定了一些指导性的政策或指令,并没有具体的措施与之相配套,因此今后要建立并完善液态生物质燃料的市场流通体系和产品标准体系,清除产品销售的市场障碍,促进该产业持续发展。

10.2.2　制定更有效的扶持政策,促进液态生物质燃料产业发展

1. 对用于燃料生产的生物质原料资源开发活动给予财政补贴

由于生产液态生物质燃料最关键的环节是原料的生产(或收集)加工,原料成本通常占生产成本的一半以上。目前政府只对液态生物质燃料企业的生产活动提供补贴,并未对生物质原料的种植、收集、初加工等活动提供补贴,这些环节对液态生物质燃料的生产很关键,但比较效益通常较低,因此应当对生物质原料资源的生产加工提供适当的补贴。由于能源作物用于液态生物质燃料生产必须开发利用边际土地,这些土地的开发成本较高并且需要一定的周期,因此还需要对边际土地开发活动提供合理的补贴。

2. 提高对液态生物质燃料企业技术研发的资金扶持力度

液态生物质燃料企业为了降低成本、扩展产品类别、提高生产的经济性,需要将一部分收益用于技术研发,当前政府对该产业提供了扶持政策,其中包括对技术研发的扶持。目前这种扶持政策只是从企业自身入手,规定液态生物质燃料企业将销售收入的5%转化为技术研发基金,如果政府对技术研发提供一定的资助,可进一步提高企业技术研发的积极性,从而促进液态生物质燃料产业的发展。

3. 对能源转化经济性边界较高的生物质原料开发要加大补贴力度

今后我国政府对液态生物质燃料企业的生产活动采用的是弹性补贴制,只有成本高于收益才能获得财政补贴,技术进步和原油价格上涨会使多种原料资源生产液态生物质燃料无需补贴。但部分生物质原料资源生产液态生物质燃料的成本仍偏高(如光皮树),为了提高液态生物质燃料的产量水平,这些原料资源也需要用于能源转化,因此开发这些原料用于液态生物质燃料生产还需要提高补贴额度,而且应把补贴的侧重点放在原料的种植、收集和初加工等环节。

主要参考文献

[1]Aaron J Lorenz, Rob P Anex, Asli Isci, et al. Forage quality and composition measurements as predictors of ethanol yield from maize stover[J]. *Biotechnology for Biofuels*, 2009(3).

[2]Dan Somma, Hope Lobkowicz, Jonathan Deason. Growing America's fuel: an analysis of corn and cellulosic ethanol feasibility in the United States [J]. *Clean Technology and Environmental Policy*, 2010(12).

[3]Deepak Rajagopal. Rethinking current strategies for biofuel production in India. Working Paper of California University, 2006(5).

[4]Delphine Simon, Wallace Tyner, Florence Jacquet. Economic analysis of the potential cellulosic biomass available in France from agricultural residue and energy crops[J]. *Bioenergy Research*, 2010(3).

[5]Jason Hill. Environmental costs and benefits of transportation biofuel production from food— and lignocellulose—based energy crops. A review[J]. *EDP Sciences*, Dec. 2007.

[6]Joni Jupesta.Impact of the introduction of biofuel in the transportation sector in Indonesia[J]. *Sustainability*, 2010(2), 1831~1848.

[7]Hubert Halleux, Stéphane Lassaux, Robert Renzoni. Comparative life cycle assessment of two biofuels-ethanol from sugar beet and rapeseed methyl ester[J]. *International Journal LCA*, 2008(3).

[8]International Energy Agency. *World Energy Outlook 2009* [M/EB]. IEA Publications, Paris, Nov. 2009.

[9]International Energy Agency. *World Energy Outlook 2010* [M/EB]. IEA Publications, Paris, Nov. 2010.

[10]International Energy Agency. *World Energy Outlook 2011* [M/EB]. IEA Publications, Paris, Nov. 2011.

[11]Johnston, Holloway. A global comparison of national biodiesel pro-

duction potentials[J]. *Environmental Science & Technology*, Vol. 41, No. 23, 2007.

[12]Paulo Arruda. Perspectives of the sugarcane industry in Brazil[J]. *Tropical Plant Biology*, 2011(4).

[13]Padma Vasudevan, Satyawati Sharma, Ashwani Kumar. Liquid fuels from biomass: an overview[J]. *Journal of Scientific and Industrial Research*, 2005(11).

[14]Sam Cockerill, Chris Martin. Are biofuels sustainable? The EU perspective[J].*Biotechnology for Biofuels*, 2008(1).

[15]Sarah Brechbill, Wallace Tyner, Klein Ileleji, et al. The economics of biomass collection and transportation and its supply to Indiana cellulosic and electric utility facilities[J]. *Bioenergy Research*, 2011(4).

[16]Tom Tietenberg, Lynne Lewis. *Environmental and Natural Resource Economics (Eighth Edition)*[M].中国人民大学出版社,2012.

[17]曹历娟.发展生物质能源对我国粮食安全和能源安全影响的一般均衡分析——以燃料乙醇为例[D].南京农业大学博士学位论文,2009年6月.

[18]曹俐,吴方卫.中美生物燃料乙醇补贴政策比较研究[J].中国软科学,2010(12).

[19]曹俐,吴方卫.欧盟生物燃料补贴政策演进、经验与启示[J].经济问题探索,2011(10).

[20]蔡亚庆,仇焕广,徐志刚.中国各区域秸秆资源可能源化利用的潜力分析[J].自然资源学报,2011(10).

[21]刁秀华.中国能源安全:现状、特点与对策[J].东北财经大学学报,2008(9).

[22]丁一.生物液体燃料对我国石油安全的贡献[D].河南农业大学博士学位论文,2007年2月.

[23]费世民,张旭东,等.国内外能源植物资源及其开发利用现状[J].四川林业科技,2005(6).

[24]国际新能源网.多措并举降低纤维素乙醇成本[EB]. http://newenergy.in-en.com/html/newenergy-09210921341387853.html,2012年5月9日.

[25]国际新能源网.首批玉米芯制燃料乙醇上市[EB]. http://newenergy.in-en.com/html/newenergy-12041204321578238.html,2012年10月9日.

[26]国家发展和改革委员会.可再生能源中长期发展规划[EB].发改能源

[2007]2174 号,2007 年 8 月.

　　[27]国务院发展研究中心,大众汽车集团.中国汽车产业发展报告 2010 [M].社会科学文献出版社,2010.

　　[28]国务院新闻办.中国的能源状况与政策白皮书[EB]. http://www.gov. cn/zwgk/2007-12/26/content_844159.htm,2007 年 12 月 26 日.

　　[29]国务院新闻办.中国的能源政策(2012)白皮书[EB]. http://finance. chinanews.com/cj/2012/10-24/4274092.shtml,2012 年 10 月 24 日.

　　[30]国家能源局.可再生能源发展"十二五"规划[EB].http://www.abd.cn/ news/dongtai/20120816/news31644.shtml,2012 年 8 月 16 日.

　　[31]何杰夫,张博.中国食用植物油的供应量和消费量究竟是多少[J].中国农村经济,2011(4).

　　[32]黄季焜,仇焕广.我国生物燃料乙醇发展的社会经济影响及发展战略与对策研究[M].科学出版社,2010.

　　[33]冀星.利用餐厨垃圾中的油脂生产生物柴油技术与政策问题研究[J].中国能源,2011(9).

　　[34]纪占武,郑文范.关于发展生物能源化解能源危机的思考[J].东北大学学报(社会科学版),2009(11).

　　[35]兰肇华.生物燃料发展及其影响研究[D].武汉理工大学博士学位论文,2009 年 11 月.

　　[36]李俊峰,马天瑞(Eric Martinot).中国发展的动力——可再生能源之路(中文译本)[OL/EB].世界观察研究所,2007 年 11 月.

　　[37]刘春.试论抗战时期四川糖料酒精工业的兴衰[J].四川师范大学学报(社会科学版),2004(7).

　　[38]刘春.抗战时期的四川酒精工业[D].四川师范大学硕士学位论文,2004 年 6 月.

　　[39]刘飞翔,刘伟平.基于能源安全与环境思考的生物质能产业发展[J].科技和产业,2009(10).

　　[40]刘飞翔.生物质能产业发展中政府规制与激励[D].福建农林大学博士学位论文,2010 年 4 月.

　　[41]刘刚,沈镭.中国生物质能源的定量评价及其地理分布[J].自然资源学报,2007(1).

　　[42]刘铁男.中国能源发展报告 2011[M].经济科学出版社,2011.

　　[43]马超,尤幸,等.中国主要木本油料植物开发利用现状及存在问题[J].中

国农学通报,2009(24).

[44]马冠生,郝利楠,等.中国成年居民食用油消费现状[J].中国食物与营养,2008(9).

[45]马志强,谢磊,等.我国生物质能开发利用现状及政策建议[J].生产力研究,2009(14).

[46]马中.环境与自然资源经济学概论[M].高等教育出版社,2006.

[47]闵恩泽,姚志龙.我国发展生物柴油产业的挑战与对策[J].天然气工业,2008(7).

[48]宁泽逵,王征兵.生物能源发展与粮食安全及其对中国的启示[J].统计与决策,2010(1).

[49]农业技术经济手册编委会.农业技术经济手册[M].中国农业出版社,1983.

[50]寇建平,毕于运,赵立欣,等.中国宜能荒地资源调查与评价[J].可再生能源,2008(12).

[51]彭荫来,杨帆.利用餐饮业废油脂制造生物柴油[J].城市环境与城市生态,2001(4).

[52]孙智谋,周旭,等.生物质能源的研究与发展[J].粮食与饲料工业,2009(2).

[53]田宜水,赵立欣.我国燃料乙醇可持续供应初步分析[J].中国能源,2007(12).

[54]王鸥.中国生物质能源开发利用现状及发展政策与未来趋势[J].中国农村经济,2007(7).

[55]王士海,李先德,马晓春.生物质能源与国家粮食安全[EB].2008年第三期中央级公益性科研院所基本科研业务费专项资金项目研究报告.http://www.iae.org.cn/yanjiudt/xmbg/doc/3/2008YWF3％EF％BC％8D04％E6％9D％8E％E5％85％88％E5％BE％B7.pdf.

[56]王亚静,毕于运.中国能源作物研究进展及发展趋势[J].中国科技论坛,2009(3).

[57]王亚静,毕于运,唐华俊.中国能源作物制备液体生物燃料现状与发展趋势[J].可再生能源,2009(4).

[58]王仲颖,赵勇强,张正敏,等.中国生物液体燃料发展战略与政策[M].化学工业出版社,2010.

[59]吴方卫.生物质液体燃料发展的社会经济影响[M].上海财经大学出版

社,2010.

[60]吴方卫,范英.预期能源缺口与经济持续增长——基于燃料乙醇补充汽油缺口的视角[A].//第二届中国能源科学家论坛论文集[C],美国科研出版社,2010.

[61]吴方卫,付畅.我国未来经济发展中成品油与原油需求估算[J].上海财经大学学报,2012(6).

[62]吴方卫,汤新云.液态生物质燃料发展与农林资源综合开发[J].农业经济与管理,2010(1).

[63]吴方卫,沈亚芳,张锦华,等.生物燃料乙醇发展对中国粮食安全的影响分析——基于"与粮争地"视角[J].农业技术经济,2009(3).

[64]吴方卫,章辉.经济增长、能源消费与生物燃料乙醇发展——对生物燃料乙醇发展影响宏观视角的实证分析[J].林业经济,2009(3).

[65]吴鹏飞,马祥庆,等.我国发展生物能源树种原料林的潜力和对策[J].亚热带农业研究,2007(2).

[66]吴伟光,黄季焜,邓祥征.中国生物柴油原料树种麻疯树种植土地潜力分析[J].中国科学,2009(12).

[67]吴伟光,仇焕广,黄季焜.全球生物乙醇发展现状、可能影响与我国的对策分析[J].中国软科学,2009(3).

[68]吴志华.抗战时期国民政府汽油问题及其解决[J].甘肃社会科学,2003(3).

[69]危文亮,金梦阳.我国发展能源油料作物的策略分析[J].中国油料作物学报,2008(6).

[70]谢光辉,郭兴强,等.能源作物资源现状与发展前景[J].资源科学,2007(5).

[71]谢立华,李培武,等.油菜作为优势能源作物的发展潜力与展望[J].生物加工过程,2005(2).

[72]徐增让,成升魁,谢高地.甜高粱的适生区及能源资源潜力研究[J].可再生能源,2010(8).

[73]新浪财经.财政部将拟订我国生物质能源发展目标及优惠政策[N/EB]. http://finance.sina.com.cn/g/20060725/21532762642.shtml,2006 年 7 月 25 日.

[74]颜良正,张琳,等.中国能源作物生产生物乙醇的潜力及分布特点[J].农业工程学报,2008(5).

[75]杨士琦,王道龙,杨正礼.国外能源作物研究进展与焦点问题[J].中国农业科技导报,2009(1).

[76]杨士琦,杨正礼,刘国强.我国能源作物研究与应用进展[J].中国农业科技导报,2009(6).

[77]袁春,姚林君.中国未利用土地资源的可持续开发利用研究[J].国土资源科技管理,2003(6).

[78]曾炜.我国生物柴油发展状况与对策[J].华中农业大学学报(社会科学版),2009(4).

[79]张迪,张凤荣,安萍莉.中国现阶段后备耕地资源经济供给能力分析[J].资源科学,2004(5).

[80]张凤荣,张迪,安萍莉.我国耕地后备资源供给量——从经济适宜性角度分析[J].中国土地,2002(10).

[81]张彩霞,谢高地,李士美,等.中国能源作物甜高粱的空间适宜分布及乙醇生产潜力[J].生态学报,2010,30(17).

[82]张锦华,吴方卫,沈亚芳.生物质能源发展会带来中国粮食安全问题吗?——以玉米燃料乙醇为例的模型及分析框架[J].中国农村经济,2008(4).

[83]张锦华,吴方卫.资源禀赋、安全约束与路径选择——生物质能源发展的国际比较与中国策略[J].上海财经大学学报,2008(2).

[84]张希良,郭庆方,常世彦,等.我国发展生物液体燃料的资源与技术潜力分析[J].中国能源,2009(3).

[85]张亚平,孙克勤,等.中国发展能源农业的效益评价与区域分析[J].资源科学,2009(12).

[86]赵立欣,张艳丽,沈丰菊.能源作物甜高粱及其可供应性研究[J].可再生能源,2005(4).

[87]赵琳,郎南军,孔继君,等.我国小桐子生物柴油产业现状和发展探讨[J].广东农业科学,2010(3).

[88]赵勇强.国际生物液体燃料产业发展前景及我国对策的初步分析[J].中国能源,2008(6).

[89]赵宗保,华艳艳,等.中国如何突破生物柴油产业的原料瓶颈[J].中国生物工程杂志,2005(11).

[90]詹玲,李宁辉,冯献.我国木薯生物质能产业发展前景及对策建议[EB].2009年中央级公益性科研院所基本科研业务费专项资金项目研究报告,2010年.

[91]张艳丽,王飞,赵立欣,等.我国秸秆收储运系统的运营模式、存在问题及发展对策[J].可再生能源,2009(2).

[92]张展,王利生,张培栋,等.区域秸秆资源最优化收集路径与运输成本分析[J].可再生能源,2009(6).

[93]中国能源中长期发展战略研究项目组.中国能源中长期(2030、2050)发展战略研究(电力·油气·核能·环境卷)[M].科学出版社,2011.

[94]中华商务网.我国石油进口量仍将持续攀升[EB]. http://www.chinaccm.com/15/1505/150502/news/20080227/144052.asp,2008 年 2 月 28 日.

[95]中华人民共和国国土资源部.全国土地利用总体规划纲要(2006－2020年)[EB]. http://www. mlr. gov. cn/xwdt/jrxw/200810/t20081024 _ 111040. htm,2008 年 10 月 24 日.

[96]中华人民共和国国务院.全国土地整治规划(2011－2015 年)(国土资发[2012]55 号)[EB]. http://www.zjdlr.gov.cn/art/2012/6/7/art_569_2281.html,2012 年 6 月 7 日.

[97]中华人民共和国国务院.生物产业发展规划[EB].http://www.gov.cn/zwgk/2013-01/06/content_2305639.htm,2013 年 1 月 6 日.

[98]中华人民共和国国务院.“十二五”国家战略性新兴产业发展规划[EB]. http://www.gov.cn/zwgk/2012-07/20/content_2187770.htm,2012 年 7 月 20日.

[99]中华人民共和国农业部.农业生物质能产业发展规划[EB].http://www.gov.cn/gzdt/2007-07/05/content_674114.htm,2007 年 7 月 5 日.

[100]周永红,孔令喜,陈强.美国和中国关于生物质能源发展的扶持政策[J].生物质化学工程,2011(1).

[101]庄幸,姜克隽.推广使用生物燃料是我国的一项长期战略[J].宏观经济研究,2007(9).

[102]左玉辉,张涨,柏益尧.土地资源调控[M].科学出版社,2008.